59 Segundos

Richard Wiseman

59 Segundos

Pense um Pouco, Mude Muito

Tradução
Alexandre Feitosa Rosas

BestSeller

CIP-BRASIL. CATALOGAÇÃO-NA-FONTE
SINDICATO NACIONAL DOS EDITORES DE LIVROS, RJ.

W765c

Wiseman, Richard (Richard John), 1966-
59 segundos / Richard Wiseman; tradução: Alexandre Rosas. — Rio de Janeiro: Best*Seller*, 2011.

Tradução de: 59 seconds
ISBN 978-85-7684-359-7

1. Autorrealização (Psicologia). 2. Sucesso. I. Título. II. Cinquenta e nove segundos.

10-4959

CDD: 158
CDU: 159.947.3

Texto revisado segundo o novo Acordo Ortográfico da Língua Portuguesa.

Título original norte-americano
59 SECONDS

Capa: Studio Creamcrackers
Editoração eletrônica: FA Editoração

Direitos exclusivos de publicação em língua portuguesa para o Brasil
adquiridos pela
EDITORA BEST SELLER LTDA.
Rua Argentina, 171, São Cristóvão
Rio de Janeiro, RJ — 20921-380
que se reserva a propriedade literária desta tradução.

Impresso no Brasil

ISBN 978-85-7684-359-7

Para um amigo muito especial
em tempos de mudança

Agradecimentos

Este livro não teria sido possível sem a ajuda e o apoio de muitas pessoas. Primeiro, sou grato à maravilhosa orientação dada por meu agente, Patrick Walsh, pelos editores Richard Milner e Jon Butler, e pelo guru da imprensa Dusty Miller. Obrigado também a Clive Jeffries e a Emma Greening, por feedbacks tão certeiros a cada etapa; a Portia Smith, por desempenhar um papel-chave em tudo; a Jim Underdown e Spencer Marks, por medirem a mão de tantas pessoas famosas; a Roger Highfield, por ajudar a investigar a psicologia dos sobrenomes; a Rachael Armstrong, por seus comentários perspicazes sobre romance; e a Sam Murphy, por sua ajuda na descoberta da relação entre atração e esporte. Finalmente, como sempre, agradecimentos especiais à maravilhosa Caroline Watt, por ela dar muito mais do que deveria. Obrigado.

Sumário

Introdução

A verdade sobre a autoajuda, a pergunta de Sophie e o potencial da mudança rápida.

Você quer melhorar um aspecto importante de sua vida? Talvez perder peso, encontrar o parceiro perfeito, conseguir o emprego de seus sonhos ou simplesmente ser feliz? Experimente este exercício simples:

> Feche seus olhos e imagine o novo você. Pense em como você ficaria bem em seu novo jeans apertado, de grife, namorando o Brad Pitt ou a Angelina Jolie, sentado numa luxuosa cadeira de couro no topo da hierarquia empresarial ou tomando *piña colada* enquanto as águas tépidas do Caribe beijam suavemente seus pés.

A boa notícia é que esse tipo de exercício tem sido recomendado pela indústria da autoajuda há anos. A má notícia é que hoje um vasto corpo de pesquisa revela que tais exercícios são, na melhor das hipóteses, ineficazes e, na pior, danosos.[1] Embora pedir que você imagine seu eu perfeito possa fazer com que se sinta bem, dedicar-se a esse tipo de escapismo mental também pode ter o infeliz efeito colateral de deixá-lo despreparado para as dificuldades que se acumulam na acidentada estrada para o sucesso, aumentando, desse modo, as chances de você vacilar ao primeiro obstáculo, em vez de persistir diante do fracasso. Fantasiar sobre o paraíso na Terra pode pôr um sorriso em seu rosto, mas é pouco provável que o ajude a transformar seus sonhos em realidade.

Outras pesquisas indicam que o mesmo vale para muitas técnicas populares de autoajuda que alegam ser capazes de melhorar sua vida. Tentar fazê-lo "ficar feliz pensando" ao suprimir os pensamentos negativos pode fazer com que as pessoas se tornem obcecadas por aquilo que as deixa infelizes. O brainstorming em grupo pode gerar ideias menos originais e mais escassas do que as de uma pessoa pensando sozinha. Socar um travesseiro e berrar a plenos pulmões pode aumentar, em vez de diminuir, a raiva e o nível de estresse.

E existe o famoso "Estudo de Metas de Yale". Segundo alguns autores, em 1953 uma equipe de pesquisadores entrevistou formandos de Yale e perguntou se eles haviam registrado as metas específicas que queriam atingir na vida. Vinte anos depois, os pesquisadores procuraram as mesmas pessoas e descobriram que os 3% que tinham metas específicas tantos anos antes haviam acumulado mais riqueza pessoal do que os outros 97% juntos. É uma história extraordinária, frequentemente citada em livros de autoajuda e em seminários para ilustrar o poder da fixação de metas. Há apenas um pequeno problema: ao que tudo indica, o experimento nunca aconteceu de fato. Em 2007, o escritor Lawrence Tabak, da revista *Fast Company*, tentou localizar o estudo, entrando em contato com vários escritores que o haviam citado, com o representante da turma de Yale de 1953 e com outros pesquisadores que tentaram descobrir se o estudo realmente tinha sido realizado.[2] Ninguém foi capaz de apresentar prova alguma de que, de fato, ele fora realizado, fazendo com que Tabak concluísse que era quase certo de que não passava de uma lenda urbana. Durante anos, gurus da autoajuda tinham se dado o trabalho de falar sobre um estudo sem verificar os fatos.

Tanto a população como o mundo dos negócios têm acreditado em mitos dos tempos modernos há anos, e ao fazer isso, têm diminuído a chance de atingir suas metas e ambições. Pior que isso, os fracassos decorrentes levam as pessoas a acreditar que não são capazes de controlar a própria vida. Isso é especialmente triste porque até mesmo a mais ínfima sensação de perda de controle pode ter efeitos fortíssimos sobre a autoconfiança, a felicidade e a longevidade de uma pessoa. Num clássico estudo conduzido por Ellen Langer, da Harvard University, metade dos residentes de uma casa de repouso recebeu uma planta, e pediu-se que cuidassem dela, enquanto a outra metade recebeu uma planta idêntica mas foi informada de que os funcionários do estabelecimento cuidaria dela.[3] Seis meses depois, os residentes que não tiveram essa mínima fração de controle sobre a própria vida estavam significativamente menos felizes, saudáveis e ativos que os demais. Ainda mais angustiante: 30% daqueles que não tinham cuidado da própria planta haviam morrido, comparados com 15% dos que haviam exercido esse tipo de ação. Resultados semelhantes têm sido encontrados em muitas áreas, incluindo as de educação, carreiras profissionais, saúde, relacionamentos e dietas. A mensagem é clara: quem não se sente no controle de sua vida é menos bem-sucedido e menos psicológica e fisicamente saudável do que aqueles que se sentem no controle.

Há alguns anos, eu estava almoçando com uma amiga chamada Sophie. Ela é uma mulher com trinta e poucos anos, inteligente e bem-sucedida, que ocupa uma posição sênior numa empresa de consultores de gerenciamento. Durante o almoço, Sophie contou que tinha comprado havia pouco tempo um conhecido livro sobre como aumentar a felicidade, e perguntou o que eu achava dessa área. Expliquei que eu tinha sérias reservas quanto à base científica de algumas das técnicas que eram defendidas, e comentei que sempre que alguém não conseguisse mudar, essa pessoa sofreria considerável dano psicológico. Sophie pareceu preocupada e então me perguntou se a psicologia acadêmica havia desenvolvido formas mais científicas de melhorar a vida das pessoas. Comecei a falar a respeito de alguns dos complicados trabalhos acadêmicos que existem sobre felicidade, e depois de uns 15 minutos, Sophie me fez parar. Ela explicou educadamente que, por mais interessante que aquilo fosse, era uma pessoa ocupada e perguntou se eu conseguiria lhe dar algum conselho eficaz que não levasse tanto tempo para ser implementado. Perguntei quanto tempo eu tinha. Sophie olhou para o relógio, sorriu e respondeu: "Cerca de um minuto?"

O comentário de Sophie me fez parar e pensar. Muitas pessoas se sentem atraídas pelo autodesenvolvimento e pelo aprimoramento porque eles oferecem soluções rápidas e fáceis para as diversas questões que elas enfrentam. Infelizmente, a maior parte da psicologia acadêmica não aborda essas questões ou apresenta respostas muito mais complexas e que levam muito mais tempo para aparecer (o que explica a cena do filme de Woody Allen, *O Dorminhoco*, no qual o personagem de

Allen descobre que acordou 200 anos no futuro, solta um suspiro e explica que se tivesse feito terapia ao longo desse tempo todo estaria quase curado). Perguntei-me se haveria dicas e técnicas escondidas em periódicos acadêmicos que tivessem apoio empírico mas fossem de rápida implementação.

Ao longo de alguns meses, vasculhei atentamente inumeráveis periódicos contendo estudos científicos de muitas áreas da psicologia. À medida que examinava os textos, surgia um padrão promissor, com pesquisadores trabalhando em campos bastante diferentes, desenvolvendo técnicas que ajudam as pessoas a conquistar metas e ambições em minutos, não em meses. Reuni centenas desses estudos oriundos de diversas áreas das ciências do comportamento. Do estado de espírito à memória, da persuasão à procrastinação, da resiliência aos relacionamentos, juntos eles representam uma nova ciência da mudança rápida.

Há uma antiga história — muitas vezes contada para ocupar o tempo durante cursos de treinamento — envolvendo um homem que tenta consertar seu boiler. Apesar de muitos esforços, durante meses, ele simplesmente não consegue consertá-lo. Por fim, desiste e decide chamar um profissional especializado. O técnico chega, dá um leve tapinha do lado do boiler e dá um passo para trás a fim de observar o aparelho voltando à vida. O técnico apresenta o orçamento ao homem, que fala que só deveria pagar um honorário mínimo porque o trabalho levou apenas alguns minutos. O profissional explica calmamente que o homem não vai pagar pelo tempo que ele levou para dar o tapinha no boiler, mas pelos anos de experiência necessários para saber exatamente onde bater. Assim como o especialista dando um tapinha no boiler, as técnicas descritas neste livro demonstram que mudanças efetivas não têm de levar muito tempo para acontecer. Na verdade, podem levar menos de um minuto, e muitas vezes é uma questão de saber exatamente onde dar um tapinha.

1. Felicidade

Por que o pensamento positivo muitas vezes é inútil,
o que um lápis tem a ver com o verdadeiro caminho da felicidade,
como manter um diário perfeito, pequenos atos de
bondade e o desenvolvimento de uma postura de gratidão.

Por que é importante ser feliz? Bem, por um motivo; por definição, nos sentiremos melhor. Porém, é mais do que isso. A felicidade não se limita a nos fazer aproveitar melhor a vida, na verdade ela interfere em nosso êxito tanto na vida pessoal como na profissional.

Há alguns anos, Sonja Lyubomirsky e seus colegas da University of California se dedicaram à hercúlea tarefa de revisar centenas de estudos nos quais os pesquisadores haviam estimulado pessoas selecionadas e, em seguida, monitorado os efeitos dessa recém-adquirida alegria.[1] Foram tomadas todas as providências para que os participantes se sentissem felizes, entre elas fazer com que sentissem o aroma de flores recém-colhidas, lessem frases positivas ("Sou realmente uma boa pessoa"), comessem bolo de chocolate, dançassem ou assistissem a um filme engraçado. Às vezes, os pesquisadores blefavam, contando aos participantes que eles tinham se saído especialmente bem num teste de QI, ou fazendo com que encontrassem dinheiro na rua "acidentalmente". Independentemente do método utilizado, o resultado geral foi claro: a felicidade não decorre do sucesso; ela, na verdade, é a causa dele.

Após examinar minuciosamente os dados de mais de 250 mil participantes, Lyubomirsky descobriu vantagens impressionantes em sermos felizes. A felicidade torna as pessoas mais sociáveis e altruístas, aumenta o amor-próprio e pelos outros, melhora a capacidade de resolver conflitos e fortalece o sistema imunológico. O efeito cumulativo proporciona às pessoas relacionamentos mais satisfatórios e bem-sucedidos, carreiras especialmente gratificantes e uma vida mais longa e saudável.

Dadas as vantagens emocionais e tangíveis da felicidade, não surpreende que todo mundo queira sua fatia do bolo. Mas qual é a forma mais eficaz de botar um sorriso permanente no rosto? Faça esta pergunta à maioria das pessoas e, provavelmente, você receberá uma resposta em duas palavras: mais dinheiro. Pesquisa após pesquisa, a necessidade de uma carteira mais recheada sempre aparece no topo das listas do que é "essencial" para a felicidade.[2] Mas é realmente possível comprar felicidade, ou aspirações financeiras apontam o caminho do desespero?

Parte da resposta vem de um extraordinário estudo conduzido nos anos 1970 por Philip Brickman e seus colaboradores, da Northwestern University.[3] Brickman queria descobrir o que acontece à felicidade das pessoas quando seus sonhos financeiros se realizam. Será que um gigantesco golpe de sorte realmente gera um sorriso duradouro, ou a euforia inicial rapidamente se dissipa quando a fortuna recém-conquistada passa a ser lugar-comum? O pesquisador entrou em contato com um grupo de pessoas que havia recebido um grande prêmio na loteria estadual de Illinois, incluindo aquelas que tiveram direito a um prêmio de 1 milhão de dólares. Como grupo de controle, ele selecionou aleatoriamente pessoas do catálogo telefônico de Illinois. Todas receberam a incumbência de dar notas ao grau de felicidade que sentiam naquele momento e ao grau de felicidade que esperavam ter futuramente. Além disso, os escolhidos deveriam dizer o quão agradáveis eram para eles os prazeres cotidianos da vida, como bater papo com os amigos, ouvir uma piada engraçada ou receber um elogio. Os resultados levaram a um impactante insight sobre a relação entre felicidade e dinheiro.

Ao contrário da crença popular, os que tinham ganhado na loteria não eram nem mais nem menos felizes do que as pessoas do grupo de controle. Também não houve diferença relevante entre os grupos no que dizia respeito ao grau de felicidade que esperavam ter no futuro. Na verdade, houve apenas uma diferença: comparadas com aquelas que tinham ganhado na loteria, as pessoas do grupo de controle obtinham significativamente mais prazer das coisas simples da vida.

Como ganhar na loteria é uma forma bem pouco comum de se conseguir estabilidade financeira, os psicólogos também examinaram a relação entre renda e felicidade entre as pessoas que trabalharam para obter sua riqueza.

Parte desse estudo exigiu a realização de levantamentos internacionais de grande escala nos quais se pediu que as pessoas dessem notas para o quão felizes elas eram (normalmente utilizando-se uma escala padrão de dez pontos que ia de "muito infeliz" até "muito feliz"); então, relacionou-se as notas médias de felicidade dos países com seu Produto Interno Bruto (PIB).[4] Os resultados indicam que, embora as pessoas em países muito pobres não sejam tão felizes quanto aquelas em países mais ricos, essa relação desaparece quando o país possui um PIB relativamente aceitável. Estudos que examinaram a possível ligação entre salário e felicidade constataram a mesma relação. Quando as pessoas têm acesso ao que é necessário para viver, um aumento na renda não resulta numa vida significativamente mais feliz.

Sendo assim, por que isso acontece? Parte do motivo é que todos nos habituamos com o que temos muito rapidamente. Comprar um carro novo ou uma casa maior propicia uma injeção de ânimo e bem-estar de curto prazo, mas nos acostumamos logo com isso e retornamos ao nível de prazer anterior à compra. Conforme o psicólogo David Myers disse certa vez: "Em função de nossa capacidade de adaptação à fama e à fortuna cada vez maiores, as regalias de ontem podem se tornar as necessidades de hoje e as velharias de amanhã em pouco tempo."[5] Se o dinheiro não pode comprar a felicidade, qual é a melhor forma de estampar um sorriso duradouro no rosto?

A má notícia é que as pesquisas mostram que cerca de 50% de nossa sensação geral de felicidade é determinada geneticamente, e, portanto, não pode ser alterada.[6] Uma notícia melhor é que outros 10% se devem a circunstâncias gerais (nível de instrução, renda, se a pessoa é casada ou solteira etc.), que são difíceis de serem mudadas. Porém, a melhor notícia é que os 40% restantes têm origem em nosso comportamento no dia a dia, e no modo como pensamos em nós e nos outros. Com um pouco de conhecimento, essa porção considerável pode ser mudada rapidamente, permitindo que nos sintamos mais felizes em questão de segundos.

O problema é que grande parte dos conselhos dados por alguns livros de autoajuda e cursos vai de encontro aos resultados das pesquisas científicas. Por exemplo, o poder do pensamento positivo. O caminho da felicidade realmente depende de que as pessoas sejam capazes de livrar a própria mente dos pensamentos negativos? Na verdade as pesquisas nos mostram que essa supressão de ideias negativas tende mais a aumentar do que a diminuir nosso sofrimento.

Em meados dos anos 1980, o psicólogo de Harvard, Daniel Wegner, deparou por acaso com uma frase obscura mas intrigante retirada de *Notas de inverno sobre impressões de verão*, de Dostoiévski: "Tente atribuir-se a tarefa de não pensar num urso polar e você verá que essa maldita ideia lhe virá à mente a cada minuto." Wegner decidiu realizar uma experiência simples para descobrir se isso era verdade. Cada pessoa de um grupo de voluntários se dispôs a ficar sentada, sozinha numa sala, e recebeu a incumbência de pensar em qualquer coisa, MENOS no urso polar de Dostoiévski. Pediu-se que cada uma delas tocasse uma campainha toda vez que o urso proibido surgisse em sua mente. Em pouco tempo uma cacofonia de campainhas mostrou que Dostoiévski estava certo: tentar suprimir certos pensamentos faz com que as pessoas pensem de forma obsessiva exatamente naquilo que estão tentando evitar.

Outro estudo, conduzido por Jennifer Borton e Elizabeth Casey, da Hamilton College em Nova York, mostrou de que modo isso funciona na vida real, ilustrando de forma dramática como isso afeta o humor e a autoestima das pessoas.[7] Borton e Casey pediram que um grupo de pessoas descrevesse o pensamento mais perturbador que tinham a respeito de si mesmas; em seguida, fizeram metade do grupo passar os 11 dias seguintes tentando afastar esse pensamento da mente. Aos demais participantes pediu-se que prosseguissem com a vida normalmente. Ao final de cada dia, todos deixavam registrado o quanto ficaram pensando na coisa perturbadora e davam uma nota para seu estado de espírito, seu nível de ansiedade e sua autoestima. Os resultados foram conceitualmente semelhantes aos obtidos com a experiência do "urso branco" de Wegner, quando os participantes tentaram reprimir os pensamentos negativos e acabaram pensando ainda mais neles. Comparados àqueles que prosseguiram com a vida normalmente, os participantes do grupo da supressão também ficaram mais ansiosos, mais deprimidos e com a autoestima mais baixa. Mais de 20 anos de pesquisas têm demonstrado que esse fenômeno paradoxal acontece em diferentes aspectos da vida diária, mostrando, por exemplo, que pedir que pessoas em dieta não pensem em chocolate faz com que aumentem o consumo de tal alimento, e pedir que a população não eleja tolos para o governo a estimula a votar em George Bush.[8]

Ora, se a supressão de ideias não é a resposta, o que pode ser feito? Uma possibilidade é você se distrair: dedicar tempo à família, ir a uma festa, envolver-se mais no trabalho, arranjar um novo hobby. Embora essa técnica, muitas vezes, proporcione uma melhora de curta duração, ela provavelmente não levará a uma sensação duradoura de satisfação. Para isso, as pesquisas indicam que precisamos saber usar um lápis, manter o diário perfeito, praticar pequenos atos de bondade e desenvolver a gratidão.

Como criar o diário perfeito

Todos passaremos por situações traumáticas ou desagradáveis ao longo da vida, talvez o término de um relacionamento duradouro, a morte de um ente querido, a sensação de ter virado alguém dispensável ou, num dia realmente ruim, as três coisas ao mesmo tempo. Tanto o senso comum como muitos tipos de psicoterapia nos levam a crer que a melhor forma de seguir em frente é dividir nossa dor com alguém. Quem adota esse método, segundo o qual "um problema partilhado é um problema reduzido pela metade", acredita que desabafar suas emoções é catártico e ajuda a liberar as emoções negativas e a seguir em frente. É uma ideia boa e exerce imenso apelo do ponto de vista intuitivo. De fato, as pesquisas mostram que 90% das pessoas acreditam que conversar com alguém sobre uma experiência traumática ajudará a aliviar o sofrimento.[9] Mas é isso mesmo que acontece?

Para investigar a questão, Emmanuelle Zech e Bernard Rime, da University of Louvain, na Bélgica, realizaram um estudo instigante — e importante.[10] Pediu-se que um grupo de participantes escolhesse uma experiência negativa do passado. Para tornar o estudo o mais realista possível, foi pedido que os participantes evitassem coisas triviais — como não ter chegado a tempo para pegar um trem ou não ter conseguido encontrar uma vaga no estacionamento — e que se concentrassem "no acontecimento mais negativo e perturbador do ponto de vista emocional de toda a sua vida, do tipo que ainda voltava à mente e despertava vontade de falar a respeito". De mortes a divórcios, passando por doenças e episódios de abuso, os problemas foram sérios. Pediu-se, então, que um grupo de participantes tivesse uma longa conversa com um pesquisador compreensivo sobre o acontecimento, enquanto um segundo grupo foi convidado a falar sobre um assunto bem mais simples — um dia como outro qualquer. Após uma semana e, novamente, após dois meses, todos voltaram ao laboratório e preencheram questionários que mediam seu bem-estar emocional.

Os participantes que conversaram sobre o acontecimento traumático acharam que a conversa tinha sido útil. Porém, os questionários contaram uma história bem diferente. Na realidade, a conversa não tinha exercido qualquer impacto significativo. Os participantes julgavam ter sido benéfico partilhar as experiências emocionais negativas, mas, em se tratando da diferença que isso fez em seu modo de lidar com as dificuldades, era equivalente à que fez para quem conversou sobre um dia como outro qualquer.

Portanto, se conversar sobre experiências negativas com uma pessoa solidária mas destreinada é perda de tempo, o que pode ser feito para que o sofrimento do passado seja aliviado? Como vimos no início desta seção, tentar suprimir ideias negativas pode ser ruim da mesma forma.[11] Em vez disso, uma opção possível tem a ver com a "escrita expressiva".

Em diversos estudos, os participantes que passaram por um evento traumático foram incentivados a dedicar apenas alguns minutos de cada dia para escrever um relato, como o de um diário, falando sobre suas sensações e seus pensamentos mais profundos relativos ao evento.[12] Por exemplo, num dos estudos, pediu-se que participantes que haviam acabado de ser demitidos refletissem sobre o que pensavam e sentiam quanto à perda do emprego do ponto de vista mais profundo, incluindo o modo como isso afetou tanto sua vida pessoal como profissional.[13] Embora esse tipo de exercício seja rápido e simples, os resultados revelaram que os participantes tiveram extraordinária melhora em seu bem-estar psicológico e físico, incluindo uma redução nos problemas de saúde e um aumento na autoestima e na felicidade. Os resultados deixaram uma espécie de mistério na mão dos psicólogos. Por que falar sobre uma experiência traumática não exercia praticamente efeito algum, mas escrever sobre o assunto trazia vantagens tão relevantes?

Do ponto de vista psicológico, falar e escrever são coisas bem diferentes. A fala, muitas vezes, pode ser desestruturada, desorganizada, até mesmo caótica. Por outro lado, escrever estimula a criação de uma linha de raciocínio e de uma estrutura que ajuda as pessoas a entender o que aconteceu e a trabalhar no sentido de uma solução. Em resumo, falar pode aumentar a sensação de confusão, enquanto escrever é um método mais sistematizado e capaz de levar a uma solução.

Isso é claramente útil para quem teve a infelicidade de passar por verdadeiros traumas na vida, mas será que essa mesma ideia pode ser usada para promover a felicidade no dia a dia? Três conjuntos de pesquisas diferentes, mas relacionadas, indicam que sim.

A postura de gratidão

Primeiro, vejamos as pesquisas sobre a psicologia da gratidão. Exponha alguém a um som, uma imagem ou um odor duradouros e algo peculiar acontecerá. A pessoa vai, pouco a pouco, se acostumando com aquilo até o elemento desaparecer de sua consciência. Por exemplo, se entramos num ambiente com cheiro de pão recém-assado, rapidamente detectamos esse aroma tão agradável. Porém, permaneça nesse ambiente por alguns minutos e parecerá que o cheiro desapareceu. Na verdade, o único modo de reativá-lo é sair daquele ambiente e retornar depois. O mesmíssimo conceito se aplica a muitas áreas de nossa vida, incluindo a felicidade. Todos temos algo que nos faz feliz. Talvez um parceiro amoroso, boa saúde, filhos maravilhosos, um bom emprego, amigos íntimos, hobbies interessantes, pais zelosos, um teto para morar, água limpa para beber, um disco de Billy Joel autografado ou comida para saciar a fome. Entretanto, com o passar do tempo, as pessoas se acostumam com o que têm e, assim como o aroma de pão recém-assado, essas coisas maravilhosas desaparecem de nossa mente. De acordo com o velho clichê, não sabemos o que temos até perdê-lo.

Os psicólogos Robert Emmons e Michael McCullough se perguntaram o que aconteceria aos níveis de felicidade das pessoas se eles pedissem a elas que fizessem o equivalente conceitual a abandonar o ambiente com aroma de pão recém-assado e retornar mais tarde. Os pesquisadores queriam descobrir o efeito que teria lembrar às pessoas das coisas boas que estavam presentes o tempo inteiro em sua vida.[14] Pediu-se a três grupos de pessoas que dedicassem alguns momentos, toda semana, a escrever. O primeiro grupo listou cinco coisas pelas quais eram gratos; o segundo, cinco coisas que os aborreciam; e o último, cinco fatos ocorridos na semana anterior. Todos escreveram avidamente: o grupo da "gratidão" fez comentários que iam desde contemplar o pôr do sol num dia de verão até a generosidade dos amigos; o grupo dos "aborrecidos" listou impostos e as discussões dos filhos; o grupo dos "acontecimentos" detalhou coisas como o café da manhã e a ida de carro para o trabalho. Os resultados foram assombrosos. Comparados com os grupos que falaram de "aborrecimentos" ou de "acontecimentos", os "gratos" chegaram ao fim mais felizes, muito mais otimistas sobre o futuro, fisicamente mais saudáveis e até mesmo praticando mais exercícios.

Seu eu interior perfeito

Ao tentar escrever para encontrar um modo de vida mais feliz, expressar sua gratidão é apenas a ponta do iceberg. Também existe a ideia de entrar em contato com seu eu interior perfeito. Na Introdução, observei que um número considerável de pesquisas mostra que visualizar um futuro maravilhoso apresenta baixa probabilidade de aumentar as chances de atingir nossas metas. Porém, outro trabalho indica que, se a ideia é pôr um sorriso no rosto, tais exercícios têm maior probabilidade de apresentar resultados benéficos. Num clássico estudo conduzido por Laura King, da Southern Methodist University, pediu-se aos participantes que dedicassem alguns minutos ao longo de quatro dias consecutivos para descrever seu futuro ideal. Solicitou-se que fossem realistas, mas que imaginassem que tudo tinha corrido da melhor forma possível e que haviam atingido suas metas; a outro grupo foi pedido que imaginassem ter passado por um evento traumático e a um terceiro grupo que simplesmente escrevessem sobre seus planos para aquele dia. Os resultados revelaram que os que tinham descrito seu melhor futuro possível acabaram consideravelmente mais felizes do que as pessoas dos outros grupos.[15] Num estudo posterior, King e sua colega repetiram a experiência, dessa vez pedindo que as pessoas descrevessem a experiência mais maravilhosa que já haviam tido na vida.[16] Três meses depois, constatou-se que, comparados com o grupo de controle, aqueles que haviam revivido um momento profundamente feliz estavam significativamente mais felizes.

Escrita afetiva

Finalmente, outra linha de pesquisa examinou a ideia da "escrita afetiva". Pode não parecer grande surpresa que manter um relacionamento amoroso seja bom para a saúde física e psicológica. Mas esses benefícios ocorrem porque recebemos amor, expressamos amor, ou ambas as coisas? Para descobrir, Kory Floyd e seus colaboradores da Arizona State University pediram que alguns voluntários pensassem em alguém que amavam e passassem 20 minutos descrevendo por que essa pessoa significava tanto para eles. Como controle, pediu-se que outro grupo escrevesse sobre algo que acontecera com eles na semana anterior. Cada grupo repetiu seu exercício de escrita três vezes ao longo de cinco semanas. Mais uma vez, esse procedimento simples teve um efeito intenso, e aqueles que passaram apenas alguns minutos praticando a escrita afetiva mostraram um nítido aumento na felicidade, uma redução no estresse e até mesmo uma relevante queda nos níveis de colesterol.[17]

Em resumo, se a ideia é dar um jeito rápido na felicidade cotidiana, certos tipos de escrita têm um impacto surpreendentemente ágil e significativo. Expressar gratidão, pensar num futuro perfeito e praticar a escrita afetiva são atividades cuja eficácia foi comprovada cientificamente, e todas exigem uma caneta, um pedaço de papel e alguns minutos de seu tempo.

Em 59 segundos ou menos

Para ajudar a incorporar técnicas eficazes de escrita à sua vida, projetei um diário bastante incomum. Em vez de manter um registro do passado, esse diário tem por objetivo incentivar você a escrever sobre temas que o ajudarão a criar um futuro mais feliz. O diário deve ser completado em cinco dias da semana, e cada registro deve levar apenas alguns minutos. Mantenha o diário por uma semana. As pesquisas mostram que você notará a diferença no humor e na felicidade, e que essas mudanças podem persistir por meses.[18] Se você sentir que o efeito está passando, basta repetir o exercício.

Segunda-feira: Agradecimento

Existem muitas coisas na vida pelas quais ser grato. Entre elas, ter amigos próximos, manter um relacionamento amoroso, fazer parte de uma família que nos apoia, gozar de boa saúde, ter um teto para se abrigar ou comida para se alimentar. Também pode ter um emprego que ame, um passado feliz para lembrar, ter tido alguma experiência boa recentemente, como ter tomado um café especialmente delicioso, ter gostado de receber o sorriso de um desconhecido, ser recebido efusivamente por seu cachorro, ter comido algo delicioso ou ter sentido o aroma das flores. Pense na última semana e liste três coisas desse tipo a seguir.

1 ....

2 ....

3 ....

Terça-feira: Momentos Especiais

Pense numa das experiências mais maravilhosas de sua vida. Talvez um momento em que tenha se sentido subitamente feliz, estava apaixonado, ouviu uma música sensacional, assistiu a algum espetáculo incrível ou se divertiu muito com amigos. Escolha apenas uma experiência e se imagine de volta àquele momento. Pense em como se sentiu e no que estava acontecendo à sua volta. Agora, dedique alguns momentos para descrever essa experiência e como se sentiu. Não se preocupe com ortografia, pontuação ou gramática. Concentre-se apenas em passar o que está lembrando para o papel.

Quarta-feira: Futuro Fantástico

Dedique alguns momentos para escrever sobre como será sua vida no futuro. Imagine que tudo correu tão bem quanto poderia. Seja realista, mas imagine que se esforçou bastante e que atingiu todas as suas metas. Imagine que se tornou a pessoa que realmente queria ser e que sua vida pessoal e profissional parecem um sonho que se tornou realidade. Tudo isso pode não ajudá-lo a atingir suas metas, mas o auxiliará a se sentir bem e colocará um sorriso em seu rosto.

Quinta-feira: Querido...

Pense em alguém que seja muito importante para você. Pode ser seu parceiro, um amigo próximo ou um familiar. Imagine que você tem apenas uma oportunidade de dizer a essa pessoa o quanto ela é importante. Agora, escreva uma carta breve para ela, falando o quanto se importa com ela e sobre o impacto que ela teve em sua vida.

Sexta-feira: Revisando a Situação

Pense nos últimos sete dias e anote três coisas que funcionaram especialmente bem para você. Pode ter sido algo perfeitamente trivial — como ter encontrado uma vaga no estacionamento — ou mais importante — como ter recebido uma proposta de emprego ou uma bela oportunidade.

O poder das compras

Do nada, duas palavras repentinamente cruzam sua mente: "varejo" e "terapia". Segundos depois, você se vê a caminho da loja de sapatos ou de eletrônicos mais próxima, convencido de que as compras o conduzirão a uma existência mais feliz. Mas será que é assim mesmo? Você realmente se sentirá melhor depois de ter comprado sapatos novos ou o som de alta tecnologia mais atual? E, se for assim, quanto tempo durará sua recém-conquistada alegria? Os resultados de pesquisas recentes nos fornecem respostas claras e confiáveis a estas perguntas. Talvez, mais importante que isso, também revelaram o modo mais sábio de gastar nosso dinheiro tendo em vista o objetivo de estampar um sorriso.

O trabalho conduzido pelos psicólogos Leaf Van Boven e Thomas Gilovich examinou se, quando tentamos comprar a felicidade, o melhor é gastar o dinheiro em bens (o vestido da última moda ou o smartphone mais impressionante) ou em experiências (sair para jantar, comprar ingressos para um show, fazer reservas num hotel). Em um estudo, os dois conduziram uma pesquisa nacional na qual se pediu às pessoas que pensassem numa experiência ou num objeto que tivessem comprado com a intenção de aumentar sua felicidade, e então se pediu que elas dessem uma nota para o nível em que a compra as deixou mais animadas. Em outra experiência, os pesquisadores dividiram as pessoas aleatoriamente em dois grupos. Pediram que um grupo pensasse num objeto que tinham comprado recentemente e que o outro falasse sobre uma experiência vivida (um feriado, por exemplo). E, então, teriam que dar notas para seu estado de espírito atual em duas escalas, uma que ia de -4 (ruim) até +4 (bom), e outra que ia de -4 (triste) até +4 (feliz). Os resultados de ambos os estudos indicaram claramente que, em termos de felicidade de curto e de longo prazo, comprar experiências deixou as pessoas mais felizes do que comprar produtos.[19]

Por quê? Nossa memória das experiências se distorce facilmente com o passar do tempo (editamos aquela péssima viagem de avião e nos lembramos apenas dos momentos maravilhosos que passamos relaxando na praia). Nossos bens materiais, porém, tendem a perder o apelo à medida que ficam velhos, desgastados e desatualizados. Além disso, as experiências incluem um dos comportamentos mais eficazes no sentido de estimular a felicidade: a convivência com outras pessoas. A sociabilidade pode ser parte da experiência em si ou talvez aconteça quando você conta o que aconteceu para alguém posteriormente. Por outro lado, comprar o produto mais moderno ou mais caro, às vezes, pode isolá-lo de seus amigos e familiares, que podem ficar com inveja das coisas que você possui.

Mas preferir experiências a coisas é apenas parte da história quando procuramos comprar felicidade. Hora de um questionário rápido.[20] Reserve alguns momentos para ler as dez frases a seguir e dê uma nota para cada uma, indicando até que ponto ela o descreve. Não perca muito tempo pensando em cada afirmação, responda honestamente e não olhe as respostas.

		Nota
		1 = discorda muito a 5 = concorda muito
1	Fico impressionado com pessoas que têm um carro ou uma casa luxuosa.	1 2 3 4 5
2	Costumo julgar como estou indo bem na vida pelos bens materiais que compro.	1 2 3 4 5
3	Gosto de comprar coisas das quais não preciso de fato.	1 2 3 4 5
4	Gosto de viver cercado por objetos caros.	1 2 3 4 5
5	Acho que minha vida seria melhor se eu tivesse coisas luxuosas.	1 2 3 4 5
6	Às vezes, me sinto incomodado pelo fato de não poder comprar certas coisas luxuosas.	1 2 3 4 5
7	Comprar coisas caras faz com que eu me sinta bem.	1 2 3 4 5

8	Ponho mais ênfase nas coisas materiais do que na maioria de meus amigos ou familiares.	1 2 3 4 5
9	Disponho-me a pagar significativamente mais por produtos de marca.	1 2 3 4 5
10	Gosto de ter objetos que impressionam as pessoas.	1 2 3 4 5

Agora, some as notas. As notas baixas ficam entre 10 e 20, as médias, entre 21 e 39, e as altas entre 40 e 50.

O que tudo isso significa? Bem, provavelmente, não será uma grande surpresa saber que esse questionário foi desenvolvido para medir o nível de materialismo. Pessoas que tiram notas altas tendem claramente a dar grande importância à aquisição de bens, costumam ver esses produtos como fundamentais para sua felicidade e julgam o próprio sucesso e o dos outros em função daquilo que possuem. Por outro lado, pessoas com notas baixas valorizam mais as experiências e os relacionamentos do que as posses. Como acontece muitas vezes, quem fica com uma nota média não costuma interessar muito a ninguém.

Os pesquisadores dedicaram bastante tempo examinando a ligação entre a nota das pessoas nesses tipos de questionário e a felicidade.[21] As descobertas são tão consistentes quanto preocupantes: as notas altas tendem a estar associadas a um sentimento de infelicidade ou de insatisfação com a vida. É claro, isso não acontece com todos os materialistas, e, portanto, se você ficou com uma nota alta, pode ser um dos sortudos na contramão dessa tendência. (Porém, antes de presumir isso, lembre-se de que as pesquisas também mostram que sempre que somos confrontados com resultados negativos de algum teste ficamos excepcionalmente bons em convencer a nós mesmos de que somos uma exceção à regra.)

Então, o que explica essa tendência geral? Você pode achar que a resposta está nas consequências financeiras de se precisar ficar o tempo todo por dentro das últimas novidades. Na verdade, o problema não se deve aos gastos em si, mas em quem se beneficia com os gastos.

Os materialistas tendem a ser um pouco autocentrados. Estudos mostram que quando se apresenta a eles a hipótese de gastar 20 mil dólares, são gastos, em média, três vezes mais dinheiro em coisas para si do que para os outros. Além disso, peça que eles deem notas para frases sobre o quanto se preocupam com os outros — "Gosto de convidar pessoas para ficar em minha casa", "Empresto coisas para meus amigos com frequência" — e eles darão respostas ainda mais (bem mais) autocentradas. Conforme mostrado pela pesquisa conduzida por Elizabeth Dunn, da University of British Columbia, isso pode ter um efeito prejudicial sobre a felicidade das pessoas.

Dunn e seus colaboradores fizeram diversos estudos sobre a relação entre renda, consumo e felicidade. Numa pesquisa nacional, pediu-se que os participantes dessem nota a sua felicidade, informassem sua renda e fornecessem detalhes sobre as quantias gastas em presentes para si mesmos, para os outros e em doações para caridade. Em outro estudo, Dunn mensurou a felicidade e os hábitos de consumo de empregados antes e depois de cada um ter recebido um bônus de participação nos lucros em valores que ficavam entre 3 mil e 8 mil dólares. Sempre era obtido o mesmo resultado: aqueles que gastavam uma porcentagem maior de sua renda com os outros eram bem mais felizes do que aqueles que gastavam consigo mesmos.[22]

É claro, um materialista cético poderia argumentar que os pesquisadores interpretaram a causalidade equivocadamente, e que não foi o gasto de dinheiro com terceiros que deixou aquelas pessoas mais felizes; que o fato seria que pessoas mais felizes gastam mais com os outros. Trata-se de um argumento interessante e que foi levado em conta numa inteligente experiência conduzida por Dunn e sua equipe. Num estudo simples mas inovador, participantes receberam um envelope contendo 5 dólares ora 20 dólares, e foi pedido que gastassem o dinheiro até as 17h daquele dia. Foram divididos aleatoriamente em dois grupos. Um desses foi instruído a gastar o dinheiro consigo mesmo (talvez comprando um presente), enquanto o outro teria de gastar aquela quantia inesperada com outra pessoa (talvez comprando algo para um amigo ou um membro da família). Ficou provado que as previsões feitas pelos adeptos do conceito de que "pessoas felizes gastam mais com os outros" não tinham fundamento. Na realidade, os participantes que gastaram mais com amigos ou familiares terminaram se sentindo muito mais felizes do que aqueles que gastavam apenas consigo mesmos.

Por que isso acontece? A resposta, ao que parece, encontra-se profundamente incrustada no cérebro. O neuroeconomista William Harbaugh e seus colaboradores da University of Oregon deram a participantes de um estudo 100 dólares numa conta virtual e pediram que eles se submetessem a uma tomografia. Primeiro, os participantes viram que parte desse dinheiro era direcionada para pessoas necessitadas por meio de um imposto compulsório, e então se pedia a eles que decidissem se o restante deveria ser doado para a caridade ou mantido para uso pessoal. Os resultados da tomografia revelaram que duas regiões evolutivamente muito antigas no cérebro — o núcleo caudato e o núcleo acumbens — se tornavam ativas quando os participantes viam parte de seu dinheiro indo para pessoas necessitadas, e ficavam ainda mais ativas quando doavam o dinheiro voluntariamente.[23] Essas duas áreas do cérebro também entram em atividade quando nossas necessidades mais básicas são atendidas, como quando comemos algo saboroso ou nos sentimos valorizados por alguém, o que indica existir uma ligação de cunho neurológico entre ajuda aos outros e felicidade. Portanto, cientificamente falando, se quisermos a verdadeira terapia das compras, ajude a você mesmo ao ajudar os outros. Isso tem um efeito direto sobre o cérebro, que, por sua vez, faz com que nos sintamos mais felizes.

É claro, pode ser que você argumente que não tem dinheiro suficiente para fazer doações. Porém, mais uma vez, a ajuda está ao seu alcance. Há alguns anos, a pesquisadora na área da felicidade Sonja Lyubomirsky e seus colaboradores fizeram um grupo de participantes praticar cinco atos não financeiros de bondade a cada semana ao longo de seis semanas. Eram coisas simples, como escrever um bilhete de agradecimento, doar sangue ou oferecer ajuda a um amigo. Alguns dos participantes praticaram um desses atos por dia, enquanto outros fizeram todos os cinco no mesmo dia. Aqueles que praticaram um ato de bondade por dia apresentaram um pequeno aumento na felicidade. Porém, os que praticaram todos os atos de bondade em apenas um dia aumentaram sua felicidade em inacreditáveis 40%.[24]

As raízes do materialismo

O que torna as pessoas materialistas? Elas amam ter coisas devido à sua personalidade, às experiências na infância ou aos eventos que acontecem mais tardiamente na vida? Segundo o trabalho realizado pelos psicólogos Lan Nguyen Chaplin e Deborah Roedder John, o materialismo tem raízes na primeira infância, e é motivado, principalmente, pela baixa autoestima.[25]

Num estudo realizado em duas partes, os pesquisadores, primeiro, fizeram com que um grupo de crianças, entre 8 e 18 anos, preenchessem um questionário padrão sobre autoestima (dando notas para assertivas como "Estou feliz com minha aparência"). Depois, mostraram às crianças quadros contendo inúmeras imagens relativas a cinco temas gerais: hobbies como acampar, andar de skate; esportes — rúgbi, *netball* etc.; coisas materiais como sapatos novos ou um computador; pessoas — amigos, professores; conquistas, como tirar boas notas ou aprender a tocar um instrumento. Pediram que as crianças olhassem os quadros e usassem quaisquer das imagens para fazer uma colagem em torno do tema "O que me faz feliz". Essa tarefa lúdica permitiu que os pesquisadores calculassem o nível de materialismo de cada criança pela porcentagem de imagens que cada uma retirava dentre as coisas materiais disponíveis no quadro. Os resultados revelaram uma forte ligação entre autoestima e materialismo, com crianças de baixa autoestima sendo muito mais materialistas do que seus amigos.

Mas será que a causa e o efeito poderiam estar invertidos? Será que o materialismo poderia ser a causa da baixa autoestima? Para testar essa possibilidade os pesquisadores fizeram com que um grupo de crianças escrevesse coisas boas umas sobre as outras em folhas de papel, e então distribuísse sua folha repleta de elogios e positividade. Essa simples folha com "coisas boas sobre mim" aumentou significativamente a autoestima das crianças e, mais importante, fez com que caísse pela metade o número de imagens materialistas usadas para fazer a colagem "O que me faz feliz". Todos esses fatores constituem prova convincente de que a baixa autoestima causa tendências materialistas, e que essas tendências fixam raízes numa idade muito recuada. O estudo também demonstra que, como acontece com os pequenos gastos que fazemos em prol de terceiros ou com a prática de alguns atos de gentileza, é preciso apenas alguns segundos e uma folha de papel para mudar o modo como as pessoas pensam e se comportam.

Em 59 segundos ou menos

Compre Experiências, Não Bens Materiais. Quer comprar felicidade? Então gaste seu suado dinheirinho com experiências. Saia para comer fora. Vá assistir um show, ao cinema ou ao teatro. Saia de férias. Aprenda *pole dancing*. Pratique paintball. Salte de bungee jump. Aliás, pratique o que quer que lhe dê a oportunidade de interagir com outras pessoas, e conte a ainda mais pessoas o que você fez. Em se tratando de felicidade, lembre-se de que as experiências são o melhor investimento para o seu dinheiro.

É Melhor Dar do Que Receber. A felicidade de longo prazo não tem a ver apenas com ficar girando em volta de um poste ao som de uma música de gosto duvidoso ou com se lançar das alturas em direção ao chão, esperneando como um bebê. Pergunte às pessoas se elas ficariam felizes após gastar dinheiro consigo mesmas ou com outras pessoas e a imensa maioria fará um xis no quadradinho "eu". A ciência mostra que a verdade é exatamente o oposto disso: as pessoas ficam muito mais felizes depois que cuidam de outras, e não de si mesmas. A boa notícia é que realmente não é preciso direcionar um enorme volume de sua renda para a caridade, os amigos, a família ou os colegas de trabalho. Na verdade, os presentes mais simples podem resultar rápida e surpreendentemente em mudanças duradouras e significativas no campo da felicidade. Alguns gastos reais com outras pessoas podem ser um dos melhores investimentos que você fará. E se não puder se dar o luxo de doar seu suado dinheirinho, lembre-se de que praticar cinco atos não financeiros de bondade em apenas um dia também tem o efeito de aumentar bastante sua felicidade.

A felicidade é um lápis

As pessoas se comportam de maneira extremamente previsível quando experimentam certas emoções e pensamentos. Quando estão tristes, choram. Quando felizes, sorriem. Quando concordam, assentem com a cabeça. Até aqui, nenhuma surpresa, mas, segundo uma área de pesquisa conhecida como psicologia proprioceptiva, o mesmo processo também funciona na direção inversa. Faça as pessoas se comportarem de determinada maneira e elas sentirão certas emoções e terão certos pensamentos. A ideia, de início, foi controversa, mas felizmente foi endossada por uma série de experiências convincentes.[26]

Num estudo hoje clássico, dois grupos de pessoas tiveram de somar uma lista de números. Durante a tarefa, pediu-se que um grupo franzisse as sobrancelhas (ou, nas palavras dos pesquisadores, "contraíssem o músculo corrugador") enquanto os demais tiveram de dar um leve sorriso ("estender o músculo zigomático"). Esse simples ato de contração facial teve um surpreendente efeito sobre a nota que cada participante atribuiu à dificuldade que teve na tarefa de soma, sendo que os que franziram a sobrancelha tiveram a nítida sensação de que precisavam de mais esforço do que o grupo que sorriu.

Numa outra pesquisa, pediu-se que os participantes se concentrassem em diversos produtos que passavam por uma grande tela de computador e que dissessem, então, se algum os atraía. Alguns dos produtos se moviam verticalmente (fazendo com que os participantes movessem a cabeça como num gesto de concordância durante a observação) enquanto outros se moviam horizontalmente (o que fazia com que a cabeça fosse de um lado para outro). Os participantes preferiram os produtos que se moveram no sentido vertical, sem estar cientes de que o movimento da cabeça correspondente a um "sim" ou a um "não" tinha desempenhado um papel-chave em sua decisão.[27]

Exatamente a mesma ideia se aplica à felicidade. As pessoas sorriem quando estão felizes, mas também se sentem mais felizes por estarem sorrindo. O efeito funciona até mesmo independentemente de as pessoas estarem conscientes do próprio sorriso ou não. Nos anos 1980, Fritz Strack e seus colaboradores pediram que dois grupos de pessoas avaliassem o grau de comicidade dos cartoons *Far Side*, de Gary Larson, e dessem uma nota para o grau de felicidade que sentiam quando submetidas a uma entre duas situações bastante inusitadas. Pediu-se que um grupo segurasse um lápis entre os dentes, mas evitando a todo custo que ele tocasse nos lábios. O outro grupo segurou a ponta do lápis com os lábios, sem encostá-lo nos dentes de forma alguma. Sem se darem conta, os que ficaram na situação em que só os dentes podiam encostar no lápis tinham obrigado a porção inferior do rosto a sorrir, enquanto os que ficaram na outra situação forçaram o rosto a fazer uma careta. Os resultados revelaram que os participantes tendiam a sentir a emoção associada a cada uma dessas expressões. Os que tinham induzido o próprio rosto a sorrir se sentiram mais felizes e acharam os cartoons *Far Side* muito mais engraçados se comparados aos que haviam sido induzidos a fazer uma careta.[28] Outro trabalho demonstrou que esse incremento na felicidade não se esgota no momento em que as pessoas param de sorrir; permanece, afetando muitos aspectos do próprio comportamento, incluindo a interação com os outros, de maneira mais positiva, tornando assim mais provável que se lembrem de momentos felizes da vida.[29]

A mensagem que se extrai desse tipo de trabalho é simples: se você quer se animar, comporte-se como uma pessoa feliz.

Em 59 segundos ou menos

Sorria. Existem inúmeros comportamentos felizes que podem ser rapidamente incorporados à sua vida diária. Sorrir mais é o mais importante de todos. Não deve ser um sorriso breve, sem convicção, que termine num piscar de olhos. As pesquisas indicam que devemos tentar manter a expressão por 15 a 30 segundos. Para tornar o sorriso o mais convincente possível, procure imaginar uma situação que suscitaria um sorriso espontâneo. Talvez você tenha acabado de encontrar um amigo de quem gosta muito, tenha ouvido uma piada ótima ou descoberto que sua sogra mudou os planos e não irá visitá-lo. Pense em criar um sinal que o lembrará de sorrir regularmente. Ajuste seu relógio, computador ou smartphone para tocar de hora em hora, ou use um indicador aleatório, como quando o telefone tocar.

Sente-se Ereto. Sua postura também é importante. Num estudo conduzido por Tomi-Ann Roberts, na Colorado College, os participantes foram divididos aleatoriamente em dois grupos e pediu-se que gastassem três minutos sentados em posição ereta ou esparramados na cadeira. Então, todos receberam um teste de matemática e tiveram de avaliar seu estado de espírito. Os que se sentaram eretos se sentiram muito mais felizes do que os que ficaram esparramados, tirando, inclusive, notas maiores no teste. É interessante notar que esse resultado não se aplicou a muitas das mulheres, o que fez com que Roberts especulasse que o ato de se sentar eretamente, desse modo projetando os seios, pode ter feito com que se sentissem constrangidas.[30]

Aja com Alegria. Pesquisas feitas por Peter Borkenau, da Bielefeld University, e outros revelaram que pessoas felizes se movem de maneira muito diferente daquela de pessoas infelizes.[31] Você pode usar essa informação para incrementar sua sensação de felicidade ao agir como uma pessoa feliz. Tente andar de modo mais relaxado, balançando os braços um pouquinho mais, andando mais fluidamente. Além disso, tente fazer gestos mais expressivos com as mãos durante as conversas, assentir com a cabeça quando os outros estão falando, usar roupas mais coloridas, usar palavras de cunho emocional com mais frequência (sobretudo "amor", "gosto" e "carinho"), fazer menos autorreferências ("eu", "mim", "me"), variar mais o tom de voz, falar um pouco mais rápido e dar apertos de mão de modo mais firme. Incorporar esses comportamentos em seu dia a dia ajudará a incrementar sua felicidade.

Fazendo os esforços

Segundo os pesquisadores Kenneth Sheldon e Sonja Lyubomirsky, a felicidade não é alcançada com facilidade.[32] Em diversas experiências, a dupla recrutou participantes que tinham passado por dois tipos de mudanças na vida. O primeiro tipo, rotulado de "mudança circunstancial", envolvia alterações relativamente importantes quanto a suas circunstâncias gerais de vida, incluindo, por exemplo, mudança de casa, aumento de salário ou compra de um carro novo. O segundo tipo, rotulado de "mudança intencional", envolvia mudanças que tinham exigido esforço em direção a uma meta ou para iniciar uma atividade, e incluía, por exemplo, associação a um clube, começo de um novo hobby, uma carreira profissional diferente. Os dois grupos de participantes tiveram de dar uma nota para seu nível de felicidade ao longo de várias semanas. Os resultados mostraram de forma inequívoca que, embora as pessoas dos dois grupos tenham experimentado um incremento imediato na felicidade, os que tinham experimentado uma mudança circunstancial voltaram rapidamente para os níveis iniciais, enquanto os que haviam feito a intencional permaneceram felizes por um período muito mais longo. Por quê?

Segundo Sheldon e Lyubomirsky, isso se deve a um fenômeno chamado "habituação hedonística". Como era de se esperar, os seres humanos obtêm enorme prazer com toda forma de experiência positiva. Porém, dê a qualquer pessoa a mesma experiência maravilhosa ininterruptamente e ela rapidamente se acostumará com a nova fonte de prazer, deixando, portanto, de sentir tanto prazer. Infelizmente, as mudanças circunstanciais muitas vezes produzem a habituação hedonística. Embora o entusiasmo inicial pela aquisição de uma casa nova, por um aumento salarial ou por um carro novo seja maravilhoso, as sensações positivas causadas pela mudança tendem a ser as mesmas daí para a frente, e, assim, o prazer inicial se dissipa rapidamente. Por outro lado, mudanças intencionais tendem a evitar a habituação hedonística ao criar uma paisagem psicológica em constante mutação. Seja começar um novo hobby, entrar para uma empresa, iniciar um projeto, conhecer novas pessoas ou aprender a fazer alguma coisa útil, o cérebro é alimentado com experiências positivas diferentes, que evitam a habituação, prolongando, portanto, a felicidade.

Sendo assim, para maximizar a felicidade, prefira mudanças intencionais às circunstanciais. Faça o esforço de começar um novo hobby, algum projeto de maior fôlego ou um esporte que nunca tenha praticado antes. Escolha atividades adequadas à sua personalidade, aos seus valores e à sua capacidade. Pode ser útil pensar naquilo que você já gosta de fazer, identificar os elementos essenciais que tornam essa atividade tão prazerosa e tentar outras atividades que tenham alguns desses elementos. Portanto, se, por exemplo, você gosta de pintura a óleo, experimente pintar aquarelas. Se gosta de jogar tênis, pense em começar a jogar badminton ou squash. Se é bom no sudoku, tente palavras cruzadas. O que quer que decida fazer, lembre-se de evitar a habituação hedonística, empenhando-se em mudar aquilo que faz e quando faz. Pode parecer um esforço muito grande, mas as pesquisas mostram que, em se tratando da felicidade, vale a pena.

2. Persuasão

Por que premiar não funciona, como ter a entrevista de emprego perfeita, melhore sua vida social cometendo erros, nunca mais perca sua carteira e convença qualquer um de qualquer coisa usando sua rã de estimação.

Como convencer uma criança a fazer o dever de casa, um empregado a ter um desempenho melhor no trabalho ou as pessoas a cuidar mais do meio ambiente? Muitos acreditam que o modo mais eficaz é balançar a cenoura mais suculenta possível diante de seu nariz. Mas as pesquisas mostram que isso é realmente um incentivo ou que se trata de um mito?

Num estudo clássico, um psicólogo de Stanford, Mark Lepper, e seus colaboradores pediram que dois grupos de crianças em idade escolar se divertissem desenhando.[1] Antes de poderem começar a brincar com os lápis sobre o papel, apenas um dos grupos ouviu que receberia uma belíssima medalha de "bom participante" pelo desenho. Algumas semanas depois, os pesquisadores voltaram, distribuíram lápis e papel e avaliaram o tanto que as crianças brincaram com o material. Surpreendentemente, as crianças que tinham recebido as medalhas na primeira vez passaram significativamente menos tempo desenhando do que seus colegas.

Por que isso aconteceu? Segundo Lepper, as crianças que receberam medalhas pensaram algo como: "Bem, vejamos, os adultos normalmente me oferecem recompensas quando querem que eu faça algo que eu não gosto de fazer. Portanto, se um deles me oferece uma medalha por desenhar, é porque eu não devo gostar de desenhar." Esse efeito já foi replicado muitas vezes, e a conclusão é clara: se passarmos para crianças uma atividade da qual elas gostam e as recompensarmos por isso, a recompensa diminui o prazer e as deixa desmotivadas. Em questão de segundos transformamos brincadeira em trabalho.

Pode-se argumentar que isso só se aplica a atividades das quais as pessoas gostam, e que as recompensas na verdade estimulam as pessoas a fazer tarefas das quais não gostam. Para testar essa teoria, há alguns anos fiz um estudo a partir do qual dois grupos de pessoas participaram de uma experiência em que passavam a tarde catando lixo num parque de Londres.[2] Dissemos aos participantes que eles participariam de uma experiência que investigava a melhor forma de convencer as pessoas a cuidar dos parques locais. Um grupo recebeu um valor alto por esse trabalho, enquanto os demais receberam apenas uma pequena quantia em dinheiro. Depois de cerca de uma hora de trabalho tedioso e dolorido para as costas, todos deram notas para a intensidade com que tinham gostado daquela tarde. Você pode achar que quem levou uma grande quantia de dinheiro foi mais favorável do que os que dedicaram seu tempo por muito menos em troca.

Na verdade, o resultado foi exatamente o oposto. A nota média de prazer entre o grupo que recebeu uma quantia elevada foi um modesto 2, de um total de 10, enquanto o grupo do pagamento modesto atingiu uma nota média elevadíssima, de 8,5. Parece que os que foram bem-remunerados pensaram: "Bem, vejamos, as pessoas normalmente me pagam para fazer coisas de que eu não gosto. Recebi uma ótima quantia, portanto, acho que não gosto de limpar o parque." Por outro lado, aqueles que receberam menos dinheiro pensaram: "Não preciso que me paguem muito para fazer algo de que eu gosto. Recolhi o lixo por muito pouco, portanto, devo gostar de fazer isso." De acordo com os resultados desse estudo, parece que uma recompensa excessiva pode ter efeito negativo sobre a atitude das pessoas que realizam as tarefas.

Essas descobertas têm sido repetidamente confirmadas nos estudos. Praticamente indiferentes às recompensas ou às tarefas, os que recebem uma cenoura tendem a não ter um desempenho tão bom quanto aqueles que não esperam receber algo.[3] Alguns dos estudos mostraram melhoras de curto prazo no desempenho, mas, com o passar do tempo, as recompensas tendem a degradar o próprio comportamento que foram criadas para estimular.

Conforme vimos, o que *não* funciona é motivar as pessoas prometendo uma recompensa. Sendo assim, que forma de incentivo funciona melhor? Para incentivar as pessoas a fazer mais algo de que gostam, tente dar a elas uma pequena *surpresa* ocasional depois que completarem a atividade ou elogiar o resultado do trabalho. Quando elas não gostam de executar tal tarefa, uma recompensa realista, mas não exagerada, é eficiente no começo, seguida de comentários agradáveis que incentivam a pessoa a continuar com a atividade ("se cada um fosse um cidadão tão bom para limpar os parques quanto você...").

Porém, existem alternativas à persuasão instantânea que não são o elogio, as recompensas modestas ou os comentários piegas. Para obter técnicas rápidas e eficazes, seja em relação a negociações, ajuda numa emergência ou um favorzinho ou dois fora do comum, pense em pôr seu pé na porta, compreender o pensamento de grupo e em por que, na verdade, é melhor dar do que receber.

Como ter a entrevista de emprego perfeita

Existe uma velha piada sobre um homem que estava em uma entrevista de emprego quando disseram para ele: "Sabe, para esse cargo precisamos muito de alguém que seja responsável." O homem pensa um momento e responde: "Sou perfeito para vocês. Em meu último emprego, várias coisas deram muito errado, e eles sempre me disseram que eu era o responsável." Infelizmente, respostas desastrosas são comuns em entrevistas de verdade, mas a solução está ao alcance de qualquer um de nós. Nos últimos trinta anos, psicólogos têm investigado os fatores fundamentais que impressionam entrevistadores. O trabalho resultou em inúmeras técnicas rápidas e eficazes que podem aumentar consideravelmente suas chances de conseguir o emprego de seus sonhos.

Peça que qualquer empregador explique por que ele escolheu este candidato em vez de aquele e ele lhe dirá que é uma questão de qual candidato está mais bem-qualificado e preparado para o trabalho. Para ajudar a tornar o processo o mais racional e justo possível, muitos fazem uma lista de competências-chave necessárias para que um candidato seja bem-sucedido, estudam o currículo de cada um em busca dessas competências e, então, usam a entrevista face a face para buscar mais informações. Mas pesquisas conduzidas por Chad Higgins, da University of Washington, e Timothy Judge, da University of Florida, indicam que os entrevistadores estão muitas vezes enganando a si mesmos quanto ao modo como tomam suas decisões e que, na realidade, são influenciados inconscientemente por uma força misteriosa e poderosa.[4]

Higgins e Judge acompanharam o desempenho de mais de cem estudantes em sua busca pelo primeiro emprego após a universidade. Ao início do estudo, os pesquisadores examinaram o currículo de cada participante, avaliando os dois fatores que os entrevistadores sempre alegaram exercer um papel-chave na distinção entre candidatos bem e malsucedidos — qualificação e experiência. Após cada entrevista de emprego, os estudantes preencheram um questionário-padrão sobre como tinham se comportado, incluindo se, por exemplo, aproveitavam ao máximo seus pontos positivos, se interessavam pela empresa ou fizeram perguntas ao entrevistador sobre o tipo de pessoa que eles estavam querendo. A equipe de pesquisadores também entrou em contato com os entrevistadores e pediu que lhes dessem um feedback sobre diversos fatores, incluindo o desempenho do candidato, o quanto ele combinava com a empresa, se possuía as competências necessárias para a função e, talvez o fator mais importante, se ele ficaria com o emprego.

Após analisar o conjunto de dados, a equipe de pesquisa pôs abaixo alguns dos mitos sobre por que os entrevistadores escolhem certos candidatos para um emprego, desvendando uma realidade surpreendente. A probabilidade dependia de qualificação? Ou seria de experiência de trabalho? Na realidade, não era nenhuma das duas coisas. Havia apenas um fator importante: o candidato parecer uma pessoa agradável. Os candidatos que conseguiram se mostrar como cativantes apresentaram elevada probabilidade de conseguir o emprego; de diversas formas, eles conseguiram abrir o caminho do sucesso graças ao encanto pessoal. Alguns passavam certo tempo batendo papo sobre assuntos que não tinham relação com o emprego, mas que interessavam ao candidato e ao entrevistador; alguns fizeram um esforço especial para sorrir e manter o contato visual; outros elogiavam a empresa. Essa inundação de positividade rendeu dividendos e convenceu os entrevistadores de que candidatos tão agradáveis e com tanto traquejo social se entrosariam muito bem no local de trabalho, e, portanto, mereciam o emprego.

O estudo de Higgins e Judge demonstra claramente que, para conseguir o emprego dos seus sonhos, tornar-se o mais agradável possível é mais importante do que possuir qualificações e experiência profissional. Porém, tente explicar por que você está sendo acusado por 12 assassinatos e possui duas condenações por estelionato e descobrirá rapidamente que tais encantos têm suas limitações. Sendo assim, qual a melhor forma de lidar com o lado menos sedutor de seu currículo? Será que devemos mencionar pontos fracos ao início da entrevista ou esperar causar uma primeira impressão positiva para só tocar em possíveis problemas ao final?

Esse tema foi investigado num estudo clássico conduzido no início dos anos 1970 pelos psicólogos Edward Jones e Eric Gordon, da Duke University.[5] Nessa experiência, os participantes ouviram uma gravação em que um homem (na verdade, um ator) falava sobre sua vida, e foi pedido que eles dessem uma nota para avaliar o quanto aquela pessoa era apreciável. Ao longo da entrevista, o homem falou que não tinha concluído um semestre letivo porque havia sido pego colando e fora expulso. Os pesquisadores editaram a fita para que metade dos participantes ouvisse essa parte bombástica logo no início, enquanto os outros ouviriam mais no final. Essa manipulação teve um impacto enorme sobre o quanto os participantes gostaram do homem. Quando o fato de ter colado foi mencionado no início da fita, o homem pareceu bem mais apreciável do que quando isso aconteceu no final. Outros trabalhos confirmaram exatamente o mesmo efeito em outros contextos, como, por exemplo, a percepção de que advogados tinham uma tese mais sólida quando expunham algum ponto fraco ao início de um julgamento.[6]

Parece que apresentar logo um ponto fraco é visto como sinal de franqueza. Essa é uma lição que muitos políticos, como Bill Clinton, ainda têm de aprender. Assim, os entrevistadores acreditam que estão lidando com alguém que possui força de caráter e integridade para lidar logo de cara com dificuldades em potencial e que, portanto, não está procurando induzi-los a erro.

O mesmo pode ser dito dos aspectos mais positivos de seu currículo? Na verdade, não. Em outra parte do mesmo estudo os participantes ouviram um motivo positivo para o semestre perdido ("Ganhei uma prestigiada bolsa para viajar por toda a Europa"), ora no início, ora no final da fita. Desta vez, o efeito foi o oposto, e o homem soava muito mais gostável quando mencionava o prêmio mais ao fim do discurso. Parece que a modéstia, não a honestidade, é crucial para os aspectos positivos de nosso passado. Quando adiamos determinada informação, parece que preferimos deixar nossos pontos fortes surgirem naturalmente, enquanto mostrar nossos trunfos logo de cara é visto como sinal de prepotência.

Bem, você aprimorou sua capacidade de agradar, está disposto a falar sobre seus pontos fracos de início e pretende deixar o melhor para o final. Isso significa que o sucesso está garantido? Infelizmente, não. Apesar das melhores intenções e de toda uma cuidadosa preparação, todos cometemos erros. Talvez você derrube um copo d'água no próprio colo, ofenda inadvertidamente o entrevistador ou dê uma resposta de forma hesitante e nada convincente. A verdade é que você precisa ser capaz de lidar com um ou dois desastres inesperados. Para ajudar nisso, Thomas Gilovich, da Cornell University, e seus colegas desenvolveram uma série de estudos em que fizeram as pessoas vestirem camisetas com a estampa de Barry Manilow.[7]

Num estudo típico, Gilovich fez com que cinco participantes chegassem ao mesmo tempo em seu laboratório. Todos foram conduzidos a uma sala e receberam ordem para se sentar a um lado de uma mesa, e cada um começou a preencher um questionário. O grupo começou a marcar quadradinhos, sem saber que os pesquisadores tinham agendado a chegada de outro participante para dali a cinco minutos. Antes de entrar na sala, deram ao "atrasado" uma camiseta com uma enorme estampa de Barry Manilow. Por que Manilow? Bem, o estudo era sobre a psicologia do constrangimento, e pré-testes cuidadosamente controlados revelavam que a maioria dos estudantes de Cornell preferiam morrer a ser vistos usando uma camiseta com tal artista. Momentos após vestir a camiseta, mostrava-se a porta da sala para o "atrasado" e ele se via diante de alguns estudantes de sua faculdade. Após alguns momentos, o pesquisador explicava que poderia ser melhor esperar do lado de fora um pouco, e, logo depois, fazia o retardatário voltar para a sala.

A seguir, aconteciam duas coisas. Perguntava-se dentro da sala se todos tinham notado a imagem na camiseta do "atrasado", enquanto se pedia que este estimasse a porcentagem de alunos que devia ter notado a imagem constrangedora. Os resultados de uma série de experimentos revelaram que, em média, 20% das pessoas na sala notavam o cantor Barry Manilow. Porém, os retardatários ficavam seguros de que tinham chamado muito mais atenção, e estimavam que, em média, cerca de 50% do grupo haviam percebido a camiseta. Em resumo, os "atrasados" superestimaram significativamente o impacto dessa experiência constrangedora.

Essa tendência, conhecida como "efeito holofote", tem sido observada em muitos ambientes diferentes. Desde o estudo dos efeitos de um dia em que você está com o cabelo indomável até ter ido mal numa discussão, aquele que se constrange fica convencido de que seus erros são muito mais notáveis do que de fato acontece. Por quê? Parece que nos concentramos em nossa aparência e em nosso comportamento mais do que nos outros, e, portanto, as chances de superestimar o impacto aumentam. Assim, se você cometer algum erro terrível numa entrevista, pense no sujeito com a camiseta do Barry Manilow e lembre-se de que sua sensação, provavelmente, é pior do que a realidade.

Em 59 segundos ou menos

Aumente suas chances de fazer uma grande entrevista em três etapas fáceis.

Primeira: ser apreciado é mais importante do que suas conquistas acadêmicas e sua experiência, portanto...

- encontre algo de que você goste de verdade na empresa e faça com que sua opinião seja conhecida
- sinta-se à vontade para fazer um elogio sincero ao entrevistador
- converse sobre algum tema não relacionado ao trabalho que você e o entrevistador achem interessante
- interesse-se pelos entrevistadores — faça perguntas sobre o tipo de pessoa que estão procurando e sobre o papel daquela função na empresa como um todo
- mostre entusiasmo sobre a vaga e a empresa
- sorria e mantenha contato visual com os entrevistadores

Segunda: quando você tiver pontos fracos, não espere até o final da entrevista para revelá-los. Em vez disso, aumente sua credibilidade ao falar deles logo ao início da entrevista. E, lembre-se, quanto aos aspectos positivos, a modéstia é vital; por isso, guarde algum ponto positivo para o último minuto.

Finalmente: se você fizer algo que pareça ser um terrível erro, não se desespere. A chance é de que tenha sido mais evidente para você do que para os outros, e uma reação exagerada de sua parte ou desculpas podem simplesmente chamar mais atenção para o fato. Em vez disso, acuse a situação, se for o caso, e prossiga como se nada tivesse acontecido.

4 dicas rápidas de persuasão

Prefira o Caminho do Meio. Se você quiser aumentar sua chance de causar boa impressão numa reunião, sente-se mais para o meio da mesa. As psicólogas Priya Raghubir e Ana Valenzuela analisaram episódios do quiz de tevê *The Weakest Link*.[8] Nesse programa, os participantes ficam num semicírculo e, a cada rodada, um deles sai em função do voto dos demais. Os participantes que ocupavam posições centrais no semicírculo chegavam à rodada final em 42% das vezes e ganhavam o jogo em 45% das vezes. Os que estavam sentados nas posições mais próximas às extremidades chegavam à final em apenas 17% das vezes e ganhavam em apenas 10%. Em outra experiência, mostrava-se uma fotografia de grupo com cinco candidatos a uma bolsa de administração aos participantes e se pedia que eles dissessem qual candidato deveria ser contemplado com essa posição. As pessoas no centro do grupo eram escolhidas com mais frequência do que aquelas próximas às extremidades. Os pesquisadores acreditam que, ao observar um grupo, as pessoas fazem uso de uma regrinha básica — as importantes se sentam no meio — e dão a esse fenômeno o nome de "efeito do centro do palco".

K.I.S.S. Ao pensar sobre o nome de um novo projeto, uma nova campanha ou um novo produto, mantenha-o simples. Adam Alter e Daniel Oppenheimer, da Princeton University, monitoraram as fortunas das empresas na bolsa de valores e descobriram que aquelas que tinham nomes simples e fáceis de lembrar, como Flinks Inc., tendiam a ter melhor desempenho do que as ações de empresas com nomes estranhos como Sagxter Inc.[9] Outras pesquisas mostraram que esse efeito não se deve ao fato de as grandes empresas terem nomes mais simples, mas a uma tendência natural de pessoas se sentirem atraídas por palavras que são de fácil memorização e de pronúncia simples.

Atenção ao Vocabulário. Quem nunca se sentiu tentado a usar uma palavra um tanto complicada num relatório ou em uma carta para dar a impressão de ser especialmente inteligente ou erudito? Segundo outras pesquisas realizadas por Daniel Oppenheimer, uma preferência desnecessária por palavras difíceis pode ter exatamente o efeito oposto ao esperado.[10] Numa série de cinco estudos, Oppenheimer examinou sistematicamente a complexidade do vocabulário usado em diversos trechos escritos (incluindo formulários de emprego, ensaios acadêmicos e traduções de Descartes). Então, pediu que as pessoas lessem o material e dessem uma nota para a inteligência de quem o teria escrito. A linguagem mais simples resultava em notas significativamente mais altas, mostrando que o uso desnecessário de linguagem complexa causara má impressão. Ao falar sobre suas descobertas num estudo intitulado "As consequências do vernáculo erudito utilizado a despeito da necessidade: problemas ao usar palavras longas desnecessariamente" Oppenheimer descobriu, ainda, que trechos escritos com uma fonte de difícil leitura também diminuía a nota que as pessoas atribuíram à inteligência do autor, levando a crer que podemos induzir os leitores a nos acharem mais inteligentes simplesmente melhorando nossa letra cursiva ou simplificando nosso vocabulário.

Favores, pastelão e fofoca

Ser amável é importante. A organização Gallup tem acompanhado a percepção popular acerca dos candidatos a presidente dos Estados Unidos desde 1960, focando no impacto dos temas, na afiliação partidária e na amabilidade.[11] Dentre esses fatores, apenas a amabilidade tem sido capaz de prever de modo confiável o candidato vencedor. Do mesmo modo, a pesquisa sobre relacionamentos feita por Philip Noll, da University of Toronto, mostra que pessoas amáveis têm uma probabilidade 50% menor de se divorciar. Aliás, tal característica pode até salvar sua vida, já que outros estudos mencionam que os médicos pedem que as pessoas de que gostam mantenham contato e voltem para avaliações mais frequentes.

Mas qual a melhor forma de garantir que você faça parte desse time? O guru da autoajuda Dale Carnegie destacou corretamente que uma forma de aumentar sua popularidade é você expressar um interesse genuíno pelos outros. Na verdade, Carnegie argumenta que as pessoas farão mais amigos em dois meses ao desenvolver um interesse autêntico por aqueles à sua volta do que fariam em dois anos tentando fazer com que os outros se interessem por elas. Outros autores têm sugerido alternativas rápidas e fáceis, que incluem elogios sinceros, emulação de linguagem corporal e estilo de fala, parecer modesto e ser generoso com seu tempo, seus recursos e suas habilidades. Sem dúvida, essas técnicas do senso comum funcionam. Porém, segundo as pesquisas, há outras ideias, mais sutis, que também podem ajudar você a fazer amigos e a influenciar pessoas. Basta ouvir um pequeno conselho de Benjamin Franklin sobre ter a capacidade de tropeçar de vez em quando e de compreender o poder da fofoca.

O polímata e político do século XVIII Benjamin Franklin, certa vez, estava ansioso para conseguir a cooperação de um membro difícil e apático da Assembleia Legislativa da Pensilvânia. Em vez de gastar seu tempo tentando agradar o homem, Franklin decidiu tomar um curso de ação completamente diferente. Ele sabia que aquela pessoa tinha um exemplar de um livro raro em sua biblioteca particular e perguntou se podia pegá-lo emprestado por dois dias. O homem concordou e, segundo Franklin, "quando nos encontramos depois disso no Parlamento, ele se dirigiu a mim (algo que ele nunca tinha feito antes), e com grande civilidade; e, desde então, mostrou-se pronto para me agradar em todas as ocasiões". Franklin atribuiu o sucesso de sua técnica do empréstimo a um princípio simples: "Aquele que já lhe fez um favor uma vez se mostrará mais disposto a fazer outro do que aquele a quem você já prestou um favor." Em outras palavras, para aumentar a probabilidade de que alguém goste de você, consiga que essa pessoa lhe preste um favor. Um século depois, o romancista russo Tolstoi pareceu concordar com isso: "Não amamos as pessoas tanto pelo bem que elas nos fazem, mas pelo bem que fazemos a elas."

Nos anos 1960, os psicólogos Jon Jecker e David Landy se propuseram a descobrir se essa técnica de duzentos anos ainda funcionaria no século XX.[12] Numa experiência, os dois fizeram com que os participantes ganhassem uma quantia em dinheiro. Então, pouco tempo após os participantes deixarem o laboratório, um pesquisador entrou em contato com alguns deles e lhes pediu um favor; ele explicou que tinha usado dinheiro do próprio bolso para o estudo, que estava ficando sem recursos e que pensava se os participantes se importariam de devolver a quantia. Um segundo grupo de participantes foi abordado por um outro pesquisador, o secretário do departamento, que fez o mesmo pedido, mas dessa vez explicando que o departamento de psicologia é que havia financiado a experiência — em vez de usar dinheiro do próprio bolso — e agora estava precisando de ajuda. Depois, todos os participantes deram notas para o quanto gostavam de cada pesquisador. Exatamente como previsto por Franklin e Tolstoi, tantos anos antes, os participantes que ajudavam o pesquisador pessoalmente gostavam mais dele do que do pesquisador que havia sido ajudado em nome do departamento.

Embora possa soar estranho, esse curioso fenômeno, chamado de "efeito Franklin", é teoricamente sólido. Na maior parte do tempo, o comportamento das pessoas decorre de seus pensamentos e de suas sensações. Elas se sentem felizes e, por isso, sorriem, acham alguém atraente e, por isso, encaram de forma desejosa essa pessoa. Porém, o contrário também pode ser verdadeiro. Faça as pessoas sorrirem, e elas se sentirão mais felizes; peça que olhem nos olhos de alguém, e elas acharão essa pessoa mais atraente. Exatamente o mesmo princípio se aplica aos favores. Para induzir os outros a gostarem de você, peça a ajuda deles.

•

O efeito Franklin não é o único caminho contraintuitivo para que gostem de você. Também existe a técnica que já ajudou John F. Kennedy a se tornar um dos presidentes mais populares da história americana.

Em 1961, Kennedy ordenou que tropas invadissem Cuba pela Baía dos Porcos. A operação foi um fiasco, e os historiadores até hoje veem tal decisão como um gigantesco desastre militar. Porém, uma pesquisa nacional feita após a malfadada invasão mostrou que o povo na verdade passou a gostar mais de Kennedy apesar da decisão desastrosa. Dois fatores puderam explicar essa descoberta aparentemente estranha. O presidente não tentou arranjar desculpas ou atribuir a culpa a terceiros pela operação fracassada, assumindo total responsabilidade rapidamente. Além disso, até aquele ponto, ele vinha sendo visto como um super-herói — um homem encantador, bonito e poderoso, incapaz de errar. O desastre da Baía dos Porcos fez com que colaboradores parecesse muito mais humano e amável.

Elliot Aronson e seus colaboradores da University of California decidiram fazer uma experiência para abordar esse tema e descobrir se cometer alguns erros realmente era positivo para a popularidade.[13] Numa parte de tal estudo, participantes ouviram uma de duas fitas de áudio. Ambas eram sobre um estudante e detalhavam a participação dele num quiz de conhecimentos gerais, e em seguida o próprio estudante falava sobre sua formação. Ele se saía muito bem no quiz, respondendo corretamente 90% das perguntas, e então confessava, modestamente, que seria bem-sucedido a vida inteira. Porém, numa das duas edições, ao final da gravação, os participantes ouviam o estudante derrubando uma xícara de café, sujando um terno novo. Todos os participantes tiveram de dar uma nota que demonstrava o quanto o estudante era amável. Apesar de a única diferença entre as fitas ser uma fictícia xícara de café sendo virada, como aconteceu com Kennedy no episódio da Baía dos Porcos, os participantes gostaram muito mais daquele que cometeu a gafe.

Esse estranho fenômeno, muitas vezes chamado de "efeito pastelão", pode funcionar bem para presidentes e quando ouvimos uma fita, mas ele também funciona em outras situações? Para descobrir, ajudei recentemente a reproduzir uma versão do experimento de Aronson, mas, dessa vez, num shopping center.[14]

O estudo era parte de um programa de televisão a respeito da psicologia da vida cotidiana. Reunimos várias pessoas e explicamos que elas veriam dois trainees demonstrando como fazer um coquetel de frutas usando um novo tipo de liquidificador. A primeira foi Sara, que fez o papel de pessoa "perfeita". Ela tinha passado a noite anterior aprendendo a utilizar o aparelho e estudando um script convincente. As frutas eram postas, a tampa, colocada, o liquidificador, ligado, e daí saía a bebida perfeita. A plateia a recompensou com uma merecida salva de palmas, e esperava ansiosamente por nossa segunda apresentação. Então vinha Emma, que fazia o papel de nossa pessoa "não tão perfeita". Dessa vez as frutas eram postas, a tampa, colocada, o liquidificador, ligado, a tampa saía, e Emma terminava ensopada de coquetel de frutas. Após derramar o que havia sobrado da bebida num copo, ela recebia uma salva de palmas solidárias da plateia.

Tendo terminado a primeira parte do experimento, era hora de investigar a questão da amabilidade. Fizemos perguntas a pessoas da plateia sobre as duas apresentações. Qual havia agradado mais: Sara ou Emma? Era mais provável que comprassem o liquidificador após ter visto a primeira ou a segunda apresentação? E o mais importante, de quem tinham gostado mais: de Sara ou de Emma? Embora o público achasse a apresentação de Sara mais profissional e convincente, quem ficou no topo do ranking foi Emma. Quando pedimos que explicassem a própria decisão, as pessoas diziam que achavam difícil se identificar com o desempenho impecável de Sara, mas se sentiam melhor diante da exibição mais comum de Emma. Embora não tenha sido a experiência perfeita (por exemplo, Emma e Sara não eram gêmeas; idênticas, portanto, pode ser que a aparência de cada uma tenha influenciado as pessoas), serviu para dar ainda mais apoio à ideia de que o ocasional tropeço pode ser bom para a vida social.

A terceira, e última, inusitada rota para a amabilidade tem a ver com um traço bastante humano: o desejo de fofocar. A maioria das pessoas gosta de passar adiante aquela informação apimentada sobre conhecidos e amigos, mas esse tipo de comportamento é bom para elas? John Skowronski, da Ohio University, em Newark, e seus colaboradores investigaram o lado negativo de se espalhar fofocas maliciosas.[15] Os participantes assistiram a videotapes de atores conversando sobre uma terceira pessoa (um amigo ou conhecido do ator). Alguns dos comentários do ator sobre seu amigo eram bastante negativos, como: "Ele odeia bichos. Hoje ele estava indo a uma loja e viu um cachorrinho. E deu um chute pra ele sair do caminho." Depois, pedia-se que os participantes dessem uma nota para a personalidade de quem havia falado. Foi notável o fato, apesar de ser óbvio que a pessoa no videotape estava criticando uma outra, de os participantes terem atribuído os traços negativos a quem falava. Esse efeito, conhecido como "traço espontâneo de transferência", revela os prós e contras da fofoca. Quando fazemos fofoca sobre alguém, quem ouve nos associa inconscientemente com as características das quais estamos falando, o que acaba fazendo com que essas características sejam "transferidas" para nós. Portanto, diga coisas positivas e agradáveis sobre colegas e amigos e você será visto como uma pessoa simpática. Por outro lado, se falar o tempo todo sobre o que os outros fazem de errado, as pessoas inconscientemente aplicarão os traços negativos e a incompetência a você.

Em 59 segundos ou menos

Os gurus da autoajuda defendem que é possível aumentar sua amabilidade tornando-se mais empático, modesto e generoso. Provavelmente, eles estão certos. Porém, além disso, também existem três outros fatores surpreendentes que podem promover popularidade.

O Efeito Franklin. As pessoas gostam mais de nós quando elas nos fazem um favor. Porém, o efeito tem seus limites, e é muito mais provável que funcione com pequenos favores do que com pedidos mais significativos, que façam as pessoas agirem a contragosto ou, pior, recusarem.

O Efeito Pastelão. O tropeço ocasional pode aumentar sua amabilidade. Porém, é importante perceber que o efeito só funciona de verdade quando você está correndo o risco de ser visto como perfeito demais. Em outra parte do experimento de Aronson os pesquisadores gravaram duas fitas de áudio de um estudante mediano, que teve média de 30% no quiz e, então, falou sobre uma série de conquistas mais modestas. Em tais condições, derramar o café no colo fez com que fosse para o último lugar da amabilidade por ter passado a sensação de ser um completo fracassado.

Fofoca. Saiba que quaisquer traços que você atribuir a outra pessoa provavelmente se voltarão contra você, e serão vistos como parte de sua personalidade.

Dicas rápidas de persuasão

Torne Algo Pessoal. Em 1987, o público doou 350 mil libras para ajudar um bebê que tinha caído num poço no Texas; em 2002, foram arrecadadas 2 mil libras para ajudar um cão abandonado encontrado numa embarcação no oceano Pacífico. Por outro lado, organizações costumam enfrentar grandes dificuldades em levantar fundos para ajudar a evitar cerca de 15 milhões de mortes relacionadas com a fome todo ano ou 10 mil mortes de crianças a cada ano nos Estados Unidos em acidentes de carro. Por quê? Num estudo recente, pesquisadores pagaram às pessoas por seu envolvimento num experimento e em seguida deram a elas a oportunidade de doar algum dinheiro para a Save the Children. Antes de fazer qualquer contribuição, foi mostrado a metade dos participantes estatísticas sobre os milhões que passam fome na Zâmbia, enquanto a outra metade viu uma matéria sobre o sofrimento de apenas uma menina africana de 7 anos.[16] Os que viram a matéria sobre a menina doaram mais do que o dobro da quantia dada por aqueles que viram as estatísticas. Por mais irracional que seja, as pessoas se mobilizam muito mais por apenas um indivíduo do que por uma coletividade.

"Sim, Sim, Sim." Em *Como fazer amigos e influenciar pessoas* Dale Carnegie defende que fazer alguém responder "sim" a uma série de afirmações aumenta a probabilidade de que concordem conosco no futuro. Pesquisas conduzidas no decorrer de 50 anos após a publicação de seu livro seminal têm apoiado a importância dessas declarações positivas. Nos anos 1980, o psicólogo Daniel Howard, da Southern Methodist University, fez com que pesquisadores telefonassem aleatoriamente para pessoas selecionadas e perguntassem se um representante do Hunger Relief Committee poderia visitá-las em casa e tentar vender biscoitos cuja renda seria revertida para caridade.[17] Metade dos pesquisadores começou a conversa com uma sim-

ples pergunta, formulada para obter uma resposta positiva: "Como você está se sentindo esta noite?" Como esperado, a grande maioria das pessoas respondeu de forma favorável ("Muito bem", "Ótimo, obrigado"). Mais importante, isso teve enorme influência sobre a decisão de permitir que o vendedor de biscoitos visitasse sua casa. Trinta e dois por cento aceitaram a oferta na situação da pergunta "Como você está se sentindo?", comparados a apenas 18% no grupo de controle com uma pergunta de resposta negativa. Pode-se deduzir que as pessoas tendem a concordar conosco quando já disseram algo positivo antes.

Uma Moeda Pode Pagar o Metrô, Mas um Pouco de Alho lhe Garantirá um Assento. Numa série de estudos feitos ao longo dos anos 1930, o psicólogo Gregory Razran descobriu que as pessoas desenvolviam um carinho especial por outros indivíduos, objetos e frases se tivessem sido apresentadas a eles enquanto estivessem fazendo uma refeição.[18] O efeito pode se dever ao fato de que uma boa refeição deixa as pessoas de bom humor e pode fazer com que elas tomem decisões mais rapidamente, de modo mais impulsivo.[19] Mais recentemente, pesquisadores descobriram que pessoas que acabaram de consumir bebidas cafeinadas apresentam maior chance de serem convencidas por argumentos sobre diversos assuntos controversos.[20] Em resumo, fortes indícios de que realmente não há algo como almoço grátis ou uma inocente xícara de café.

Poupe Tempo, Convença pela Rima. Em seu influente trabalho *A gaia ciência*, o filósofo alemão Friedrich Nietzsche argumentou que a poesia rimada originalmente tinha apelo para a mente primitiva porque parecia ter conotações mágicas e representava uma forma de falar diretamente com os deuses. Embora essa visão não tenha se tornado universalmente aceita, pesquisas recentes de fato levam a crer que as rimas podem ser surpreendentemente eficazes. Os psicólogos Matthew McGlone e Jessica Tofighbakhsh (tente achar uma rima pra isso) mostraram para as pessoas famosos ditos com rima ("Atenção e moderação garantirão o seu quinhão", "A vida é mais larga que comprida") e outros sem rima ("Atenção e cuidado garantem o seu quinhão", "A vida é mais larga que longa"), pedindo que as pessoas dessem nota para o grau de exatidão com que as frases descreviam o comportamento humano.[21] As rimas foram vistas como significativamente mais exatas do que as frases sem rima. Os autores concluíram que isso acontecia porque as que rimavam eram mais fáceis de memorizar, mais apreciáveis e com repetição. Esse efeito é usado com frequência na propaganda ("Knorr é melhor", "Tomou Doril, a dor sumiu"), e chegou até mesmo a ser usado nos tribunais, quando o advogado Johnnie Cochran defendeu O. J. Simpson usando a frase: "Se a luva não cabe, que o caso acabe."

Ervilhas. Para persuadir, as pesquisas apontam para um fato simples: a similaridade funciona. Por exemplo, Randy Garner, da Sam Houston State University, enviou questionários pelo correio variando a informação na folha da frente para se assegurar de que o primeiro nome do destinatário ora fosse igual, ora diferente do primeiro nome do pesquisador.[22] Na situação em que os nomes eram iguais, um participante chamado Fred Smith recebeu um questionário de um pesquisador chamado Fred Jones, enquanto na situação de nomes diferentes a participante Julie Green recebeu correspondência de uma tal Amanda White. Essa manipulação extraordinariamente simples afetou a taxa de respostas, com 30% daqueles na situação de não similitude dando retorno à pesquisa, comparados com 56% quando as pessoas viam seu primeiro nome na primeira folha. Outros trabalhos indicam que as pessoas apresentam maior probabilidade de apoiar ou concordar com quem se parece com elas. Num estudo, mais de 6 mil eleitores americanos deram uma nota para a própria personalidade e para a percepção que tinham da personalidade de John Kerry e de George W. Bush.[23] Os dois grupos concordaram que Kerry era muito mais aberto a novas ideias e novos conceitos do que Bush, mas este era mais leal e sincero que Kerry. Porém, exatamente a mesma distribuição de traços surgiu entre os eleitores quando aqueles que votaram em Kerry se consideravam pessoas de cabeça mais aberta do que os eleitores de Bush, e os eleitores de Bush se viam como mais dignos de confiança do que os que votavam em Kerry. Independentemente da similaridade no vestir, na fala, na formação, na idade, na religião, na política, no consumo de álcool e cigarros, na preferência gastronômica, em opiniões, na personalidade ou na linguagem corporal, gostamos de pessoas que se parecem conosco, achando que essas são muito mais convincentes que as demais.

Lembre-se de Falar de sua Rã de Estimação. Em se tratando de persuadir os outros, procure ser leve. Num estudo conduzido por Karen O'Quin e Joel Aronoff, pediu-se que os participantes negociassem com um vendedor o preço de uma obra de arte.[24] Ao fim da negociação, o vendedor fazia a oferta final de uma das duas formas: em metade do tempo ele dizia que aceitariam 6 mil dólares, e na outra metade dava o mesmo preço final, mas acrescentava, com um tom bem-humorado: "Bem, minha oferta final é de 6 mil dólares, e você ainda leva minha rã de estimação." Esses poucos momentos de tentativa de fazer graça tinham um efeito enorme, e os participantes se comprometiam muito mais a pagar o preço sempre que ouviam falar da rã. O efeito se manifestou igualmente entre homens e mulheres, independentemente de o quanto o preço final dado pelo vendedor estivesse acima da quantia originalmente informada ao participante. Parece que o breve momento de graça deixava o participante de bom humor por alguns instantes, e isso o estimulava a conceder mais. Portanto, da próxima vez que estiver tentando conseguir algo, lembre-se de mencionar sua rã de estimação.

Por que cozinheiros demais levam a cozinhar de menos, e o que fazer a respeito

Em 13 de março de 1964, uma jovem mulher chamada Kitty Genovese voltava para seu apartamento no bairro do Queens, na cidade de Nova York, quando foi vítima de um ataque violento e gratuito. Embora tenha estacionado o carro a menos de 30 metros da porta de casa, ela foi dominada por um completo desconhecido no curto trajeto até o apartamento, recebendo várias facadas. Apesar do suplício, Genovese conseguiu gritar por ajuda e cambalear até a frente do apartamento. Infelizmente, seu agressor a alcançou e voltou a desferir novas facadas, que a levaram à morte.

Em 27 de março, o *New York Times* publicou um artigo na primeira página a respeito do ataque, comentando que um grande número de "cidadãos respeitáveis e cumpridores da lei", que tinha sido testemunha do ataque ou ouvido o que acontecera, não ligara para a polícia para falar do ocorrido. Segundo a matéria, o detetive encarregado do caso não conseguia entender por que tantas testemunhas tinham permanecido alheias a tudo. A matéria foi rapidamente veiculada por outros meios, e a maioria dos jornalistas concluiu que os vizinhos de Genovese simplesmente não se importavam o suficiente para se envolver; viam o incidente como um triste sinal de que a sociedade americana moderna sofrera um grave desvio. A trágica história teve forte apelo junto à imaginação da comunidade e, desde então, tem inspirado inúmeros livros, filmes e canções, fornecendo até mesmo a base para um drama musical intitulado *The Screams of Kitty Genovese*.[25]

A falta de envolvimento das testemunhas também intrigou dois psicólogos sociais que trabalhavam em Nova York na época. Bibb

Latané e John Darley não ficaram convencidos de que a evidente apatia generalizada se devia à falta de empatia, e se propuseram a investigar alguns dos outros fatores que poderiam ter feito com que as testemunhas virassem as costas em vez de pegarem o telefone. Os dois pesquisadores argumentaram que o grande número de testemunhas pode ter desempenhado um papel fundamental e fizeram uma série de experimentos engenhosos que, desde então, têm sido mencionados em quase todo compêndio de psicologia social publicado nos últimos anos.[26]

Em seu primeiro estudo, Latané e Darley contrataram um estudante para simular um ataque epiléptico nas ruas de Nova York e observaram se os transeuntes se dariam o trabalho de ajudar. Como estavam interessados no efeito que o número de testemunhas poderia ter sobre a probabilidade de que alguém ajudasse, os pesquisadores fizeram o falso ataque ser repetido várias vezes diante de quantidades diferentes de pessoas. Os resultados foram muito claros e também contraintuitivos. À medida que o número de testemunhas aumentava, a chance de que alguém ajudasse diminuía. Esse efeito estava longe de ser trivial, pois o estudante recebeu ajuda em 85% das vezes quando havia apenas uma pessoa presente, mas somente algo em torno de 30% das vezes quando havia cinco pessoas por perto.

Em outro estudo, os pesquisadores saíram das ruas e voltaram sua atenção para grupos de pessoas sentadas em salas de espera.[27] Em vez de forjar um ataque epiléptico, eles criaram outra situação de aparente emergência, fazendo com que fumaça passasse por baixo da porta da sala, levando os indivíduos presentes a acreditar que havia um incêndio no prédio. Mais uma vez, quanto maior o grupo, menor a chance de que alguém desse o alarme. Setenta e cinco por cento das pessoas que estavam aguardando sozinhas deram o alarme, contra 38% quando havia três pessoas na sala de espera. Outro trabalho revelou exatamente o mesmo efeito, independentemente da necessidade de ajuda ser grande ou pequena. Por exemplo, em um experimento diferente, a equipe providenciou para que 145 atores fizessem 1.497 viagens de elevador; em cada uma delas, eles deixaram moedas ou lápis caírem no chão. No total, 4.813 pessoas dividiram o elevador com eles. Quando acompanhados de apenas uma pessoa, o lápis ou a moeda dos pesquisadores foram pegos em 40% das vezes, enquanto o índice de ajuda quando havia outras seis pessoas no local caiu para apenas 20%.[28]

Desde ajudar um motorista com problemas no carro, passando por doar sangue até denunciar um ladrão de loja ou fazer uma ligação telefônica de emergência, exatamente o mesmo padrão sempre torna a aparecer, vez após outra. Parece que as testemunhas do ataque a Kitty Genovese não eram especialmente desinteressadas ou egoístas; simplesmente havia gente demais no lugar.

Por que a disposição de ajudar os outros diminui à medida que o número de pessoas no local aumenta? Quando diante de um evento relativamente incomum, como um homem caindo no meio da rua, temos de decidir o que está acontecendo. Muitas vezes, existem várias opções. Talvez seja uma emergência de fato e o homem esteja tendo um ataque epiléptico, talvez ele tenha tropeçado, pode estar simulando tudo como parte de um experimento de psicologia social, talvez faça parte de um desses programas de tevê com câmera escondida ou, enfim, seja um ator de rua prestes a começar seu espetáculo. Apesar das diversas possibilidades, temos de tomar uma decisão rápida. Mas como fazemos isso? Uma forma é observar o comportamento das pessoas à nossa volta. Todos estão correndo para ajudar ou continuam a levar suas vidas? Estão telefonando para uma ambulância ou seguem batendo papo com os amigos? Infelizmente, como a maioria das pessoas reluta diante da perspectiva de se destacar da multidão, todos olham para os demais em busca de orientação, e o grupo pode acabar decidindo pela opção "não há nada para ver aqui, vamos seguir em frente". Em segundo lugar, mesmo que haja necessidade de ajuda clara e presente, ainda existe a questão da responsabilidade. Na maioria das situações do dia a dia não há uma cadeia de comando clara. Cabe a você ajudar ou você deve deixar isso para aquele sujeito ali (esse não, aquele outro atrás dele)? Todos no grupo pensam do mesmo modo, o que pode acabar em ninguém ajudando no final das contas.

A situação é muito diferente quando estamos sozinhos. De repente, estamos carregando todo o peso sobre os próprios ombros. E se o sujeito que acaba de cair de fato precisa de ajuda? E se o prédio estiver realmente pegando fogo? E se a mulher no elevador necessita de verdade daquele lápis para pôr na boca durante uma reunião especialmente difícil? Você está preparado para ser a pessoa que vira a cara e vai embora? Em tais circunstâncias, a maioria das pessoas apresenta probabilidade muito maior de descobrir se existe um problema e, se necessário, oferecer ajuda.

Os estudos revolucionários de Latané e Darley sobre o que acabou ficando conhecido como o "efeito transeunte" foram deflagrados pelo comportamento de 38 testemunhas que presenciaram o trágico assassinato de Kitty Genovese e não prestaram socorro. É interessante notar que trabalhos recentes sugerem que as matérias da imprensa da época podem ter exagerado na alegada apatia, sendo que um dos advogados envolvidos teria dito que só se conseguiu encontrar meia dúzia de boas testemunhas; destas, nenhuma chegou a dizer que viu Genovese sendo esfaqueada e pelo menos uma afirmou que o incidente foi denunciado para a polícia enquanto o crime ainda estava em andamento.[29] Porém, independentemente das reações que aconteceram naquela noite em especial, os experimentos que se seguiram após as matérias da imprensa sobre o assassinato conduziram a um marcante insight sobre o por quê de estar cercado por desconhecidos num momento de necessidade não ser garantia de obter ajuda.

Em 59 segundos ou menos

A mensagem contida no efeito transeunte é clara: quanto mais pessoas houver por perto quando alguém precisar de ajuda, menor a probabilidade de que alguém de fato o auxilie.

Portanto, se você tiver o azar de precisar de ajuda na rua, o que pode fazer para aumentar suas chances de consegui-la? De acordo com o especialista em persuasão Robert Cialdini, a resposta é escolher um rosto amigável na multidão, dizer o que está acontecendo a essa pessoa com clareza além de o que ela precisa fazer. Pode ser questão de dizer que você acha que está tendo um infarto e que ela precisa chamar uma ambulância, ou que você é diabético e necessita de açúcar o mais rápido possível. Em resumo, qualquer coisa que interrompa a difusão de responsabilidade que cerca o problema e ajude a transformar o expectador, então um membro impessoal da multidão, num ser humano plenamente funcional.

Uma compreensão da difusão de responsabilidade também pode ajudá-lo a convencer as pessoas em outras situações. Por exemplo, ao tentar fazer com que as pessoas o ajudem via e-mail, não copie a mensagem para vários destinatários. Quando as pessoas veem que um e-mail foi enviado para muitos outros contatos, o mesmo efeito de difusão pode surgir, e todos podem pensar que é responsabilidade dos demais dar uma resposta.[30] Para aumentar as chances de fazer com que as pessoas ajudem, mande a mensagem para cada pessoa individualmente.

Cada centavo ajuda

É possível aumentar a quantia doada para boas causas ao criar a caixinha de doações perfeita? Para descobrir, me juntei à rede de livrarias Borders e chefiei um estudo secreto com duração de uma semana, ao longo de todo o Reino Unido. Quatro caixinhas de doações foram enviadas para as lojas participantes. Elas eram idênticas em formato e tamanho, e todas anunciavam a mesma finalidade: o Fundo Nacional de Alfabetização. Cada caixa trazia uma de quatro mensagens que os psicólogos acreditavam serem eficazes: "Por favor, seja generoso", "Cada centavo ajuda", "Cada libra ajuda" e "Você pode fazer a diferença". Os gerentes foram instruídos a deixar cada caixa em um dos quatro caixas selecionados aleatoriamente e a monitorar a quantia coletada em cada uma.

Será que as diferentes mensagens tiveram impacto sobre o dinheiro doado para caridade? Sim. Ao fim do experimento, as quatro caixas continham quantias muito diferentes. "Cada centavo ajuda" obteve o melhor resultado, concentrando impressionantes 62% de todas as contribuições, enquanto "Cada libra ajuda" ficou em quarto lugar, com apenas 17% do total apurado. Por que uma mudança tão ínfima tem um efeito tão grande? Segundo o trabalho do psicólogo Robert Cialdini, da Arizona State University, muitas pessoas receiam que pôr uma quantidade muito pequena de dinheiro numa caixa faça com que pareçam mesquinhas, e acabam não dando quantia alguma.[31] "Cada centavo ajuda" legitima e, portanto, encoraja menores contribuições. Por outro lado, "Cada libra ajuda" tem o efeito contrário: as pessoas que teriam contribuído com menos ficam preocupadas com o fato de sua doação parecer irrisória, e acabam não contribuindo.

Em outra parte do experimento mudamos as cores das caixas e descobrimos que o vermelho era, de longe, a cor mais eficaz, talvez por despertar uma sensação de urgência. É interessante notar que houve grandes variações entre as doações de acordo com as regiões. Quando os números foram corrigidos para refletir as diferenças entre a quantidade de clientes, descobriu-se que os de Londres foram os mais generosos, doando mais de 20 vezes mais do que as pessoas da loja que teve o retorno mais baixo, em Birmingham.

Juntos, os resultados mostram que as caixinhas de doações podem ser até 200% mais eficazes se forem pintadas de vermelho, trouxerem os dizeres "Cada centavo conta" e forem postas em qualquer lugar, menos em Birmingham.

Sobre a importância de lavar as mãos

De acordo com a Bíblia, é melhor dar do que receber. Esta ideia também encontra apoio nas pesquisas relacionadas à psicologia da persuasão, embora de maneiras que podem não ter sido as intencionadas pelo livro santo.

Em dezembro de 1970, os psicólogos Phillip Kunz e Michael Woolcott fizeram, talvez, o experimento em psicologia social mais simples de todos os tempos.[32] Ao longo de duas semanas, eles enviaram cartões de Natal pelo correio. Kunz e Woolcott não os enviaram para amigos, familiares ou colegas, mas escolheram aleatoriamente nomes e endereços de uma lista telefônica. Os dois intrépidos pesquisadores estavam interessados na psicologia da reciprocidade, e perguntavam a si mesmos se o fato de receber um cartão comemorativo de um completo desconhecido seria o suficiente para persuadir as pessoas a enviar um cartão de volta. A resposta foi um retumbante "sim", já que Kunz e Woolcott receberam cartões de retorno da maioria das pessoas em sua lista aleatória de completos estranhos.

O princípio da reciprocidade tem sido explorado por interessados na ciência da persuasão. Talvez não surpreenda, mas o trabalho não tem se concentrado em persuadir estranhos a enviar cartões de Natal; ele tem observado se a mesma técnica também influencia aspectos mais importantes do comportamento das pessoas.

Nos anos 1970, o psicólogo Dennis Regan convidou algumas pessoas para ajudá-lo com uma experiência que tinha a ver com estética e arte. Pediu-se que voluntários comparecessem a uma exposição, um de cada vez, e eles foram informados de que, ao chegarem lá, encontrariam com outro participante. Juntos, teriam de dar notas para cada pintura da exposição.[33] Ora, se você participa de um experimento de psicologia social e lhe pedem para se juntar a outro participante, você pode apostar seu último centavo que esse novo amigo está na verdade trabalhando para os pesquisadores. De acordo com essa regra, era o que ocorria no estudo de Regan. Esse "ator" envolvido na pesquisa tinha recebido instruções bastante detalhadas. Ao acompanhar o verdadeiro participante em sua visita à galeria, ele deveria subitamente ficar com sede e se dirigir à mesa de coquetéis. Voltaria saciado, mas metade do tempo ele ficaria de mãos vazias, enquanto na outra metade carregaria uma garrafa de refrigerante que teria pego para o participante verdadeiro.

Ora, se você participa de um experimento de psicologia e o seu colega "participante" o ajuda da maneira que for, você pode apostar o restante de suas economias que muitíssimo em breve alguém lhe pedirá um favor. Realmente, Regan não rompeu com a tradição. Depois que todas as pinturas receberam suas notas, o "ator" se virava para o participante autêntico e explicava que estava vendendo uma rifa. Desta, só havia alguns bilhetes sobrando, que custavam 25 centavos cada, se o "ator" vendesse os últimos, ganharia um prêmio de 50 libras. E soltava: "Qualquer quantia já ajuda; quanto mais, melhor." Embora o refrigerante, na realidade, não tivesse custado nada para o cúmplice da pesquisa, exercia grande impacto sobre o comportamento dos participantes, com o grupo do "Peguei esta garrafa pra você" comprando o dobro de rifas, comparado ao grupo que não tinha ganhado refrigerante.

Vários outros estudos também demonstraram de que modo favores aparentemente espontâneos podem desencadear uma poderosa necessidade de retribuição.

Num experimento especialmente elegante e eficiente, o psicólogo David Strohmetz e seus colaboradores fizeram com que garçons entregassem a seus clientes a conta com e sem doces grátis, e observaram o impacto sobre as gorjetas.[34] No grupo de controle, os clientes receberam a conta sem a cortesia. Um segundo grupo recebeu apenas um doce. Comparado ao grupo de controle, essa simples gentileza resultou num aumento irrisório de 3% nas gorjetas. Um terceiro grupo de clientes recebeu dois doces cada e, comparado ao grupo de controle, deu gorjetas 14% maiores. Nada mal. Porém, aqui entra a parte realmente inteligente. Num quarto e último grupo, os garçons apresentavam a conta para os clientes com um doce grátis para cada um e, então, no momento em que viravam as costas para se retirar, enfiavam a mão no bolso e entregavam rapidamente um segundo doce para cada cliente. Em termos de doces por cliente, todos terminavam com exatamente o mesmo número de doces que o terceiro grupo. Mas, psicologicamente falando, era uma situação muito, muito diferente. O garçom havia acabado de praticar um ato de gentileza espontânea e gratuita, e por causa disso as gorjetas tiveram um aumento de 23%.

Por que esses pequenos favores produzem resultados tão marcantes?

Segundo os sociólogos, existe um número limitado de regras que são absolutamente centrais para o bem-estar de qualquer sociedade. Essas regras têm sido encontradas em quase toda cultura e ajudam a garantir o bom funcionamento da vida em comunidade. Talvez a mais conhecida delas seja "não mate outras pessoas apenas por diversão", seguida de perto por "procure não fazer sexo com membros de sua família ou com bichos de estimação". Embora uma minoria de pessoas tenha dificuldade para seguir essas regras, o motivo pelo qual elas ajudam a manter a sociedade coesa é óbvio. Existem, porém, diversas outras regras que operam num nível mais inconsciente, mas, contudo, são igualmente fundamentais para o bem-estar da coletividade. A noção de reciprocidade talvez seja a mais importante entre elas.

Para ajudar a manter a sociedade coesa as pessoas têm de trabalhar juntas e ajudar umas às outras. Porém, algumas pessoas sempre irão dar mais do que receber. Sendo assim, como saber a quem ajudar e a quem ignorar? Parte fundamental dessa decisão complexa tem a ver com uma regrinha surpreendentemente simples: ajudar a quem nos ajuda. Em outras palavras, eu lavo as suas mãos e você lava as minhas. Desse modo, ambos temos as mãos lavadas e tudo fica bem no mundo. Se cada situação de reciprocidade fosse tão instantânea e igualitária, haveria bem pouco espaço para a exploração que fascina quem estuda a psicologia da persuasão. Ainda bem que, do ponto de vista do pesquisador, o mundo real é um pouco mais complexo. Se lavo suas mãos, isso significa que gosto de você, confio em você e sou uma pessoa legal que merece sua ajuda quando eu precisar. Esses fatores se combinam para criar uma força poderosa que, muitas vezes, resulta em pessoas dando muito mais do que aquilo que recebem. No experimento da galeria de arte, a garrafa de refrigerante era grátis, mas, mesmo assim, persuadiu as pessoas a meterem a mão no bolso e comprar os bilhetes da rifa. No experimento do restaurante, o doce extra custou alguns centavos, mas fez com que as pessoas deixassem uma gorjeta significativamente maior.

Gostamos de pessoas que nos ajudam e ajudamos pessoas de quem gostamos. Porém, em termos de favores, é surpreendente como é necessário pouco para gostarmos de alguém e o quanto somos capazes de dar por tão pouco. Parece que, se queremos nos ajudar, devemos antes ajudar os outros.

Em 59 segundos ou menos

Um grande número de pesquisas já demonstrou que prestar um favor para alguém, muitas vezes, faz com que elas deem consideravelmente mais em troca. Isso significa que todos os favores resultarão em grandes doações e em comportamento prestativo? Outras pesquisas têm revelado que existem diversos fatores sutis que determinam quando os favores serão mais eficazes.

Favores têm um efeito mais forte quando acontecem entre pessoas que não se conhecem muito bem e quando são pequenos, mas sensíveis. Quando as pessoas fazem considerável esforço para ajudar alguém, quem recebe, muitas vezes, pode sentir uma desconfortável pressão para retribuir. De certo modo, ao dar demais de início uma pessoa pôs a outra numa situação difícil, porque a lei da reciprocidade postula que a segunda tem de dar ainda mais em troca. Motivação é importante, pois quem recebe pode, muitas vezes, sentir uma queda na autoestima caso ache que está sendo ajudado porque pensam que ele não tem capacidade de conseguir as coisas sozinho[35] ou atribuem o favor a algum interesse velado.[36] Portanto, para uma persuasão máxima, lembre-se de reservar seus favores para estranhos, de que, no fundo, o que conta é a intenção e de que precisa parecer que foi sincero, não planejado.

O grau de reciprocidade pode, até certo ponto, depender de fatores culturais. Num estudo, feito por Michael Morris e seus colaboradores, perguntou-se a pessoas de diferentes países sobre os fatores que influenciavam a decisão delas quanto a ajudar um colega que pedisse ajuda.[37] Os norte-americanos foram fortemente influenciados pela regra da reciprocidade ("Essa pessoa já me ajudou alguma vez?"), os alemães ficaram preocupados se seus atos estariam em conformidade com as regras da empresa, os espanhóis se guiaram mais por regras básicas de amizade e de simpatia e os chineses foram influenciados pelo status do colega de trabalho.

Finalmente, se você quer obter o máximo retorno pelo seu investimento, seja rápido ao pedir a retribuição do favor. Francis Flynn, da Stanford University, estudou os empregados de um departamento de atendimento ao cliente de uma grande empresa aérea americana e descobriu que os favores têm força maior imediatamente após terem sido prestados.[38] Parece que, se deixarmos passar tempo demais, as pessoas esquecem o que aconteceu ou se convencem de que, na verdade, nem estavam precisando daquele favor.

Nunca mais perca sua carteira

Algumas semanas atrás, perdi minha carteira. Entrei em pânico, então me acalmei e refiz mentalmente meus passos. Mesmo assim, não consegui encontrá-la, aí entrei em pânico, e me acalmei novamente, e finalmente comecei a cancelar meus cartões de crédito. Infelizmente, nunca mais voltei a vê-la. Porém, avaliando pelo lado positivo, hoje tenho uma bela carteira nova que é muito melhor do que a antiga, que estava muito gasta. Tento evitar ao máximo que eu e minha nova carteira nos separemos de forma permanente, por isso pensei no que podia pôr dentro dela para maximizar as chances de que fosse devolvida caso eu a perdesse um dia.

Ao que parece, não sou a primeira pessoa a pensar no que poderia incentivar alguém a devolver uma carteira perdida. No final dos anos 1960 e início dos 1970, pesquisadores interessados na psicologia da ajuda realizaram diversos estudos, durante os quais deixavam carteiras caírem discretamente em ruas movimentadas e então monitoravam o índice de devoluções. Talvez o mais produtivo desses incautos com suas carteiras tenha sido o psicólogo Harvey Hornstein, da Columbia University.

Hornstein passou anos estudando sistematicamente alguns dos fatores que influenciam o índice de devolução de carteiras. Num estudo, por exemplo, Hornstein investigou se as pessoas mostravam maior probabilidade de devolver uma carteira caso ela suscitasse sensações positivas em vez de negativas.[39] Como muitos de seus estudos, esse experimento envolveu a criação de uma situação bem pouco comum, que dava a impressão de que a carteira tinha sido perdida não uma, mas duas vezes. De acordo com essa ambientação, o dono original tinha perdido a carteira, alguém a tinha achado, anexado um bilhete curto e a posto num envelope endereçado ao dono. Porém, a caminho do correio, essa pessoa bem-intencionada deixou o envelope cair na rua sem querer, perdendo, assim, a carteira pela segunda vez. Aqueles que, sem saber disso, participaram do experimento de Hornstein deparavam com um envelope aberto contendo uma carteira com um bilhete enrolado à sua volta, e tinham de decidir se postavam o envelope para o dono da carteira. Metade dos bilhetes soava bastante positiva ("Foi um prazer poder ajudar alguém... e, realmente, não foi inconveniente algum"), enquanto outros eram bem mais negativos ("Fiquei bastante irritado por ter de devolvê-la para você e espero que saiba reconhecer o esforço que estou fazendo"). A diferença no texto teve um impacto significativo sobre o comportamento das pessoas, e quase 40% das carteiras com recados positivos foram devolvidas, contra apenas 12% daquelas acompanhadas do bilhete negativo.

Embora a descoberta de Hornstein seja interessante, não consegui me ver enrolando para sempre um bilhete, escrito em alto-astral, em volta de minha carteira. Infelizmente, o mesmo se aplica a grande parte dos trabalhos acadêmicos sobre perda de carteiras: embora teoricamente sólidos, não são exatamente práticos. Sem me abalar, sondei meus amigos em busca de soluções mais úteis sobre o que poderia pôr dentro de minha carteira e recebi diversas sugestões, incluindo fotos de um bebê, de um cão ou de algo que levasse a crer que o dono era uma boa pessoa. Para descobrir qual ideia era a mais eficaz, voltei no tempo e fiz um estudo semelhante ao de Hornstein.

Comprei 240 carteiras e botei nelas o mesmo tipo de itens do dia a dia, incluindo bilhetes de rifa, vouchers de desconto e cartões falsos de lojas. Depois, uma de quatro fotografias foi posta em quatro grupos de quarenta carteiras. As fotos mostravam um bebê sorridente, um cachorrinho fofo, uma família feliz ou um simpático casal de velhinhos. Outras quarenta carteiras continham um cartão que dava a entender que o dono havia recentemente feito uma doação para caridade e o grupo final funcionou como controle e não continha qualquer item adicional. O item extra foi inserido por trás de uma pequena divisória de plástico em cada carteira, ficando claramente visível assim que a carteira era aberta. Todas as carteiras foram embaralhadas e, no decorrer de duas semanas, foram sendo discretamente deixadas nas ruas de Edimburgo, em áreas de grande circulação, mas bem longe de correios, latas de lixo, vômito e fezes de cães.

Em uma semana, 52% das carteiras tinham sido devolvidas e se notou um padrão bastante claro: apenas 6% das carteiras no grupo de controle e 8% das que continham o cartão indicando a doação para caridade foram devolvidas. Os resultados das carteiras contendo a foto de um casal de idosos, de um cãozinho fofo ou de uma família feliz foram um pouco mais interessantes, com taxas de devolução de 11%, 19% e 21%, respectivamente. Porém, as carteiras campeãs de entrega foram as que continham a foto de um bebê, tomando a pole position com impressionantes 35% de taxa de devolução.

Por que a foto de um bebê garantiu desempenho tão bom? A resposta parece estar profundamente incrustada em nosso passado evolutivo. Cientistas que trabalham com tomografia do cérebro na University of Oxford examinaram recentemente o que acontecia na cabeça das pessoas quando elas viam fotos do rosto de bebês de adultos.[40] Embora todas as fotos tivessem um grau de atratividade equilibrado, a atividade da região do cérebro que fica logo atrás dos olhos (oficialmente conhecida como "córtex orbitofrontal médio") era deflagrada um sétimo de segundo após a visão do rosto do bebê, mas não do adulto. A reação era rápida demais para ser controlada conscientemente, e a parte do cérebro envolvida está associada a momentos em que as pessoas deparam com algo agradável, como uma bela barra de chocolate ou um bilhete de loteria premiado. Muitos cientistas acham que essa ligação com a fofura dos bebês evoluiu por milhares de anos e promove a sobrevivência das futuras gerações fazendo com que as pessoas se sintam bem diante de crianças vulneráveis e indefesas, e, portanto, ajudem-nas. Outras pesquisas indicam que a atitude de cuidados não só se aplica a bebês, como também aumenta a probabilidade de que as pessoas ajudem qualquer um que precise. Por esse ângulo, os participantes que abriram a carteira contendo a foto de um bebê não puderam evitar que seu cérebro reagisse automaticamente àqueles olhos grandes, àquela testa proeminente e àquele narizinho redondinho. Numa fração de segundo, um mecanismo evolutivo profundamente arraigado fez com que aqueles que acharam tais carteiras rapidamente se ligassem à sua condição interna de pais ou mães, ficassem mais felizes e atenciosos, aumentando, assim, a chance de devolverem a carteira.

Seja qual for a explicação, a mensagem prática é clara: se você quer aumentar a chance de que sua carteira seja devolvida em caso de perda, pegue a foto do bebê mais fofo e feliz que conseguir encontrar e se assegure de que ela seja encontrada facilmente dentro da carteira.

3. Motivação

O lado negro da visualização, como conseguir absolutamente tudo mediante a criação do plano perfeito, como vencer a procrastinação e como utilizar o duplipensar.

Ao longo dos últimos quarenta anos, grande quantidade de livros, produtos em áudio e programas de treinamento tem prometido ajudar as pessoas a ver além dos perigos da satisfação imediata e alcançar suas metas de longo prazo. Da visualização à autoafirmação, de se manter focado a deixar as coisas fluírem. Só há um pequeno problema: inúmeros estudos científicos indicam que muitos desses exercícios não funcionam. Vejamos, por exemplo, o tipo de exercício de visualização simples que descrevi no início deste livro. Como podem lembrar, foi pedido que vocês fechassem os olhos e imaginassem um novo "eu" — para pensarem como se sentiriam maravilhosamente bem naquele jeans apertado, sentado numa sala imensa no topo da hierarquia da empresa ou tomando um coquetel tendo a tépida areia do Caribe por entre os dedos dos pés. Esse tipo de exercício tem sido promovido pelo setor de autoajuda há anos, com alegações de que pode ajudar as pessoas a perder peso, parar de fumar, encontrar o parceiro perfeito e obter sucesso profissional. Infelizmente, um enorme volume de pesquisa hoje nos mostra que, embora isso possa fazer com que nos sintamos bem, a técnica é, na melhor das hipóteses, inócua.

Em um estudo conduzido por Lien Pham e Shelley Taylor, da University of California, um grupo de alunos teve de dedicar alguns momentos do dia visualizando a si mesmos conseguindo uma nota alta num importante exame que aconteceria dali a alguns dias.[1] Pediu-se que eles formassem uma imagem clara e que imaginassem como se sentiriam maravilhosamente bem. O estudo também incluiu um grupo de controle que prosseguiu com a vida como de costume e não recebeu o pedido de visualizar um desempenho especialmente bom nos exames. Os pesquisadores pediram ao estudantes de ambos os grupos que tomassem nota do número de horas que estudavam por dia, e acompanharam as notas finais. Embora o exercício de visualização durasse apenas alguns minutos, ele teve significativo impacto sobre o comportamento dos estudantes, fazendo com que estudassem menos e tirassem notas mais baixas no exame. O exercício pode ter feito com que se sentissem bem, mas não os ajudou a atingir suas metas.

Em outra experiência, Gabriele Oettingen e Thomas Wadden, da University of Pennsylvania, acompanharam um grupo de mulheres obesas que participavam de um programa de redução de peso.[2] Durante o trabalho, pediu-se que as mulheres imaginassem de que forma elas poderiam se comportar em diversas situações relacionadas com alimentos, como ir para a casa de uma amiga e ser tentada por uma deliciosa pizza. Cada reação delas foi classificada numa categoria, desde altamente positiva (como, por exemplo, alguém dizendo: “Eu seria uma boa pessoa e não chegaria nem perto das tortas e do sorvete.”) até altamente negativa (“Eu cairia de boca e comeria não só o meu pedaço, como também o das outras pessoas.”). Depois de acompanhar as mulheres por um ano, os resultados revelaram que aquelas que tiveram fantasias mais positivas perderam, em média, 12 quilos menos do que aquelas que tiveram fantasias negativas.

O trabalho de Oettingen também mostrou que os mesmos efeitos acontecem em muitas situações diferentes. Em outro estudo, ela trabalhou com um grupo de estudantes que admitiam ter uma paixão séria mas secreta por um colega de classe, pedindo que elas imaginassem o que aconteceria em diversas situações, como chegar cedo para a aula, sentar-se e ver a porta se abrir para seu príncipe encantado entrar. O grau de fantasia também foi classificado nesse caso, variando entre quem parecia viver num mundo que faria corar até mesmo o mais ardoroso fã de *Sabrina* (“Nossos olhares se cruzaram, e ambos sabíamos que esse é o tipo de amor que só acontece uma vez na vida.”) até situações mais negativas (“Ambos somos solteiros e desimpedidos. Ele se vira para mim, sorri, pergunta como estou. Por algum motivo que ainda não compreendo completamente explico que tenho namorado.”). Cinco meses depois os resultados revelaram que as que tiveram fantasias positivas apresentavam menor probabilidade de falar ao colega de classe sobre a paixão ou de fazer qualquer outro tipo de progresso rumo a um relacionamento com ele.[3]

Exatamente o mesmo efeito se aplica ao sucesso na carreira. Oettingen pediu que os estudantes do último ano anotassem com que frequência eles fantasiavam sobre conseguir o emprego dos sonhos após deixar a universidade. Dois anos depois uma segunda etapa do estudo revelou que os estudantes que declararam fantasiar com frequência sobre ter êxito tinham se candidatado menos vezes a empregos, receberam um número menor de ofertas de trabalho e tinham salários consideravelmente menores do que os de seus colegas.

Por que se imaginar conquistando metas faz tão mal? Os pesquisadores especularam que quem fantasia sobre o quão maravilhosa a vida poderia ser fica malpreparado para as dificuldades que frequentemente aparecem no caminho pedregoso que conduz ao sucesso, ou talvez ele goste de viver no escapismo e se torna relutante diante do esforço necessário para alcançar sua meta. Seja como for, a mensagem obtida por meio da pesquisa é clara: fantasiar sobre seu mundo perfeito pode fazer com que você se sinta melhor, mas é improvável que o ajude a transformar seus sonhos em realidade.

Felizmente, os resultados de outra pesquisa sobre motivação não são tão sombrios. Grande quantidade de estudos revelou que algumas técnicas realmente ajudam a criar mudanças duradouras e positivas na vida das pessoas. Desde perda de peso até parar de fumar, passando por mudar de profissão a encontrar o parceiro perfeito, existem técnicas rápidas e indolores que podem ajudar de fato. Basta ter o plano perfeito, saber como vencer a procrastinação e ter uma forma bastante estranha de duplipensar.

Como criar o plano perfeito

Pense na época em que você tentou alcançar uma meta ou realizar uma ambição importante. Talvez perder peso, conseguir outro emprego, se preparar para uma prova ou para uma entrevista importante. Que tipo de técnicas você aplicou? Reserve alguns momentos para ler cada uma das frases a seguir e em seguida marque "sim" ou "não" para indicar quais técnicas você costuma aplicar. Não gaste tempo demais pensando em cada assertiva e responda com o máximo de honestidade possível.

		Sim	Não
	Ao tentar mudar um importante aspecto de minha vida tendo a:		
1	traçar um plano do tipo passo a passo.	❑	❑
2	me motivar focando em alguém que admiro para conquistar o tanto que quero (p.ex.: uma celebridade que sirva de modelo ou um grande líder).	❑	❑
3	contar às outras pessoas sobre minhas metas.	❑	❑
4	pensar sobre as coisas ruins que acontecerão caso eu não atinja minha meta.	❑	❑
5	pensar sobre as coisas boas que acontecerão caso eu atinja minha meta.	❑	❑
6	tentar suprimir pensamentos contraproducentes (p.ex.: não pensar em comer alimentos que fazem mal ou em fumar).	❑	❑
7	premiar a mim mesmo por ter feito progressos rumo à meta.	❑	❑
8	me basear na força de vontade.	❑	❑
9	registrar meu progresso (p.ex.: num diário ou numa tabela).	❑	❑
10	fantasiar sobre como minha vida será maravilhosa quando eu atingir minha meta.	❑	❑

Agora, você precisa criar duas pontuações. Crie a pontuação A atribuindo 1 ponto para cada vez que você respondeu "sim" às perguntas 1, 3, 5, 7 e 9; e a pontuação B atribuindo 1 ponto para cada vez que você respondeu "não" às perguntas 2, 4, 6, 8 e 10. Desconsidere todas as demais respostas. Finalmente, some a pontuação A com a pontuação B para obter um número entre 0 e 10.

•

Há alguns anos chefiei dois estudos científicos de grande porte sobre a psicologia da motivação. O projeto envolveu a participação de mais de 5 mil pessoas em todo o mundo que estavam tentando atingir uma ampla gama de metas e ambições, entre elas perder peso, conquistar novas qualificações, começar um novo relacionamento, parar de fumar, investir em uma nova carreira e passar a ter um comportamento mais ecológico. Um grupo foi acompanhado por seis meses, o outro, por um ano. No início do projeto, a grande maioria dos participantes estava confiante de que se sairia bem. Acabado o tempo estipulado, todos fizeram uma descrição das técnicas utilizadas para tentaram atingir suas metas, e pedimos que nos contassem até que ponto tiveram sucesso. No final, apenas 10% das pessoas haviam atingido suas metas e ambições.

O questionário anterior contém as dez técnicas que os participantes usaram com maior frequência. Algumas parecem um bom exemplo de senso comum, outras costumavam aparecer em livros de autoajuda e de treinamento. Porém, embora as técnicas pareçam dignas de crédito, segundo nossos dados, metade dos participantes aumentará significativamente suas chances de ter êxito, enquanto a outra metade ficará inócua. A questão é: qual é qual?

Em nosso experimento, os participantes que disseram "sim" aos números pares do questionário apresentaram baixa probabilidade de atingir suas metas. Assim, por exemplo, aqueles que adotaram uma celebridade como modelo, talvez botando uma foto de Elle Macpherson ou de Richard Branson na porta de sua geladeira, não tiveram muito êxito em diminuir o número da roupa ou em conquistar suas ambições nos negócios. Do mesmo modo, basear-se na força de vontade, usar a supressão de pensamentos para apagar da mente imagens de tortas de creme e sundaes de chocolate, focar nas coisas ruins que podem acontecer se suas metas não forem atingidas e dedicar tempo a sonhar acordado também foram perda de tempo. Todas essas técnicas constituem exemplos ainda mais marcantes de tipos de mitos motivacionais que impedem que as pessoas assumam o controle da própria vida.

Uma história diferente surgiu quando examinamos os dados das pessoas cujas técnicas correspondem aos números ímpares do questionário. Cada uma das cinco ferramentas aumentou consideravelmente a probabilidade de que as pessoas atingissem sua metas. Examinemos uma de cada vez.

Primeiramente, os participantes de nosso estudo que tiveram êxito tinham um plano. O autor Zig Ziglar teria dito que as pessoas não costumam sair andando a esmo e de repente se veem no topo do monte Everest. Do mesmo modo, aqueles que avançam sem rumo pela vida apresentam baixa probabilidade de acabar abrindo um novo negócio ou de perder uma quantidade significativa de quilos. Os participantes que tiveram êxito dividiram sua meta geral numa série de submetas e, portanto, criaram um processo de passo a passo que ajudava a afastar o medo e a hesitação que muitas vezes estão associados à tentativa de conseguir uma grande mudança de vida. Esses planos eram especialmente poderosos quando as submetas eram concretas, mensuráveis e com prazos. Embora todos os participantes — os que tiveram e os que não tiveram sucesso — tenham dito que seu objetivo era achar um novo emprego, foram as pessoas bem-sucedidas que rapidamente acrescentaram que pretendiam reescrever seu currículo na primeira semana e se candidatar a um novo emprego a cada duas semanas pelos seis meses seguintes. Do mesmo modo, embora muitas pessoas tenham dito que seu objetivo era aproveitar mais a vida, foram as que tiveram sucesso que explicaram que pretendiam dedicar duas noites por semana aos amigos e visitar um país diferente por ano.

Em segundo lugar, os participantes bem-sucedidos apresentaram probabilidade muito maior que os outros de contar para seus amigos, familiares e colegas sobre suas metas. Parece que manter as metas para si mesmo, embora ajude a aliviar o medo de derrota, também torna fácil demais evitar a mudança de vida e a recaída nos antigos hábitos e rotinas. Isso está de acordo com diversas descobertas fundamentais da psicologia. As pessoas têm muito mais probabilidade de honrar seus projetos e suas promessas caso eles se tornem públicos. Num estudo clássico, pediu-se que estudantes estimassem o comprimento de algumas linhas que tinham sido desenhadas num bloco, e assumissem publicamente sua estimativa (escrevendo-o numa folha de papel, assinando o papel e entregando-o para o pesquisador) ou mantivessem as estimativas para si mesmos.[4] Quando os participantes eram informados de que suas estimativas podiam estar erradas, os que tinham assumido publicamente apresentaram probabilidade muito maior de sustentar sua opinião do que aqueles que não haviam revelado a pessoa alguma. Outro estudo indica que quanto mais ampla a declaração pública, mais motivadas as pessoas ficam a atingir suas metas.[5] Contar aos outros suas metas ajuda a atingi-las, em parte, porque os amigos e a família, muitas vezes, dão um apoio muito bem-vindo quando as coisas ficam difíceis. Aliás, algumas pesquisas indicam que ter amigos do seu lado torna a vida muito mais fácil. Numa série de estudos conduzidos por Simone Schnall, da University of Plymouth, pessoas foram levadas para o sopé de uma encosta e pediu-se que elas as estimassem sua inclinação e, portanto, o grau de dificuldade de sua escalada.[6] Quando acompanhadas por um amigo, estimativas ficaram cerca de 15% abaixo do que as que apresentaram estando sozinhas, e até mesmo quando apenas pensaram num amigo ao olhar para a encosta isso fez com que a subida parecesse muito mais acessível.

Em terceiro lugar, os que terminaram promovendo e mantendo mudanças permanentes em sua vida muitas vezes lembraram a si mesmos dos benefícios associados à conquista de suas metas. Não por terem imaginado um eu perfeito, mas por terem uma lista bem objetiva sobre como a vida deveria ser melhor quando tivessem alcançado a meta. Por outro lado, os participantes malsucedidos tendiam a focar em como o fracasso na tentativa de mudança os obrigaria a enfrentar os aspectos negativos de sua situação atual. Por exemplo, quando era pedido que listassem os benefícios de se conseguir um novo emprego, os participantes bem-sucedidos pensavam em identificar trabalhos mais gratificantes e com melhor remuneração, enquanto os malsucedidos se concentravam num fracasso que os deixaria sem saída e infelizes. Ao notar a perda de peso, o participante bem-sucedido fazia comentários sobre como se sentiria bem quando passasse a usar um número abaixo, enquanto o malsucedido falava que não perder peso significaria a continuidade da infelicidade com a própria aparência. Enquanto a primeira técnica encoraja o participante a esperar ansioso por um futuro mais positivo, a última o desmotiva ao fixá-lo em eventos e experiências não satisfatórios.

Em quarto lugar, houve a questão da recompensa. Como parte de seu planejamento, os participantes bem-sucedidos se programavam para que cada uma de suas submetas estivesse relacionada a uma recompensa. Muitas vezes era algo pequeno, que nunca conflitava com a meta em si (nada de se empanturrar com uma barra de chocolate para comemorar uma semana de alimentação saudável), mas que, mesmo assim, propunha algo para ser ansiado e propiciava uma sensação de conquista.

Finalmente, os participantes bem-sucedidos também tendiam a tornar seus planos, seu progresso, seus benefícios e suas recompensas o mais concretos possível, exprimindo-os por escrito. Muitas pessoas mantinham um diário manuscrito, algumas usavam um computador, outras poucas chegavam a cobrir a geladeira ou um quadro com rabiscos ou imagens. Seja como for, o ato de escrever, digitar ou desenhar melhorou significativamente as chances delas de êxito.

Em 59 segundos ou menos

Para realizar suas metas e ambições existem quatro técnicas-chave que o ajudarão a ter êxito: ter o tipo certo de plano; contar aos amigos e à família; focar nos benefícios e premiar a si mesmo a cada etapa vencida. Para ajudá-lo a incorporar essas técnicas à sua vida criei um diário motivacional exclusivo que pode ser usado na tentativa de qualquer tipo de mudança.

1 Qual é sua meta geral?

Minha meta geral é...

2 Crie um plano passo a passo

Subdivida sua meta geral num máximo de cinco etapas menores. Cada etapa deve estar associada a uma meta concreta, mensurável, realista e com prazo. Pense em como realizará cada etapa e no prêmio que dará a si mesmo quando tiver feito isso. Os prêmios podem ser qualquer coisa de que você goste, talvez doces, sapatos ou roupas novas, algum aparelho eletrônico de última geração, um livro, um jantar fora ou uma massagem.

Etapa 1
Minha primeira submeta é...
Acredito que consigo atingir essa meta porque...
Para atingir essa submeta irei...
Isso estará concluído no dia...
Meu prêmio por ter atingido essa meta será...

Etapa 2
Minha segunda submeta é...
Acredito que consigo atingir essa meta porque...
Para atingir essa submeta irei...
Isso estará concluído no dia...
Meu prêmio por ter atingido essa meta será...

Etapa 3
Minha terceira submeta é...
Acredito que consigo atingir essa meta porque...
Para atingir essa submeta irei...
Isso estará concluído no dia...
Meu prêmio por ter atingido essa meta será...

Etapa 4
Minha quarta submeta é...
Acredito que consigo atingir essa meta porque...
Para atingir essa submeta irei...
Isso estará concluído no dia...
Meu prêmio por ter atingido essa meta será...

Etapa 5
Minha quinta submeta é...
Acredito que consigo atingir essa meta porque...

Para atingir essa submeta irei...
Isso estará concluído no dia...
Meu prêmio por ter atingido essa meta será...

3 Quais os benefícios de atingir sua meta geral?

Liste três benefícios importantes, focando no quanto a vida será melhor para você e para as pessoas que o cercam. Concentre-se nos benefícios associados a esse futuro desejado e não em fugir dos aspectos negativos de sua situação atual.

Benefício 1: ....

Benefício 2: ....

Benefício 3: ....

4 Torne público

A quem você contará sobre suas metas e submetas? Talvez amigos, familiares ou colegas? Você poderia falar a respeito num blog ou expor isso de algum modo ostensivo em sua casa ou no escritório?

Tornarei isso público fazendo o seguinte: ....

Procrastinação e o efeito Zeigarnik

Pesquisas indicam que 24% das pessoas se consideram procrastinadoras crônicas. É de se presumir que esse número subestime a real escala do problema, já que se baseia naquelas pessoas que preencheram o questionário a tempo. Independentemente do número correto, é evidente que a procrastinação pode se tornar um problema sério, fazendo com que as pessoas deixem de pagar contas no prazo, não terminem projetos no tempo determinado ou deixem de se preparar adequadamente para provas e entrevistas importantes. A procrastinação é um fenômeno surpreendentemente complexo e pode ter origem numa série de causas, incluindo o medo do fracasso, o perfeccionismo, níveis baixos de autocontrole, tendência a ver os projetos como um todo em vez de subdividi-los em partes menores, ter inclinação para o tédio, sentir que a vida é curta demais para se preocupar com tarefas aparentemente pouco importantes e incapacidade de estimar com precisão o tempo que se leva para fazer as coisas.

Porém, o problema pode ser vencido aplicando-se uma técnica que foi revelada pela primeira vez durante uma observação informal de garçons. Reza a lenda desse meio de pesquisas científicas que nos anos 1920 uma jovem estudante russa de psicologia chamada Bluma Zeigarnik estava certa vez num café vienense tomando chá com o monitor de sua turma. Como estudavam a natureza humana, estavam observando como os garçons e clientes se comportavam e acabaram notando um fenômeno curioso. Quando um cliente pedia a conta, os garçons lembravam facilmente dos pedidos que haviam sido feitos. Porém, se o cliente pagasse a conta e, momentos depois, fizesse alguma pergunta sobre o que tinha sido consumido, os garçons precisavam se esforçar bastante para lembrar. Parecia que o ato de pagar pela refeição causava uma sensação de conclusão na mente do garçom, apagando os pedidos de sua memória.

Zeigarnik ficou curiosa e voltou para o laboratório a fim de testar uma ideia. Ela pediu às pessoas que realizassem uma série de tarefas simples (como empilhar fichas ou pôr brinquedos numa caixa), mas em algumas tarefas interrompeu os participantes antes de eles terminarem. Ao final do experimento, ela pediu que eles descrevessem todas as tarefas. Como na observação dos garçons, Zeigarnik descobriu que as tarefas inacabadas ficavam na cabeça das pessoas e, portanto, eram muito mais fáceis de serem lembradas.[7] Segundo Zeigarnik, começar qualquer atividade faz com que a mente experimente uma espécie de ansiedade psíquica. Uma vez que a tarefa está concluída, a mente solta um suspiro inconsciente de alívio, e tudo é esquecido. Porém, se por algum motivo formos impedidos de completar a atividade, a mente ansiosa fica insistindo silenciosamente até que tenhamos terminado o que começamos.

O que isso tem a ver com procrastinação? Os procrastinadores costumam adiar o início de certas atividades porque se sentem assoberbados pelo tamanho da tarefa diante deles. Porém, se puderem ser convencidos — ou convencer a si mesmos — a trabalhar na atividade por "apenas alguns minutos", é comum sentirem necessidade de terminar logo e vê-la completada. Pesquisas mostram que o "apenas alguns minutos" é uma forma bastante eficaz de vencer a procrastinação e pode ajudar as pessoas a terminarem a mais árdua das tarefas.[8] Também é uma perfeita aplicação do trabalho de Zeigarnik — esses poucos minutos iniciais de atividade fazem com que o cérebro fique ansioso e se recuse a descansar enquanto o trabalho não estiver concluído.

O trabalho de Zeigarnik sobre a psicologia das atividades inconclusas é apenas um exemplo de suas fascinantes pesquisas. Em outra ocasião, ela tentou devolver os movimentos a pacientes paralisados por histeria ao fazer um ator vestido com uniforme militar entrar subitamente no recinto em que eles estavam, mandando-os levantar-se. Infelizmente, os resultados desse estudo se perderam nas brumas do tempo, embora um recente biógrafo russo tenha observado que já não é mais possível repetir o estudo pois é impossível encontrar alguém na Rússia que ainda tenha o necessário respeito por militares ou figuras políticas.[9]

Duplipensar

No início desta seção expliquei que as pesquisas feitas por Gabriele Oettingen, da University of Pennsylvania, mostravam os efeitos negativos de visualizar a si mesmo tendo atingido uma meta importante. Outro trabalho, também conduzido por Oettingen, indica que não é preciso muito para converter essas fantasias numa ferramenta positiva. Na verdade, basta um pouco do "duplipensar orwelliano".

No livro *1984*, George Orwell cunhou o conceito de duplipensar, descrevendo-o como a manutenção simultânea de duas crenças opostas na mente de alguém, esta que, no entanto, aceita ambas. No romance de Orwell, essa técnica era usada por um governo totalitário para continuamente reescrever a história e, assim, controlar as massas. Porém, pesquisas recentes têm mostrado que o mesmo tipo de ideia também pode ser usado de uma maneira mais produtiva, ajudando as pessoas a conquistar suas metas e ambições. Oettingen especulou que um dos estados de espírito mais eficazes é o de quando as pessoas são otimistas quanto à realização da meta mas também realistas quanto a alguns problemas que podem surgir. Para investigar, ela desenvolveu um procedimento inusitado que estimulava as pessoas a manter ambos os tipos de pensamento, e então realizou uma série de estudos para avaliar a eficácia.

O procedimento é simples. Pede-se que as pessoas pensem a respeito de algo que elas queiram conquistar, como perder peso, aprender algo ou mudar seus hábitos de consumo de álcool. Depois, pede-se que passem alguns momentos fantasiando sobre a conquista dessa meta e identifiquem os dois maiores benefícios que teriam com tal conquista. Em seguida, elas devem passar mais alguns momentos refletindo sobre o tipo de barreiras e problemas que provavelmente encontrarão se tentarem realizar aquela ambição e, novamente, identificar os dois maiores empecilhos. Agora vem a parte do duplipensar. É pedido que as pessoas reflitam sobre o primeiro benefício, desenvolvendo mentalmente como aquilo tornaria a vida delas mais agradável. Imediatamente a seguir pede-se que elas pensem no maior obstáculo a esse êxito, concentrando-se no que fariam se encontrassem tal dificuldade. Então, repetem o processo para o segundo aspecto mais positivo de conquistar a meta e o segundo maior problema em potencial.

Em diversos experimentos, Oettingen descobriu que esse procedimento propicia o melhor de ambos os mundos. Quando as pessoas se concentravam num relacionamento já existente que elas queriam melhorar, a pesquisadora descobriu que as pessoas que praticavam o duplipensar eram mais bem-sucedidas do que as que apenas fantasiavam positivamente ou se concentravam nos pontos negativos.[10] Voltando ao tema do romance, ela aplicou o procedimento do duplipensar a estudantes que nutriam uma paixão secreta. Os que aplicaram a técnica de fantasia-realidade foram mais bem-sucedidos do que os que sonharam com um encontro perfeito ou ficaram insistindo mentalmente nas dificuldades de revelar o que estavam sentindo.[11] Outros estudos mostraram que o duplipensar também é eficaz no trabalho, estimulando os empregados a se interessarem pelos cursos de treinamento, a delegarem tarefas com mais eficácia e a melhorarem sua capacidade de gerenciamento do tempo.[12]

A pesquisa mostra que *é* possível usar a visualização para motivar. A solução é uma questão de equilíbrio ao entrelaçar os benefícios do êxito com a avaliação realista dos problemas que podem ser encontrados. Em resumo, pratique o duplipensar.

Em 59 segundos ou menos

O seguinte exercício se baseia na técnica do duplipensar e pode ser usado para motivar você a atingir suas metas e a perseverar diante das dificuldades.

1. Qual é Sua Meta?

....

2. Potenciais Benefícios e Dificuldades

a Escreva uma palavra que revele de que forma sua vida melhoraria consideravelmente se você conquistasse essa meta.

....

b Escreva uma palavra que revele uma barreira significativa que pode atrapalhá-lo rumo à conquista dessa meta.

....

c Escreva uma palavra que revele de que outra forma sua vida melhoraria se você conquistasse essa meta.

....

d Escreva uma palavra que revele outra barreira significativa que pode atrapalhá-lo rumo à conquista dessa meta.

....

3. Elaboração

Num documento separado, desenvolva os aspectos envolvidos em suas respostas anteriores.

- Desenvolva sua resposta à questão **a**
  Imagine todos os benefícios que decorreriam dessa conquista.

- Desenvolva sua resposta à questão **b**
  Imagine de que modo o obstáculo atrapalha a conquista e as medidas que teria de tomar para lidar com isso.

- Desenvolva sua resposta à questão **c**
  Imagine todos os benefícios que decorreriam dessa conquista.

- Desenvolva sua resposta à questão **d**
  Imagine de que modo o obstáculo atrapalha a conquista e as medidas que teria de tomar para lidar com isso.

Dieta e bebida

Pesquisas mostram que a maioria das pessoas tenta fazer dieta ou reduzir o consumo de álcool em algum momento da vida. Porém, as mesmas pesquisas também indicam que a grande maioria fracassa, muitas vezes atribuindo a derrota à falta de motivação. Parte do problema é que as pessoas não tendem a seguir seus instintos quando começam e quando param e, portanto, são influenciadas, sem perceber, por uma ampla gama de fatores. Brian Wansink, da Cornell University, dedicou sua carreira acadêmica a compreender alguns dos fatores mais incomuns em jogo, e seus resultados demonstram o quanto de irracionalidade paira sobre a mesa de jantar.

Num estudo, Wansink e seus colaboradores especularam que as decisões das pessoas sobre continuar ou não comendo podem ser determinadas inconscientemente por uma pergunta surpreendentemente simples: "Terminei minha refeição?"[13] Sendo assim, Wansink criou uma vasilha de sopa com fundo especial através do qual, por um tubo oculto, a vasilha seria mantida sempre cheia, contínua e discretamente. Grupos de participantes se sentaram à mesa, conversando e saboreando uma sopa por vinte minutos, e então deram sua opinião sobre a sopa para os pesquisadores. Sem estar ciente do experimento, metade deles consumiu sopa retirada de uma vasilha "sem fundo" que estava sendo mantida sempre cheia, enquanto os demais tinham diante de si uma vasilha normal.

Foi fácil notar que aqueles com vasilhas sem fundo consumiram 75% a mais de sopa do que os que ficaram com uma vasilha normal. Além disso, os que consumiram mais não tiveram ciência do quanto haviam ingerido e disseram que estavam tão saciados quanto aqueles que haviam consumido porções normais.

Entretanto, existe um consolo nisso, porque, ao compreendermos alguns dos fatores ocultos que influenciam nosso consumo, podemos criar técnicas rápidas porém eficazes para reduzir o volume do que comemos e bebemos.

Em 59 segundos ou menos

O Poder da Lentidão. Algumas pesquisas indicam que mastigar mais lentamente ajuda as pessoas a comer menos, talvez porque isso engane nosso cérebro, induzindo-o a pensar que comemos mais e dando ao organismo tempo extra para digerir o alimento.[14] Num outro viés desse trabalho, Corby Martin e seus colaboradores do Pennington BioMedical Research Center fizeram participantes acima do peso comerem uma refeição em três ritmos diferentes: normal; metade do normal e começando com o normal seguido de metade dele.[15] Comer num ritmo mais lento fez com que os homens, mas não as mulheres, comessem menos. Porém, começar a refeição normalmente para depois diminuir o ritmo fez com que tanto homens como mulheres tivessem grande redução no apetite. A combinação de normal com lento foi ainda mais eficaz do que comer lentamente ao longo de toda a refeição, indicando que o segredo para a saciedade é começar com velocidade normal para então saborear cada garfada.

Quero o Meu, Alto e Fininho. Brian Wansink e Koert van Ittersum, da Cornell University, pediram a estudantes que servissem uma dose de uísque num copo.[16] Os que receberam um copo baixo e largo serviram, em média, doses 30% maiores do que aqueles que receberam um copo mais alto e estreito. Parece que as pessoas usavam a profundidade do líquido como indicador de volume no copo, sem perceber que um copo era muito mais largo do que o outro. Os pesquisadores repetiram o experimento com bartenders experientes e descobriram que eles serviam, em média, doses 20% maiores no copo baixo e largo. Se você quiser diminuir a bebida, fique longe de copos baixos e largos, preferindo os altos e estreitos.

O Que os Olhos Não Veem o Coração Não Sente. Pesquisas mostram que o simples fato de deixar comida ou bebida fora de vista ou deixá-las a alguns metros de distância pode ter grande efeito sobre o consumo. Numa série de estudos, os pesquisadores espalharam estrategicamente por um escritório vidros com chocolate e observaram cuidadosamente quantos eram consumidos.[17] Numa das situações, eles compararam os vidros postos sobre a mesa das pessoas com os vidros postos a apenas dois metros de distância delas. Em outra, puseram o chocolate num vidro transparente ou num vidro opaco. Botar o chocolate na mesa das pessoas resultou no consumo de, em média, seis chocolates a mais por dia, sendo que os que ficaram no vidro transparente foram consumidos 46% mais rapidamente do que os de vidro opaco. Um princípio similar se aplica a alimentos espalhados pela casa. Em outro estudo (descrito no artigo de título extraordinariamente conciso: "Quando produtos armazenados são consumidos mais rapidamente? um modelo conceitual da conveniência-importância da incidência e do volume de consumo pós-compra") os pesquisadores supriram a casa das pessoas com grande quantidade ou com quantidade moderada de comida pronta para consumir, e descobriram que ela era consumida duas vezes mais rapidamente nas casas que tinham mais comida armazenada.[18] Para reduzir o consumo, certifique-se de que alimentos tentadores fiquem fora de vista e num local de difícil acesso, como o alto da despensa ou o porão.

Foco, Foco, Foco. As pessoas comem consideravelmente mais quando estão se distraindo durante as refeições e, portanto, não estão prestando atenção ao alimento. Num experimento, a quantidade de atenção que espectadores de um cinema davam ao filme estava relacionada à quantidade de pipoca que consumiam. Os que ficavam mais absortos no filme comiam quantidades significativamente maiores.[19] Em outro experimento, pessoas que ouviam uma história de detetive no horário de almoço comiam 15% mais do que as que comiam em ambiente silencioso.[20] Ter distrações enquanto comemos, como assistir à televisão, ler uma revista ou mesmo conversar com outras pessoas, faz com que comamos mais.

Cuidado com o Tamanho dos Utensílios. A quantidade do que comemos é influenciada pelo tamanho dos recipientes e das colheres? Há alguns anos, Brian Wansink convidou um grupo de amigos para uma festa e conduziu um experimento secretamente. [21] Cada convidado recebeu, aleatoriamente, uma tigela de 500ml ou de 1l, e uma colher de 60ml ou 90ml. Os convidados, então, se serviram de sorvete. Porém, segundos antes de pegarem a primeira porção, os pesquisadores pesaram as tigelas. Os resultados revelaram que os que receberam colheres grandes e tigelas grandes ingeriram, em média, 14% e 31% mais sorvete do que os demais com utensílios menores. Andrew Geier e seus colaboradores da University of Pennsylvania demonstraram que o efeito não se restringe a sorvetes e festas.[22] Em seu estudo, uma bacia com M&Ms foi deixada no corredor de um prédio, junto com uma colher e o seguinte aviso: "Coma o quanto quiser; por favor, use a colher para se servir." Em alguns dias os pesquisadores puseram uma concha do tamanho de uma colher de mesa perto da bacia; em outros, uma concha maior. Descobriu-se que a concha maior fazia com que as pessoas pegassem quase o dobro da quantidade de M&Ms da bacia. Procure comer menos substituindo seus recipientes e utensílios.

Mantenha um Diário Alimentar. Pesquisas realizadas pelo Kaiser Permanente's Center for Health Research indicam que anotar o quanto você come pode ajudá-lo a perder peso.[23] Ao longo do estudo, os participantes que mantiveram registros diários de sua alimentação perderam o dobro do peso perdido por quem não registrou coisa alguma. Não é preciso ser um Samuel Pepys* para obter os benefícios; o simples ato de anotar rapidamente num Post-It o que você come ou de enviar um e-mail a si mesmo exerce o mesmo efeito. Segundo a teoria, estar consciente do que você come todos os dias o ajudará a perder velhos hábitos e consumir menos.

Arrependimento e Reflexão. Não está satisfeito com seu corpo mas acha difícil ter motivação para ir à academia? Tente aproveitar o poder do arrependimento e evitar a reflexão. Pesquisas realizadas por Charles Abraham e Paschal Sheeran mostraram que apenas alguns momentos de reflexão sobre o quanto se arrependerá de *não* ir à academia o ajudarão a se sentir motivado para sair do sofá e montar na bicicleta ergométrica.[24] E quando estiver nela tente evitar aqueles espelhos que vão do chão ao teto. Outro estudo, realizado por Kathleen Martin Ginis e seus colaboradores, da McMaster University, trabalhou com pessoas que pedalavam diante de um espelho ou de uma parede. Os resultados revelaram que aqueles que constantemente viam a si mesmos no espelho terminavam se sentindo significativamente menos revitalizados e mais exaustos do que os que ficavam diante de uma parede. Os pesquisadores acreditam que os espelhos possam estimular as pessoas a se concentrar em seus corpos cheios de defeitos e, consequentemente, possam ser mais prejudiciais que benéficos.[25]

Use Mais Energia. Pense em como você poderia queimar mais calorias ao fazer pequenas mudanças em suas rotinas diárias. Pode ser algo tão simples quanto usar cera de polimento em vez de spray durante a limpeza doméstica (esfregar consome muito mais energia do que usar um spray), fazer questão de usar mais as escadas (não

---

* Funcionário público inglês do século XVII, famoso por seu diário. (*N. da E.*)

pegue o elevador no trabalho, por exemplo) ou ouvir música animada para encorajá-lo a fazer movimentos vigorosos quando estiver caminhando ou cortando a grama.

Espelho, Espelho na Cozinha. Um trabalho realizado por Stacey Sentyrz e Brad Bushman, da Iowa State University, indica que pôr um espelho na cozinha pode ajudá-lo a perder alguns quilos.[26] Em diversos estudos, participantes receberam a oportunidade de comer alimentos saudáveis e não saudáveis. Em um experimento, num supermercado, foi dada a quase mil clientes a opção de experimentar novos tipos de margarina com 100% ou nada de gordura. Metade das vezes, um espelho foi estrategicamente colocado atrás do produto, de modo que os participantes pudessem ver a si mesmos refletidos; para a outra metade, ele foi removido. A presença do espelho resultou numa queda extraordinária de 32% na escolha da margarina com 100% de gordura. Os pesquisadores argumentam que ver o próprio reflexo faz com que as pessoas fiquem mais cientes do próprio corpo.

As Armadilhas dos Pacotes Diet. Os corredores de supermercado costumam ficar abarrotados de "pacotes diet" com pequenas porções de doces ou batatas chips que o ajudarão a controlar sua fome e, portanto, a comer menos. Mas comprar esses pacotes realmente ajuda a diminuir o consumo? Para descobrir isso, pesquisadores da Tilburg University, Holanda, deram aos participantes dois pacotes de batatas chips ou nove pacotes diet, e pediram que assistissem à tevê.[27] Antes de começar a comer e ver tevê, os participantes foram pesados em frente a um espelho para que fosse gerada uma "atmosfera de dieta". Os resultados revelaram que os participantes que receberam os pacotes diet comeram duas vezes mais batatas chips do que aqueles que receberam pacotes grandes. Os pesquisadores especularam que os participantes que receberam os pacotes diet sentiram que não precisavam exercer tanto autocontrole e, portanto, terminaram comendo mais.

As vantagens de escrever seu próprio discurso fúnebre

Em *Um conto de Natal*, de Charles Dickens, Ebenezer Scrooge é visitado por três figuras fantasmagóricas. Os dois primeiros, os fantasmas do Natal passado e do Natal presente, mostram como o egoísmo de Scrooge tornou sua vida solitária e triste. Somente quando o fantasma do Natal futuro aparece, levando-o para ver seu túmulo esquecido e abandonado, é que Scrooge finalmente muda seu modo de ser e se torna uma pessoa muito mais generosa e compassiva. Dickens explorou o efeito de se obter uma visão de longo prazo e a contemplação da vida após a morte, mas um número enorme de psicólogos já fizeram o mesmo, e suas descobertas indicam que a transformação de Scrooge na ficção também pode acontecer na vida real.

Num estudo, pessoas são paradas na rua e pede-se que usem uma escala de dez pontos para classificar o que sentem sobre suas instituições de caridade preferidas ("Até que ponto essa instituição é útil para a sociedade?", "O quanto você acha que a sociedade precisa dessa instituição?" e "Até que ponto essa instituição é necessária para você pessoalmente?").[28] Algumas das pessoas foram paradas quando estavam passando por uma funerária, enquanto outras foram paradas alguns quarteirões depois, em frente a um prédio qualquer. Quando entrevistaram as pessoas em frente à funerária, os pesquisadores se posicionaram de tal modo a garantir que os participantes ficassem diante de um grande cartaz onde se lia "Funerária Howe". Os resultados revelaram um efeito semelhante ao do personagem de Dickens, e aqueles que encararam a própria morte se sentiram muito mais benevolentes do que os que se encontravam diante de um edifício qualquer.

Christopher Peterson, da University of Michigan, acredita que estimular as pessoas a pensarem em como elas gostariam de ser lembradas após a morte tem diversas vantagens motivacionais, incluindo ajudá-las a identificar suas metas de longo prazo e avaliar até que ponto estão avançando para tornar essa meta uma realidade.[29] Portanto, sem mais delongas, evoque o seu fantasma particular do Natal futuro.

Imagine um amigo próximo observando o seu enterro e lendo o seu discurso fúnebre. Escreva esse texto para o seu amigo. O que você adoraria que dissessem sobre você? Pode se soltar e deixar a modéstia de lado, mas se mantenha realista. Como gostaria que descrevessem sua personalidade, suas conquistas, suas qualidades, sua vida familiar, seu sucesso profissional e seu comportamento para com os outros? Quando terminar, analise longa e honestamente o discurso fúnebre escrito para o seu eu ideal. Seu estilo de vida e seu comportamento atuais justificam os comentários ou há trabalho a ser feito?

4. Criatividade

Explodindo o mito do brainstorming, como entrar em contato com seu Leonardo interior simplesmente olhando para a arte moderna, deitando e pondo uma planta sobre a mesa de trabalho.

No início dos anos 1940, o publicitário Alex Osborn defendeu que era possível aumentar a criatividade pondo um grupo de pessoas numa sala e fazendo com que seguissem um conjunto simples de regras. Por exemplo, apresentar o maior número de propostas possível, encorajar as ideias mais estapafúrdias e exageradas e não criticar ou julgar os comentários de ninguém. Ao vender sua técnica para as empresas, Osborn alegou que "a pessoa mediana tem duas vezes mais ideias quando trabalha com um grupo do que quando trabalha sozinha", e talvez não surpreenda o fato de que sua abordagem tenha rapidamente conquistado o mundo inteiro.[1] Com o passar dos anos, empresas de todo o planeta têm estimulado seus empregados a atacar problemas cruciais utilizando essa técnica.

Pesquisadores já fizeram de tudo para testar a eficácia do brainstorming de grupo. Num experimento típico, participantes formam um grupo. Metade deles é escolhida aleatoriamente para ficar na situação de "trabalho em grupo" e é posta numa sala; recebe as regras-padrão do brainstorming e tem de apresentar ideias para ajudar a resolver um problema específico (pode ser planejar uma nova campanha publicitária ou encontrar maneiras de descongestionar o trânsito). A outra metade é de pessoas que se sentarão sozinhas, em salas separadas, às quais se pede que apresentem as ideias que tiverem. Os pesquisadores então somam a quantidade de ideias produzidas sob as diferentes condições, e especialistas dão notas à sua qualidade. Será que esses estudos mostram que o brainstorming de grupo é mais eficaz do que pessoas trabalhando sozinhas? Muitos cientistas não estão nada convencidos. Brian Mullen, da University of Kent, em Canterbury, e seus colaboradores analisaram vinte estudos que testaram a eficácia do brainstorming de grupo desse modo e ficaram impressionados ao descobrir que na vasta maioria dos experimentos os participantes que trabalharam sozinhos produziram uma quantidade e uma qualidade de ideias superior à dos participantes que estavam em grupo.[2]

Outras pesquisas indicam que o brainstorming de grupo pode dar errado, em parte, por causa de um fenômeno conhecido como "vadiagem social". No final dos anos 1880, um engenheiro agrícola francês chamado Max Ringelmann ficou obcecado em tornar os trabalhadores o mais eficientes possível.[3] Depois de conduzir centenas de experimentos, ele deparou inadvertidamente com um efeito inesperado que inspiraria um século de pesquisas psicológicas. Um dos estudos de Ringelmann tinha a ver com pedir às pessoas que pegassem uma corda e puxassem pesos cada vez maiores. Talvez não sem razão, Ringelmann esperava que as pessoas trabalhassem com mais afinco em grupo do que sozinhas. Mas os resultados revelaram o padrão contrário. Quando trabalhavam sozinhas, as pessoas erguiam por volta de 85 quilos, contra os apenas 65 quilos movidos quando posicionadas em grupo. Outros trabalhos revelaram que o fenômeno, como o efeito transeunte descrito na p.67, no capítulo sobre persuasão, se deve, em grande parte, à difusão da responsabilidade.[4] Quando as pessoas trabalham sozinhas, seu sucesso ou fracasso se deve inteiramente à própria capacidade e ao próprio esforço. Caso se saiam bem, a glória é delas. Caso fracassem, arcam com a responsabilidade. Porém, convide outras pessoas para ajudá-lo e, subitamente, todos param de fazer esforço extra, sentindo-se seguros de que, embora não venham a receber elogios pessoais se o grupo se sair bem, sempre poderão culpar os demais caso algo dê errado.

Pesquisas mostram que esse fenômeno acontece em muitas situações diferentes. Peça para as pessoas fazerem o máximo de barulho possível e elas farão mais esforço se estiverem sozinhas do que em grupo. Peça que somem uma série de números e, quanto mais gente envolvida, mais lento será o trabalho. Peça que apresentem ideias e as pessoas serão mais criativas quando estiverem longe das outras. É um fenômeno universal, percebido em trabalhos realizados em todo o mundo, incluindo os Estados Unidos, a Índia, a Tailândia e o Japão.

Em resumo, um vasto corpo de pesquisas hoje indica que há mais de setenta anos as pessoas que recorrem ao brainstorming em grupo podem ter abafado, em vez de estimulado, a criatividade, sem se darem conta disso. Quando trabalham juntas, não ficam tão motivadas para dedicar o tempo e a energia necessários para gerar grandes ideias, e acabam gastando mais tempo pensando coisas convencionais.

Portanto, em se tratando de criatividade, basta se manter isolado do grupo? Não. Na verdade, outros estudos mostram que, se realmente quisermos entrar em contato com nosso Leonardo da Vinci interno, existem diversas técnicas de efeito rápido que são surpreendentemente poderosas. Basta dar uma olhadela no tipo certo de arte moderna, se debruçar sobre o trabalho, não fazer nada ou pôr uma planta sobre sua mesa.

Testando a criatividade

Psicólogos desenvolveram muitas maneiras estranhas e maravilhosas de testar a criatividade. Pode-se mostrar às pessoas um tijolo e dar a elas alguns minutos para que criem quantos usos forem possíveis. Pode-se dar um lápis e uma folha de papel quadriculada e pedir que transformem cada quadrado num objeto diferente (p.ex., uma televisão, um aquário, um livro etc.). Em ambos os casos, o número de respostas seria contado e julgado em termos de sua originalidade em comparação com as respostas de todos os outros participantes. Além disso, os pesquisadores, muitas vezes, lançam mão de diversos tipos de problemas visuais e verbais de pensamento lateral. Experimente as seguintes questões para testar sua criatividade:

1) Você é capaz de acrescentar apenas uma linha à equação a seguir a fim de torná-la correta? (Só há uma regra: não é permitido pôr a linha sobre o sinal de igual deste modo: ≠, convertendo-o assim em sinal de "diferente".)

   I0 I0 II = I0.50

2) Joanna e Jackie nasceram no mesmo dia, do mesmo mês, do mesmo ano. Elas têm a mesma mãe e o mesmo pai, mas não são gêmeas. Como isso é possível?

3) Um homem teve vinte casamentos, com mulheres diferentes, na mesma cidade. Todas ainda estão vivas, e ele nunca se divorciou de nenhuma delas. A poligamia é ilegal, mas, mesmo assim, esse homem não violou a lei. Como isso foi possível?

4) Um homem entra num antiquário levando uma belíssima moeda de bronze para vender. Um lado da moeda contém uma imagem maravilhosa da cabeça de um imperador romano, enquanto o

outro mostra a data de 500 a.C. O dono do antiquário sabe instantaneamente que a moeda não é de 500 a.C. Por quê?

Respostas

1) Tudo tem a ver com o tempo. Ao acrescentar uma linha curta no alto do segundo "I", convertemos o número "I0" na palavra "TO", e agora a equação é lida "ten to eleven" (dez a onze), o que é o mesmo que IO TO II = 10.50.
2) Joanna e Jackie são irmãs trigêmeas.
3) O homem é pastor e, portanto, realizou as cerimônias de casamento.
4) O ano 500 a.C. é anterior ao nascimento de Cristo, e, assim, uma moeda que de fato datasse dessa época não teria uma inscrição com uma abreviatura indicando ser anterior a Cristo.

Ouvindo a voz silenciosa

O surrealista Salvador Dalí costumava gerar ideias para suas pinturas usando uma técnica bastante incomum. Ele se deitava num sofá e botava um copo no chão; então, posicionava cuidadosamente uma das pontas de uma colher na beira do copo e apoiava suavemente a outra na mão. Quando começava a cair no sono, Dalí naturalmente relaxava a mão e soltava a colher. O som da colher caindo dentro do copo o acordava, e ele imediatamente desenhava as imagens bizarras que tinham começado a atravessar sua mente parcialmente acordada, semiconsciente. Diante da natureza inviável de tantas de suas ideias (pense no telefone lagosta), essa técnica, evidentemente, pode não ser para todos, mas isso não significa dizer que nossa mente inconsciente não seja uma usina de força de pensamentos criativos.

Na verdade, diversos estudos indicam que em se tratando de formas inovadoras de olhar para o mundo pode haver muito mais coisa se passando na mente inconsciente do que percebemos. Numa simples demonstração experimental dessa afirmação, Stephen Smith, da Texas A&M University, mostrou a voluntários quebra-cabeças com imagens e palavras que indicavam expressões comuns e pediu que eles montassem tantos quantos fosse possível.[5] Assim, por exemplo, podia pedir que identificassem a expressão indicada no seguinte conjunto de palavras:

VOCÊ SÓ MIM

A resposta é "só entre mim e você". Agora que você pegou a ideia geral, tente os três a seguir:

VENDA VENDA VENDA VENDA

TENDO
EU

PART IDO

As respostas são "à venda", "eu entendo" e "partido ao meio".* No experimento de Smith, se um quebra-cabeça não fosse resolvido, os voluntários eram instruídos a relaxar por 15 minutos para então tentar novamente. Mais de um terço foi resolvido na segunda tentativa. Enquanto relaxavam, os voluntários não estavam trabalhando conscientemente nos quebra-cabeças, mas seus pensamentos inconscientes tinham projetado perspectivas novas e proveitosas para resolvê-los.

Trabalhos recentes indicam que não é preciso sequer gastar 15 minutos distanciado do problema; é possível obter o mesmo resultado em apenas alguns instantes. Os psicólogos Ap Dijksterhuis e Teun Meurs, da University of Amsterdam, realizaram uma série de experimentos inusitados e fascinantes sobre criatividade e o inconsciente.[6] Suas ideias sobre a natureza da mente inconsciente e a criatividade são simples de entender. Imagine dois homens numa sala. Um deles é extremamente criativo, mas muito tímido. O outro é inteligente, não tão criativo e muito mais impositivo. Agora, imagine que você entra na sala e pede que eles apresentem ideias para uma campanha de publicidade que anunciará uma nova barra de chocolate. Como era de se esperar, o sujeito mais expansivo — mas não especialmente criativo — domina a conversa; ele permite que seu colega mais caladão contribua, e as ideias geradas são boas mas não muito inovadoras.

Agora, vamos imaginar uma situação um pouco diferente. Mais uma vez, você entra na sala e pede ideias para a campanha. Desta

* Em inglês, "for sale", "I understand" e "broken". Em português os trocadilhos perdem o sentido. (*N. da E.*)

vez, porém, você distrai o mais espalhafatoso fazendo-o assistir a um filme. Em tais circunstâncias, o tímido é capaz de se fazer ouvir, e você deixa a sala levando consigo um conjunto de ideias completamente diferentes, muito mais criativas. Sob muitos aspectos, essa é uma boa analogia para o relacionamento entre sua mente e sua criatividade. O sujeito tímido representa sua mente inconsciente: ele é capaz de ter ideias maravilhosas, mas normalmente é difícil ouvi-lo. O sujeito falador representa sua mente consciente: inteligente, não tão inovador, mas difícil de abstrair.

Ap Dijksterhuis dirigiu uma série de experimentos para descobrir se as pessoas podem se tornar mais criativas caso a mente consciente delas fique distraída. Naquele que talvez seja o mais conhecido, pediu-se que voluntários pensassem em nomes novos e criativos para um macarrão. Para ajudá-los, os pesquisadores começaram mostrando a eles cinco novos nomes, cada um desses terminando com a letra "i", desse modo soando como as típicas possibilidades relacionadas a massa (spaghetti, ravióli etc.). Alguns dos voluntários tiveram três minutos para pensar a respeito antes de fazer uma lista com suas ideias. Em termos da analogia dos "dois sujeitos numa sala", esses voluntários estavam ouvindo, mentalmente falando, os comentários do sujeito falador mas não especialmente criativo. Outro grupo de voluntários foi instruído a esquecer o macarrão e a ficar três minutos realizando a tarefa mentalmente cansativa de acompanhar um ponto à medida que se movia na tela de um computador e clicar na barra de espaço sempre que esse ponto mudasse de cor. Em termos da analogia com a sala, essa tarefa foi pensada para distrair o sujeito falador e dar ao sujeito caladão a chance de se fazer ouvir. Só depois de completar essa tarefa difícil e que absorvia a atenção dos voluntários é que se pediu que fizessem sua lista com os novos nomes para o macarrão.

Os pesquisadores desenvolveram um jeito simples, objetivo e engenhoso para decidir se os nomes do macarrão sugeridos pelos voluntários deveriam ser considerados criativos ou não. Eles repassaram todas as sugestões, contando cuidadosamente o número de vezes que foi apresentado um nome de macarrão terminado em "i", comparando com outra letra. Como todos os cinco exemplos dados ao início do experimento terminavam em "i", concluiu-se que qualquer sugestão que também terminasse em "i" era prova de que as pessoas estavam simplesmente seguindo as outras e deixando de ser criativas, enquanto as ideias que terminassem com outra letra eram mais inovadoras.

Os resultados foram extraordinários. Os voluntários que ficaram pensando conscientemente sobre a tarefa apresentaram mais nomes de macarrão terminando em "i" do que os que ficavam ocupados acompanhando o ponto na tela do computador. Por outro lado, quando os nomes mais inusitados foram examinados, os participantes que tinham acompanhado o ponto apresentaram quase o dobro das sugestões, comparados com os demais. Foi uma evidência experimental de que, quando o sujeito falador é distraído, o caladão e criativo tem chance de ser ouvido. Exatamente como previsto na teoria dos "dois homens numa sala".

Essas descobertas impressionantes deram lugar a consideráveis insights sobre a relação entre criatividade e inconsciente. Voluntários que tiveram de "seguir o ponto" sentiram como se toda a sua atenção e seu esforço mental estivessem plenamente dedicados a seguirem o ponto que se movia na tela do computador. Porém, sua mente inconsciente estava trabalhando no problema que fora apresentado. Talvez mais importante que isso: não estava reproduzindo o mesmo trabalho da mente consciente, mas pensando em coisas de forma muito diferente. Isso foi inovador e gerou conexões novas. Isso estava criando ideias verdadeiramente originais.

Muitos textos-padrão sobre criatividade enfatizam o valor do relaxamento; dizem para as pessoas relaxarem e esvaziarem a mente de pensamentos. Pesquisas holandesas indicam exatamente o contrário. A verdadeira criatividade pode surgir quando ocupamos a mente consciente durante apenas alguns momentos, evitando assim que ela interfira com os importantes e inovadores processos mentais que transcorrem no inconsciente. Todos podem ser mais criativos; é apenas o caso de manter o sujeito falador ocupado na própria mente e dar ao sujeito caladão a chance de se manifestar.

Em 59 segundos ou menos

A próxima vez que quiser pensar numa solução criativa para um problema experimente a técnica a seguir e veja o que sua mente produz. Se o caça-palavras abaixo não for de seu feitio, tente resolver uma palavra cruzada difícil, um sudoku ou qualquer outra tarefa que ocupe completamente sua mente consciente.

A Que problema você está tentando resolver?

B Encontre as dez palavras abaixo no quadrado a seguir. As palavras podem estar na horizontal, na vertical ou na diagonal, e na ordem correta ou inversa. As palavras também podem entrar umas pelas outras.

ÍCONE
HORA
CRIATIVO
META
ETAPA
RÁPIDO
PENSAR
MUDAR
NOVO
FRESCO

Respostas na página 125

Y	V	S	N	S	H	Y	E	X
T	F	R	R	A	P	I	D	O
D	S	Q	H	P	R	G	T	P
V	E	R	N	A	S	A	A	E
F	I	T	D	T	T	R	N	N
R	E	U	D	E	V	O	O	S
E	M	B	M	I	C	H	V	A
S	H	I	Q	I	C	H	O	R
C	A	P	I	D	K	E	K	A
O	V	I	T	A	I	R	C	E

Y	V	S	N	S	H	Y	E	X
T	F	R	R	A	P	I	D	O
D	S	Q	H	P	R	G	T	P
V	E	R	N	A	S	A	A	E
F	I	T	D	T	T	R	N	N
R	E	U	D	E	V	O	O	S
E	M	B	M	I	C	H	V	A
S	H	I	Q	I	C	H	O	R
C	A	P	I	D	K	E	K	A
O	V	I	T	A	I	R	C	E

C Agora, sem pensar muito nisso, escreva a seguir as diversas ideias e possíveis soluções que lhe ocorrem para resolver o problema.

Entre em contato com seu gorila interior

Alguns anos atrás escrevi um livro sobre criatividade intitulado *Did You Spot The Gorilla?* Ele tratava de quatro técnicas concebidas para ajudar as pessoas a pensarem e se comportarem de maneiras mais flexíveis e incomuns. A seguir, um resumo de cada técnica e alguns exercícios que visam ajudar a implementá-las.

Preparação. Prepare sua mente trabalhando fervorosamente num problema, mas depois dê a si mesmo um alívio para esse esforço fazendo algo completamente diferente. Durante o período de relaxamento, nutra sua mente com ideias novas e diversificadas como, por exemplo, visitando museus ou galerias de arte, folheando uma revista ou um jornal, fazendo um passeio de trem ou carro, ou navegando livremente pela internet. Mas não exagere. Simplesmente solte-se nas ideias e experiências novas, e deixe que seu cérebro encontre as conexões e crie eventos aparentemente fortuitos porém significativos.

Perspectiva. Mudar de perspectiva ajuda a pensar em novas soluções. Tente imaginar como uma criança, um idiota, um amigo, um artista ou um contador cuidaria do problema. Paralelamente, pense em duas situações análogas aplicando a regra "é como" (p.ex., atrair mais pessoas para a minha empresa *é como* um artista de rua tentando atrair uma multidão). Como o problema é resolvido nessas situações, e isso pode ser aplicado a seu caso? Finalmente, pense em fazer exatamente o contrário de cada solução que criou até agora.

Brinque. Quando você fica sério demais, seu cérebro se contrai. Dê uma injeção de ânimo em sua criatividade se divertindo um pouco. Faça um intervalo de 15 minutos, assista a um filme engraçado, use as palavras "queijo" e "torta" em sua próxima reunião ou seu próximo telefonema, ou altere digitalmente a foto de um colega para que ele, ou ela, fique com cara de coruja.

Perceba. Quando o mundo fica comum demais, o cérebro entra em piloto automático e deixa de ver o que está bem diante de nossos olhos. Tente passar sua mente de volta para o comando manual tornando-se mais curioso em relação ao mundo. Faça a si mesmo uma pergunta interessante a cada semana. Como os elefantes se comunicam através de centenas de quilômetros? Por que as pessoas riem? Por que a banana é amarela? Como pdoe sua mnete ser cpaaz de etnedner etsa farse memso qnudao apnaes a pimirrea e a útmila lreta de cdaa paravla etaso na pãsoiço creotra? Invista algum tempo e alguma energia para tentar descobrir possíveis respostas para a questão, mesmo que seja apenas pelo prazer da descoberta.

O chamado da natureza

Em 1948, George deMestral saiu para dar um passeio no campo em sua terra natal, na Suíça. Quando voltou para casa, notou que sua roupa estava coberta de pequenos carrapichos. Enquanto se dedicava à enfadonha tarefa de retirar um por um, o engenheiro decidiu tentar descobrir por que eles se prendiam à sua roupa. Um exame minucioso revelou que os carrapichos eram cobertos por minúsculos ganchinhos que se agarravam facilmente às fibras do tecido. Inspirado por esse conceito simples, deMestral se perguntou se a mesma ideia não poderia ser aplicada para manter outras superfícies unidas, uma suposição que acabou fazendo com que ele inventasse o velcro.

Essa história é frequentemente citada como evidência de um dos princípios mais importantes que dizem respeito à criatividade: a percepção de que uma ideia ou técnica de uma situação pode ser aplicada a outra. Esse princípio, certamente, parece explicar muitos exemplos famosos de ideias revolucionárias, incluindo, por exemplo, a inspiração que Frank Lloyd Wright encontrou para o projeto de um telhado de igreja quando percebeu o formato de suas mãos em prece. Porém, pode ter havido outro fator oculto, mas igualmente importante, envolvido nisso.

Grande número de pesquisas tem investigado os efeitos do ambiente natural sobre o pensamento e o comportamento das pessoas, e mostra que até mesmo uma modesta quantidade de arbustos pode ter um impacto surpreendentemente forte no sentido de fazer do mundo um lugar melhor. A taxa de recuperação de pacientes em hospitais aumenta significativamente quando eles podem ver árvores de dentro da enfermaria,[7] e prisioneiros cujas janelas da cela dão para campos cultiváveis e florestas se queixam menos de problemas médicos do que os demais.[8] Os efeitos não se restringem a prisioneiros e pacientes, mas a todo mundo. Outros estudos investigaram a relação entre o verde e o crime. Naquele que talvez tenha sido o mais engenhoso deles, pesquisadores focaram sua atenção num grande programa de habitação popular em Chicago.[9] Esse loteamento foi especialmente interessante por duas razões: primeiro, algumas seções continham um número relativamente grande de arbustos e árvores, enquanto outras lembravam uma verdadeira selva de pedras; segundo, os moradores tinham sido designados aleatoriamente para os apartamentos nos conjuntos habitacionais, garantindo desse modo que quaisquer diferenças nas taxas de criminalidade entre as duas áreas não podiam se dever a renda, formação ou quaisquer outros fatores. O estudo produziu resultados impressionantes. As áreas do conjunto habitacional que continham área verde foram associadas a 48% menos crimes contra a propriedade privada e a 52% menos crimes violentos do que aquelas formadas apenas por concreto. Os pesquisadores especularam que o verde pode ter ajudado a deixar as pessoas num estado de espírito benéfico e, portanto, foi responsável por fazer cair a probabilidade de que cometessem algum crime.

Do mesmo modo que o verde parece reduzir o comportamento antissocial, parece que ele também é capaz de deixar as pessoas mais criativas. Numa série de experimentos, os psicólogos japoneses Seiji Shibata e Naoto Suzuki pediram que pessoas realizassem diversos exercícios de criatividade em ambientes de escritório cuidadosamente controlados. Num desses estudos, alguns dos escritórios continham um vaso de planta que havia sido cuidadosamente posicionado na frente ou do lado do participante, enquanto os demais não contavam com qualquer planta por perto. Em outro estudo, os pesquisadores compararam cuidadosamente o efeito de se tirar a planta para pôr no lugar dela uma estante de revistas, de mesmo tamanho do vaso. Invariavelmente, os pesquisadores constataram que a presença do vegetal incrementava a criatividade das pessoas. Os resultados obtidos com esses estudos artificiais resistem a um exame detalhado em ambientes mais realistas. Um estudo com duração de 18 meses sobre criatividade no trabalho realizado por Robert Ulrich, da Texas A&M University, mostrou que pôr flores e plantas num escritório resultava num aumento de 15% nas ideias dos empregados homens e em soluções mais flexíveis para os problemas da parte de suas colegas. Em outro estudo, os pesquisadores descobriram que as crianças brincam de forma mais criativa quando estão em quintais com plantas comparando com pátios nus ao ar livre.[10] Por que um pouco de natureza tem esse efeito?

Segundo alguns teóricos, a explicação remonta a milhares de anos. Psicólogos evolucionistas tentam explicar tais comportamentos tendo por base de que modo eles podem ter ajudado as pessoas a alcançar êxito e a sobreviver ao longo das gerações. Na opinião deles, estar diante de árvores e plantas saudáveis deflagra uma sensação ancestral de calma porque leva a crer que haverá abundância de alimento por perto, o que tranquiliza a preocupação com a procedência da próxima refeição. Essa sensação agradável torna as pessoas mais atenciosas, felizes e criativas.

Então uma longa caminhada no campo ou um vaso de planta bem-posicionado é o mínimo necessário para que a criatividade flua? Andrew Elliot e seus colaboradores da University of Rochester realizaram um estudo pouco comum a partir do qual investigaram a relação entre criatividade e a representação quase subliminar das cores.[11] Os pesquisadores imaginaram que, como o vermelho é normalmente associado à ideia de perigo ou de erro (pense no vermelho do semáforo e na caneta vermelha dos professores), enquanto o verde está associado a positividade e relaxamento (pense no verde do semáforo e na natureza), a simples sugestão dessas cores poderia atrapalhar ou incrementar a criatividade. Eles mostraram a participantes um livreto contendo alguns anagramas comuns, escrevendo o número que identificava cada participante no canto de cada página do livreto usando tinta verde, ou vermelha; pediram que eles verificassem se o número de cada página estava correto; e solicitaram que fizessem os exercícios do livreto. Foi evidente que, embora todos tivessem visto os números por apenas alguns segundos, aqueles que se viram diante da tinta vermelha resolveram apenas um terço dos anagramas, comparados com os que viram a tinta verde. Os indícios levam a crer que, em se tratando de criatividade, é melhor optar pelo verde.

Em 59 segundos ou menos

Para inspirar pensamentos criativos, ponha plantas e flores num ambiente e, se possível, prefira janelas por onde se vejam árvores e grama, em vez de concreto e aço. Não recorra a simulações. Fotos de cachoeiras não acarretam inovação, e até mesmo telas de alta definição mostrando imagens ao vivo de cenas da natureza não fazem as pessoas se sentirem mais relaxadas.[12] Portanto, se você realmente não puder introduzir um pouco da natureza em determinado espaço interno, vá para o local mais próximo que tenha vegetação. Além disso, ao decorar ambientes para inspirar ideias criativas e inovadoras, evite o vermelho e prefira o verde. O mesmo conceito se aplica caso você queira estimular a criatividade dos outros — deixe-os preparados usando a cor verde (capa verde para as pastas, cadeiras verdes ou até mesmo roupas verdes).

Dança das cadeiras

Existem duas escolas de pensamento que tratam de dinâmica de grupo e criatividade. Uma acredita em não mudar os integrantes de uma equipe, argumentando que desse modo as pessoas se sentem mais confortáveis umas com as outras, e, portanto, mais à vontade para sugerir ideias inusitadas e fabulosas que são a grande marca da criatividade. A outra escola, por sua vez, defende que é melhor gerar padrões novos de pensamento misturando constantemente a composição das equipes.

Para descobrir qual situação é melhor, Charlan Nemeth e Margaret Ormiston, da University of California, realizaram um estudo revelador.[13] Na primeira parte do experimento, pediu-se que grupos de pessoas pensassem em novas formas de resolver problemas reais, como fortalecer o turismo na região da baía de São Francisco. Em seguida, metade desses grupos foi mantida intacta, enquanto as pessoas da outra metade foram trocadas de modo a criar equipes totalmente novas. Aqueles que permaneceram juntos classificaram seus grupos como mais amistosos e criativos do que aqueles que foram instruídos a mudar de equipe. Porém, do ponto de vista da criatividade, os resultados contradisseram isso, e os novos grupos formados tiveram uma quantidade significativamente maior de ideias, que, posteriormente, foram julgadas mais criativas.

Outros trabalhos indicam que mesmo apenas uma nova pessoa pode fazer diferença. Num estudo conduzido por Hoon-Seok Choi e Leigh Thompson, grupo de três pessoas foram instruídos inicialmente a pensar no maior número possível de aplicações para uma caixa de papelão.[14] Depois, os pesquisadores mantiveram a composição de metade dos grupos e mudaram apenas uma pessoa da outra metade. Quando foram instruídos a repetir a tarefa da caixa de papelão, os grupos que ganharam um integrante novo conceberam usos consideravelmente mais criativos para a caixa. Análises posteriores, portanto, mostraram que o recém-chegado tinha ajudado a incrementar a criatividade dos dois membros originais do trio.

Portanto, no que diz respeito à criatividade do grupo, a mensagem é clara: brinque de dança das cadeiras. Embora uma determinada equipe possa trabalhar bem, maximize o potencial para novas e estimulantes ideias trocando seus integrantes com a frequência que for possível.

O poder do pequeno

Será que pequenas dicas podem exercer um impacto surpreendentemente grande no modo como as pessoas pensam? Num trabalho realizado por Ap Dijksterhuis e Ad van Knippenberg, da University of Nijmegen, Holanda, participantes escreviam algumas frases detalhando ou um típico hooligan do futebol ou um típico professor de faculdade.[15] Surpreendentemente, quando, em seguida, se fazia a eles uma série de perguntas de conhecimentos gerais, aqueles que levaram alguns momentos pensando no típico hooligan responderam corretamente 46% das perguntas, enquanto os que passavam alguns momentos refletindo sobre o típico professor de faculdade acertaram 60%. Outros estudos já demonstraram que tipos semelhantes de efeitos de preparação acontecem em muitas situações diferentes. Posicione pessoas diante de um papel de parede de computador mostrando notas de dólar e elas se comportarão de um modo mais egoísta e menos amistoso, dando menos dinheiro para a caridade e se sentando mais afastadas das demais;[16] dê a entrevistadores uma xícara de café gelado e, sem perceber, eles julgarão os entrevistados de forma mais fria e menos agradável;[17] espalhe um levíssimo aroma de produto de limpeza no ar e as pessoas manterão o ambiente limpo com mais zelo;[18] ponha uma maleta sobre a mesa em meio a alguma reunião e as pessoas, subitamente, se tornarão mais competitivas.[19] As evidências mostram que um pouco funciona como muito.

O ato de se preparar também pode deixar as pessoas mais criativas rapidamente. Num estudo conduzido pelo psicólogo Jens Förster, da Universtät Bremen, Alemanha, pediu-se que participantes escrevessem algumas frases sobre o comportamento, o estilo de vida e a aparência de um punk típico (escolhidos porque os punks eram, nas palavras dos pesquisadores, "anárquicos e radicais"), enquanto outros fizeram exatamente a mesma coisa sobre um típico engenheiro ("conservador e racional").[20] Todos receberam um teste-padrão de criatividade. Os resultados revelaram que os que gastaram apenas alguns segundos pensando sobre os punks foram significativamente mais criativos do que os que pensaram num engenheiro típico. Sem que as pessoas se conscientizassem disso, sua capacidade de ser criativo foi alterada profundamente com algumas breves reflexões simples. É interessante notar que o teste só funciona com estereótipos genéricos como punks e engenheiros. Peça que algumas pessoas passem alguns momentos pensando sobre uma figura famosa, como Leonardo da Vinci, e é mais provável que a criatividade delas se esgote.[21] Parece que se o nível ficar alto demais, as pessoas, inconscientemente, comparam sua capacidade medíocre à de um gênio, ficam desencorajadas e deixam de tentar.

Em 2005, Förster conduziu um novo tipo de experimento com preparação de criatividade cujas implicações são muito concretas para uma mudança instantânea. Ele especulou que o simples fato de olhar para uma obra de arte moderna concebida para evocar uma sensação de algo não convencional inconscientemente inspiraria aquele que olha a ser mais criativo. Para testar essa ideia, Förster pediu que os participantes cumprissem uma tarefa-padrão de criatividade ("pense no máximo de usos que puder para um tijolo") quando estivessem sentados diante de uma dentre duas obras de arte criadas especialmente para esse fim. As duas tinham cerca de 1 metro quadrado, eram quase idênticas e consistiam em 12 grandes cruzes sobre um fundo verde-claro. Num dos quadros, todas as cruzes eram verde-escuro, enquanto no outro 11 eram verde-escuro e uma, amarela. Os pesquisadores especulavam que a mente inconsciente perceberia que essa única cruz amarela se diferenciava de suas primas verdes mais conservadoras e convencionais, e que isso estimularia ideias mais radicais e criativas. Os resultados foram espantosos. Embora os participantes não notassem a imagem conscientemente, aqueles sentados diante da imagem "criativa" conceberam significativamente mais usos para o tijolo. Uma banca de especialistas considerou as respostas deles muito mais criativa. A mensagem é clara: se você quiser acelerar um grupo ou uma pessoa no sentido de pensar de forma mais criativa, use o poder da preparação visual.

Mas outros trabalhos indicam que a criatividade instantânea não se resume apenas a ficar sentado diante de uma amostra inusitada de arte moderna; isso também tem a ver com o modo como usamos o corpo. Existe forte ligação entre ansiedade e criatividade. Quando as pessoas ficam preocupadas, elas se concentram bastante na tarefa que têm diante de si, tornam-se avessas ao risco, recorrem a hábitos e rotinas bem-estabelecidos e veem o mundo através de olhos menos criativos. Por outro lado, quando as pessoas se sentem à vontade numa situação, elas ficam mais inclinadas a explorar novas e inusitadas formas de pensar e de se comportar, a enxergar o conjunto, a correr riscos e a pensar e agir de modo mais criativo.

Diante dessa ligação, teoricamente, deveria ser possível aumentar a criatividade das pessoas fazendo com que elas se sintam à vontade. Usando voluntários, pesquisadores testaram uma série de procedimentos de redução de ansiedade, incluindo longos exercícios de relaxamento, filmes engraçados e audição de *As quatro estações*, de Vivaldi. Embora as técnicas de indução para a obtenção desse efeito tenham levado algum tempo, os resultados indicam que as pessoas têm ideias mais criativas e interessantes quando se sentem confortáveis no lugar onde se encontram. Sendo a velocidade sempre primordial, há alguns anos os psicólogos Ronald Friedman e Jens Förster criaram uma técnica rápida e incomum para deixar as pessoas à vontade. Um efeito colateral gratificante foi a descoberta de que essa técnica também melhorava a criatividade.[22]

Quando gostamos de um objeto, às vezes os puxamos em nossa direção. Similarmente, quando não gostamos de algo, tendemos a empurrá-lo para longe de nós. Adotamos esse tipo de comportamento de puxa-empurra desde o nascimento, e, provavelmente, o repetimos quase que diariamente. Sendo assim, fortes associações se arraigaram em nosso cérebro, com o ato de puxar sendo associado a uma sensação positiva e o ato de empurrar sendo visto como algo muito negativo. Friedman e Förster se perguntaram se fazer as pessoas repetirem esses atos por apenas alguns momentos não seria suficiente para desencadear as sensações associadas a tais atos, tendo assim, portanto, influência sobre a criatividade das pessoas.

Eles pediram que voluntários se sentassem a uma mesa e cumprissem tarefas-padrão de criatividade, como inventar o máximo de usos possíveis para objetos do dia a dia, ou resolver alguns quebra-cabeças clássicos de pensamento lateral. Metade dos voluntários foi instruída a pôr a mão direita sob a mesa e suavemente puxá-la para si, dando ao cérebro um sutil sinal de que gostavam do ambiente em que se encontravam. A outra metade foi instruída a pôr a mão direita em cima da mesa e a empurrá-la para baixo, desse modo dando inconscientemente a impressão de que a mesa representava ameaça. O puxar e empurrar eram bem suaves, para que a mesa não saísse do lugar, e nenhum dos voluntários tinha a menor ideia de que puxar e empurrar podia afetar sua criatividade. Puxando ou empurrando, a tarefa de criatividade foi completada. Friedman e Förster descobriram que, no caso de ideias criativas sobre objetos do cotidiano, ou de gerar importantes momentos do tipo "A-ha!", as pessoas que puxaram tiveram desempenho significativamente superior ao daquelas que empurraram.

Trata-se de uma técnica simples e estranha, mas eficaz. E também não é a única pesquisa que revela os estranhos efeitos que o corpo pode exercer sobre como a criatividade se manifesta no cérebro. Em outro experimento, conduzido por Ron Friedman e Andrew Elliot, da University of Rochester, foi pedido que as pessoas resolvessem anagramas difíceis com os braços cruzados ou apoiados sobre as coxas.[23] Do mesmo modo que empurrar e puxar estão inconscientemente associados a gostar e desgostar, cruzar os braços é comumente associado a teimosia e obstinação. Esse simples ato seria suficiente para convencer os participantes a ficarem mais tempo tentando resolver os anagramas? Sim. Os voluntários com os braços cruzados se esforçaram por um tempo quase duas vezes maior do que o dedicado pelos que ficaram com as mãos sobre as coxas. Talvez mais importante: por causa disso, terminaram resolvendo um número consideravelmente superior de anagramas.

Outro trabalho dá uma justificativa científica para o que talvez seja o ato mais popular de todos: deitar no trabalho. Num experimento conduzido por Darren Lipnicki e Don Byrne, da Australian National University, pediu-se que participantes tentassem resolver uma série de anagramas de cinco letras enquanto estivessem de pé ou deitados num colchão.[24] Os anagramas eram bastante variados — alguns eram relativamente simples ("gip" e "pig"[porco]) enquanto outros eram difíceis ("nodru" e "round"[volta]). Foi interessante notar que os voluntários solucionaram os quebra-cabeças quase 10% mais rapidamente quando ficaram na horizontal, atingindo uma nota mais alta no tempo estipulado. O que causou essa diferença?

A resposta, segundo Lipnicki e Byrne, pode ter a ver com uma pequena parte do cérebro chamada de *locus coeruleus* (latim para "ponto azul"). Quando ativada, uma razoável atividade mental produz um hormônio do estresse chamado noradrenalina, que, por sua vez, aumenta a frequência cardíaca, a irrigação sanguínea pelo corpo e acarreta uma descarga de energia. Quando ficamos de pé, a gravidade retira sangue da parte superior do corpo, o que, por sua vez, aumenta a atividade no *locus coeruleus*, o contrário do que acontece quando se está deitado. Alguns pesquisadores acham que a noradrenalina também pode prejudicar a capacidade do cérebro de realizar certos tipos de atividade mental, incluindo a criatividade e a flexibilidade necessárias para que anagramas sejam resolvidos. Parece que o ato de adotar uma posição ereta ou supina (latim para "nem estou aí") afeta intensamente as substâncias químicas que circulam pelo corpo, fazendo com que o cérebro funcione de modos bastante distintos, incluindo sua capacidade de pensar de forma inovadora.

Em 59 segundos ou menos

Preparação. A fim de preparar sua mente para pensar de modo criativo, dedique alguns momentos para descrever um típico músico ou artista. Fale do comportamento, do estilo de vida e da aparência dele. Ou, seguindo o trabalho de Förster sobre criatividade e padrões, use os desenhos a seguir para ajudá-lo a ter ideias originais. Eles podem ser transformados em exemplos de arte moderna e usados para enfeitar as paredes de salas de reunião.

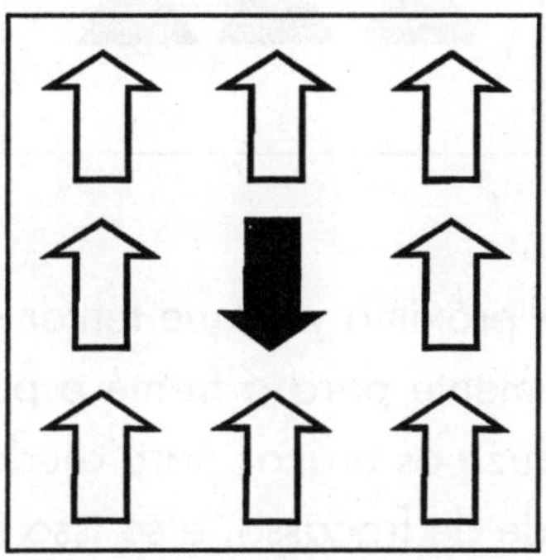

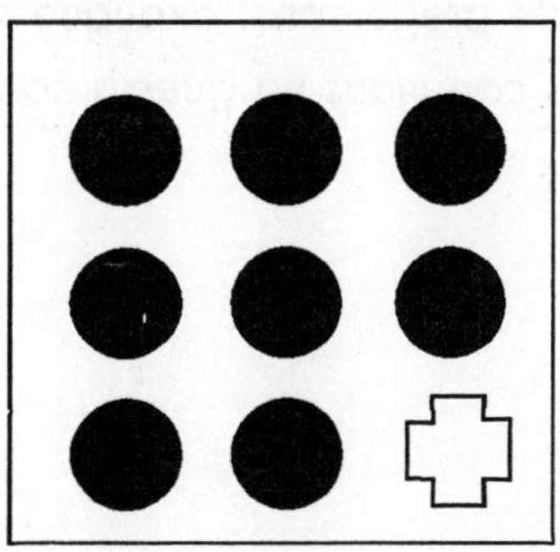

Eles também podem ser incorporados ao computador para servir de papel de parede ou até mesmo ser usados como desenhos de fundo nos blocos que as pessoas usam para rabiscar e desenvolver suas ideias. Faça o que fizer, gerar criatividade nunca foi tão rápido e fácil.

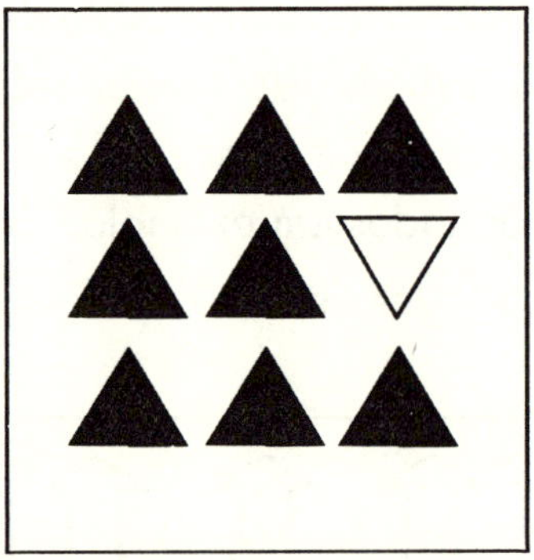

Trabalho Corporal. A próxima vez que tentar ser criativo numa reunião, incline-se suavemente para a frente e puxe a mesa. Quando a coisa ficar difícil, cruze os braços para ajudá-lo a se manter firme diante da possibilidade de fracasso, e se isso não resolver, deite-se. Se alguém o acusar de preguiçoso, explique calmamente que você está usando seu *locus coeruleus* na guerra contra o pensamento engessado.

5. Atração

Por que não é interessante se fazer de difícil, o que a sutil arte da sedução tem a ver com o mais simples dos toques, montanhas-russas e árvores de Natal artificiais.

Imagine que alguém lhe deu um pote contendo dez biscoitos, pediu que você pegasse um, desse uma mordida e em seguida uma nota para a qualidade e o sabor. Agora, imagine que lhe pediram para fazer exatamente essa tarefa, mas, dessa vez, dão a você um pote com apenas dois biscoitos. Parece razoável pensar que o número inicial de biscoitos em cada pote não afetaria suas notas. Razoável, mas errado. Segundo o trabalho conduzido pelo psicólogo Stephen Worchel, da University of Hawaii, em Hilo, os biscoitos retirados do pote que está quase vazio têm um sabor consideravelmente melhor do que o dos biscoitos idênticos retirados de um pote cheio.[1]

Por que isso acontece? O tanto que desejamos e valorizamos um objeto depende, em parte, do quão fácil é obtê-lo. Um pote completamente lotado de biscoitos indica que o conteúdo é abundante. Por outro lado, um pote quase vazio indica que os biscoitos estão escassos e, portanto, são significativamente mais desejáveis. No experimento de Worchel, essa ideia simples tinha afetado inconscientemente o modo como os participantes percebiam a disponibilidade dos biscoitos e o quanto eram saborosos.

Exatamente o mesmo efeito explica por que colecionadores gastam milhões em edições limitadas, por que as pessoas são atraídas por livros ou filmes que estão fora de catálogo e por que os vendedores adoram ressaltar que há pouca coisa no estoque. Mas isso também se aplica a namoros? Quando tentamos atrair um parceiro em potencial, é melhor tentar conseguir um encontro ostensivamente ou se fazer de difícil?

Essa questão tem ocupado algumas das mentes mais brilhantes do mundo. O filósofo grego Sócrates, ao aconselhar a prostituta Theodota sobre a melhor forma de atrair os homens, posicionou-se firmemente a favor da hipótese “seja má com eles, mantenha-os desejosos”, observando:

> Eles apreciarão mais seus favores se você esperar que os peçam. Veja bem, a mais suculenta das carnes parece amarga se servida antes da fome, e para os que se saciaram será, definitivamente, nauseante: mas até mesmo um resto é bastante bem-vindo quando oferecido a um homem faminto.

Alguns séculos depois, o grande poeta romano Ovídio concordou:

> Tolo. Se não sentes necessidade de guardar sua namorada pelo bem dela própria, guarda-a pelo meu, porque posso querê-la mais. Ninguém deseja coisas fáceis, mas o que é proibido é tentador... Quem quer que seja capaz de amar a esposa que trai o marido roubaria da praia baldes cheios de areia, devo supor.

As sábias palavras de Sócrates e Ovídio ecoam em muitos livros modernos sobre relacionamentos. Todas as vezes, as pessoas são aconselhadas a se mostrar calmas e a fazer com que qualquer amor em potencial se encarregue de todo o trabalho. Mas se fazer de difícil realmente funciona?

Para descobrir, Elaine Hatfield, da University of Hawaii, e seus colaboradores realizaram uma série de estudos fascinantes e, em alguns momentos, francamente bizarros.[2] No primeiro deles, estudantes viram fotografias e biografias curtas de casais de adolescentes e foram instruídos a dar uma nota que indicasse o quanto achavam desejável cada um dos membros do casal. As biografias tinham sido cuidadosamente construídas para garantir que parecesse que alguns dos adolescentes se interessaram pelo parceiro após apenas dois encontros (pense em “fácil”), enquanto outros tinham demorado muito mais (“se fazendo de difíceis”). Contrariando as expectativas dos pesquisadores, os estudantes deram notas muito mais altas às pessoas que declararam seu amor pouquíssimo tempo após conhecer o parceiro, levando os pesquisadores a concluir que "o mundo realmente ama os amantes". Sem desanimar, os pesquisadores fizeram um segundo estudo, ligeiramente mais realista.

Dessa vez, a equipe de pesquisa pediu a ajuda de um grupo de mulheres que tivesse se inscrito numa agência de namoro. Sempre que um rapaz telefonava para elas, a fim de marcar um encontro, elas tinham instruções para reagir de uma de duas maneiras: em metade das ligações, elas tinham de aceitar imediatamente ("fácil"), enquanto no restante do tempo precisavam fazer uma pausa de precisos três segundos antes de dizer sim ("se fazer de difícil"). Depois do telefonema, todos os rapazes eram informados de que haviam feito parte de um experimento ("ela estava fingindo"), e era pedido que eles dessem uma nota para elas. Mais uma vez, a equipe descobriu que se fazer de difícil não afetava as notas. A equipe, então, se perguntou se a pausa experimental de três segundos tinha sido interpretada como ambígua, decidindo assim tornar as coisas um pouco mais claras. Em outro estudo, as mulheres inscritas na agência de namoro aceitavam rapidamente qualquer proposta de programa ("fácil") ou faziam uma pausa, explicavam que já tinham perdido a conta de quantas propostas haviam recebido e então, aparentemente a contragosto, marcavam apenas um café ("se fazer de difícil"). Dessa vez os resultados revelaram... absolutamente nenhum efeito.

Desesperados, os pesquisadores fizeram o que muitas pessoas fazem quando a coisa fica complicada no inebriante mundo da sedução: recorreram à prostituição.

Num experimento extraordinário e pouco conhecido na área de psicologia social, os pesquisadores convenceram um grupo de prostitutas a conversar com seus clientes em uma de duas formas; enquanto serviam uma bebida e antes de começarem os trabalhos, elas nada diriam ("fácil") ou explicariam casualmente que começariam na faculdade em breve e, portanto, só atenderiam os clientes dos quais gostassem mais ("se fazer de difícil"). A equipe de pesquisa, então, acompanhou secretamente quantas vezes cada cliente entrava em contato com a prostituta no transcorrer do mês seguinte e, mais uma vez, não encontraram relação entre o se fazer de difícil e a taxa de retorno.

Para descobrir por que se fazer de difícil se tornou um mito tão grande, Hatfield e sua equipe perguntaram a um grupo de homens se eles preferiam sair com alguém que parecesse ansiosa para ter um relacionamento ou com alguém que fizesse o parceiro ter todo o trabalho. A maioria disse que havia prós e contras para ambas as opções. Segundo os entrevistados, mulheres fáceis são algo relaxante e divertido, mas podia ser constrangedor em público. Por outro lado, mulheres que se fazem de difícil proporcionam um enorme bem para o ego, mas costumam ser pouco amistosas, frias e tinham tendência a humilhá-los na frente dos amigos. Como resultado dessas entrevistas, os pesquisadores especularam que a melhor estratégia seria dar a um parceiro em potencial a impressão de que, em geral, você é difícil (e, portanto, um recurso escasso que vale a pena ter), mas que também está empolgado pelo outro. Eles testaram essa ideia usando algumas das mesmas técnicas (embora, dessa vez, sem recorrer a prostitutas) e descobriram uma evidência esmagadora em favor de suas especulações.

Porém, ser capaz de atrair um parceiro ou uma parceira não tem a ver apenas com proporcionar uma mágica impressão de que "sou seletivo e selecionei você". Na verdade, as pesquisas relativas à psicologia da sedução desvendaram uma série de meios igualmente rápidos porém eficazes de tornar sua atração por alguém algo mútuo. Basta um toque simples, uma tarde num parque temático e autoconfiança para perguntar às pessoas qual seu sabor favorito de pizza.

O poder do toque

O psicólogo francês Nicolas Guéguen passou toda a sua carreira investigando alguns dos aspectos mais inusitados da vida cotidiana, e talvez nenhum seja mais incomum do que seu trabalho revolucionário sobre seios. Há anos, os psicólogos são fascinados pelo impacto dos seios femininos sobre o cérebro masculino, e têm realizado uma série de estudos que vem comprovando cientificamente que os homens são atraídos por mulheres com seios fartos. Esses estudos, embora fascinantes e (não totalmente) surpreendentes, apresentam uma desvantagem significativa. A maior parte deles foi realizada no ambiente relativamente artificial dos laboratórios e tem se limitado a mostrar para os homens fotos de mulheres com seios de diversos tamanhos pedindo-se que escolham aquelas que consideram mais atraentes. Com isso, sempre que esses trabalhos são apresentados em conferências acadêmicas, outros cientistas sempre fazem a mesma pergunta: "Sim, está tudo muito bem, mas a preferência dos homens por mulheres com seios grandes também existe na vida real?"

É aí que entra Nicolas Guéguen.

Guéguen decidiu realizar dois estudos para investigar o tamanho dos seios e o comportamento masculino em cenários mais realistas. Um deles, apresentado posteriormente em seu trabalho "O tamanho do busto feminino e a incitação da corte masculina", mudou sistematicamente o tamanho dos seios de uma jovem e observou quantas vezes ela foi abordada por homens numa boate.[3] Essa moça (que, segundo o relatório experimental, foi escolhida por ter seios pequenos — tamanho P — e por ter sido considerada, por estudantes homens, uma jovem com atratividade física média) foi instruída a se sentar numa boate por uma hora e ficar olhando ansiosamente para a pista de dança. Enquanto isso, um pesquisador escondido contava quantos homens tentavam tirá-la para dançar. Ao longo de 12 semanas, os pesquisadores usaram enchimentos de látex para aumentar o tamanho dos seios da mulher para o tamanho M e G. O efeito foi tão evidente quanto previsível. Sem a ajuda do enchimento de látex, ela foi abordada 13 vezes pelos homens em uma noite. Quando passou para o tamanho M artificial, esse número subiu para 19; enquanto o falso tamanho G resultou em extraordinárias 44 abordagens.

É claro, pode-se facilmente argumentar que os pesquisadores promoveram um jogo de cartas marcadas. Afinal, a maioria dos homens na boate estava lá provavelmente para conhecer mulheres e teria tido a chance de olhar várias pessoas antes de fazer uma abordagem. O que aconteceria se esses fatores fossem eliminados? E se o contexto fosse bem menos sexual e os homens tivessem apenas alguns segundos para se decidir? Para descobrir, Guéguen conduziu outro experimento: "O tamanho do busto e a prática da carona: um estudo de campo."[4] Dessa vez, a mulher com o busto variando de tamanho era instruída a permanecer à beira de uma rodovia movimentada e a tentar conseguir uma carona. Enquanto isso, dois pesquisadores ficavam escondidos dentro de um carro parado do outro lado da estrada e contavam quantos homens ou mulheres passavam dirigindo por ela e quantos paravam para dar uma carona. Depois que 100 carros tinham passado, a mulher botava ou tirava a prótese de látex para alterar o tamanho dos seios. Os resultados colhidos após a passagem de 426 mulheres ao volante revelaram que o tamanho do busto não alterava a quantidade de vezes que elas paravam, com cerca de 9% encostando independentemente de ter visto seios P, M ou G. Em forte contraste, o padrão relativo a 774 homens ao volante foi completamente diferente. Quinze por cento pararam para pegar a mulher sem enchimento de látex, comparados com 18% quando ela usava um enchimento M e 24% quando ela usava um enchimento G. Os pesquisadores concluíram que, na mente dos homens, o tamanho dos seios salta aos olhos mesmo quando não estão em situação propriamente sexual.

Outro aspecto do estudo de Guéguen investigou o poder do toque.[5] Um grande número de estudos já demonstrou que tocar alguém na parte de cima do braço por apenas um segundo ou dois pode ter um efeito surpreendentemente grande sobre o quanto isso é útil. Num experimento, pesquisadores norte-americanos abordaram pessoas na rua e pediram moedas de dez centavos. Um breve toque na parte de cima do braço aumentou a probabilidade de conseguir o dinheiro em 20%. Trabalhos semelhantes demonstraram que o mesmo toque sutil também aumenta significativamente a probabilidade de se conseguir que as pessoas assinem petições, deixem gorjeta para garçons, façam degustações no supermercado (o que, por sua vez, aumenta as chances de comprarem o produto), bebam mais num bar e envolvam-se em trabalho voluntário. Será, porém, que também aumentaria consideravelmente as chances de sucesso na sedução?

Para descobrir, Guéguen fez um rapaz de vinte anos abordar 120 mulheres numa boate durante três semanas. As abordagens foram cuidadosamente controladas para que houvesse uniformidade no contato com todas as mulheres. Cada aproximação se deu quando estava tocando uma música lenta e o homem se aproximava da mulher e dizia: "Olá, meu nome é Antoine. Quer dançar?" Em metade das vezes o pedido era acompanhado de um leve toque na parte de cima do braço da mulher, e, nas outras, o jovem não a tocava. Se a mulher recusasse, o homem dizia "Que pena, quem sabe numa próxima vez?", afastava-se dois ou três metros e tentava a sorte com outra mulher. Se ela aquiescesse, o rapaz explicava que ela havia acabado de participar de um experimento e lhe passava uma folha contendo detalhes adicionais sobre o estudo. E quem disse que o romance acabou?

Num segundo estudo feito por Guéguen, um de três pesquisadores homens abordava uma mulher na rua e tentava conseguir seu número de telefone.[6] Evidentemente, os três tinham de ser bonitos porque, segundo o relatório que descreve o estudo, "avaliações do pré-teste mostraram que é difícil conseguir o número de telefone de uma jovem na rua" ("É verdade, seu guarda, isso faz parte de um estudo científico."). Os homens abordaram um total de 240 mulheres, disseram que elas eram muito bonitas, combinavam uma bebida mais tarde no mesmo dia e pediam o número do telefone delas. Como antes, metade dos homens tocava a mulher levemente no braço na hora da cantada. Então, os homens tinham instruções para esperar dez segundos, sorrir e ficar olhando para a mulher. Se ela recusasse a gentil proposta, podia seguir seu caminho; se aceitasse, o pesquisador rapidamente explicava que tudo tinha sido um experimento, entregava-lhe uma folha com informações a respeito e dizia a parte final do roteiro: "Obrigado por participar e peço desculpas por ter tomado seu tempo. Talvez possamos nos encontrar numa outra oportunidade. Tchau."

Os resultados de ambos os experimentos foram impressionantes. Na boate, as mulheres aceitaram a proposta de dançar 43% das vezes quando não tinham sido tocadas no braço, e em 65% até mesmo após o mais sutil dos toques. Na rua, a equipe de pesquisa conseguiu o número de telefone de 10% das mulheres quando não houve contato físico e de quase 20% quando houve. Em ambos os casos, um breve toque aumentou significativamente o sucesso.

Por que esse tipo de toque é tão eficaz durante o flerte? Muitos psicólogos acreditam que a resposta tem a ver com sexo e status. Um grande número de pesquisas apoia o fato não muito surpreendente de que as mulheres acham homens de status elevado mais atraentes do que os de status mais baixo. Do ponto de vista evolutivo, os homens de status elevado representam parceiros ideais porque são capazes de prover e defender o casal e a possível prole em tempos de necessidade. Mas como as mulheres sabem qual é o status de um estranho apenas alguns momentos depois de tê-lo conhecido?

A resposta, em parte, é o toque. Existem consideráveis indícios de que um toque suave é percebido como sinal de status elevado.[7] Por exemplo, peça que alguém olhe fotografias de uma pessoa tocando em outra; ele sempre dirá que quem toca possui muito mais autoridade do que quem é tocado. Isso é especialmente válido para aquele importantíssimo toque do homem na parte de cima do braço da mulher. A maioria das mulheres não registra o toque conscientemente, mas inconscientemente faz com que tenham esse parceiro potencial em mais alta conta.

As mulheres costumam acusar os homens de serem superficiais e de serem muito facilmente influenciáveis por um par de seios fartos. As aventuras de Guéguen com as caronistas e o látex indicam que isso é verdade. Porém, o trabalho dele sobre a psicologia da sedução feminina mostra que as tomadas de decisão romântica das mulheres também podem ser influenciadas por fatores físicos, desde que sinalizem status elevado. Talvez a verdadeira mensagem seja que, lá no fundo, todos somos um pouquinho mais superficiais do que gostaríamos de admitir.

Em 59 segundos ou menos

Se você quer que alguém o ajude, experimente um toque bem rápido e sutil na parte de cima do braço da pessoa. O mesmo comportamento também aumenta a chance de uma mulher achar um homem atraente, desde que o toque seja breve, restrito ao braço e aconteça no momento em que você faz um elogio ou um pedido. No entanto, tenha cuidado, porque é fácil meter os pés pelas mãos e errar feio nisso. Tocar é um forte sinal social, e até mesmo pouquíssimos centímetros podem fazer toda a diferença entre a pessoa convidá-lo para um café ou chamar a polícia.

Avalie seu estilo de amar

Mais de trinta anos de pesquisa em psicologia revelaram que a maioria das pessoas adota um dentre diversos estilos de "amar" em seus relacionamentos românticos. Esse estilo não tende a mudar no decorrer da vida da pessoa e desempenha um papel fundamental na definição de seus relacionamentos. O seguinte questionário proporcionará a você uma visão sobre sua posição entre três importantes estilos de amar.[8]

Reserve alguns momentos para ler as nove afirmações a seguir e dê, a cada, uma nota que indique até que ponto ela o descreve. Algumas das afirmações se referem a relacionamentos específicos, enquanto outras, a suas crenças em geral. Sempre que possível, responda à pergunta tendo seu parceiro ou parceira atual em mente; caso não esteja num relacionamento, responda relativamente ao seu parceiro ou à sua parceira mais recente. Se você nunca esteve num relacionamento, responda de um modo que corresponda a como acredita que pensaria e se comportaria. Não passe tempo demais pensando sobre cada frase, e responda com honestidade.

		Conceito
	1 = discordo veementemente a 5 = concordo veementemente	
1	Senti-me atraído por meu parceiro em questão de instantes após termos nos conhecido.	1 2 3 4 5
2	Em se tratando de relacionamentos, acho um certo tipo de pessoa atraente e meu parceiro se encaixa nesse ideal.	1 2 3 4 5
3	Meu parceiro e eu simplesmente sentimos que fomos feitos um para o outro.	1 2 3 4 5
4	Valorizo relacionamentos amorosos que se desenvolvem a partir de fortes amizades.	1 2 3 4 5

5 Não consigo dizer exatamente quando me apaixonei; parece ter acontecido no decorrer de um período relativamente longo. 1 2 3 4 5

6 O amor não é uma sensação misteriosa, é uma forma extrema de atenção, carinho e amizade. 1 2 3 4 5

7 Meu parceiro não ficaria feliz se soubesse algumas das coisas que eu gosto de fazer. 1 2 3 4 5

8 Gosto da ideia de aproveitar as oportunidades com diversos parceiros diferentes. 1 2 3 4 5

9 Costumo me recuperar de uma decepção amorosa com muita facilidade. 1 2 3 4 5

Pontuação: Esse tipo de questionário mede os três tipos principais de estilo de amar. Baseados em conceitos que foram propostos inicialmente pelo filósofo grego Platão, os psicólogos costumam chamá-los, muito sugestivamente, de "Eros" ("desejo" em grego), "Ludus" ("brincadeira") e "Storge" ("afeição"). Para obter sua nota em cada estilo, some os pontos das seguintes afirmações:

Afirmações 1, 2 e 3 = Eros
Afirmações 4, 5 e 6 = Storge
Afirmações 7, 8 e 9 = Ludus

Aquele em que obtiver maior número de pontos será o seu estilo principal de amar.

Eros. Esses amantes têm ideias bastante determinadas sobre as características físicas e psicológicas que desejam num parceiro. Quando encontram um que combine, é comum experimentarem o amor à primeira vista e, se tudo correr bem, envolverem-se num relacionamento emocionalmente intenso. Tais relacionamentos tendem a sobreviver por alguns anos, mas é comum enfraquecerem quando o amor de sua vida muda com o passar do tempo e deixa de corresponder a critérios tão estritos. Quando isso acontece, o apaixonado amante Eros parte novamente em busca de sua alma gêmea perfeita. Extrovertidos e generosos, esses amantes apaixonados se sentem seguros nos relacionamentos e dispostos a se aproximar emocionalmente dos outros. Tendem a ficar perdidamente apaixonados nas fases iniciais de qualquer relacionamento e, uma vez nas garras desse amor apaixonado, sequer sonhariam em ser infiéis.

Storge. Esses amantes valorizam a confiança acima do desejo. Em vez de pensarem no parceiro perfeito, desenvolvem lentamente uma rede de amigos na esperança de que a afeição se converta em profundos compromisso e amor. Uma vez comprometidos, são bastante leais e companheiros, e tendem a formar apenas um ou dois relacionamentos românticos de longo prazo no decorrer de toda a vida. Extremamente altruístas e sempre confiando no outro, é comum que tenham sido criados numa família grande e que se sintam à vontade com a ideia de depender dos outros para receber apoio.

Ludus. Esses amantes não têm um tipo ideal na cabeça, e gostam mesmo de experimentar livremente. Adoram novidades e emoções fortes, não se sentem confortáveis com compromisso e passam rapidamente de um relacionamento curto para outro. Resumidos na expressão "quem vê cara, vê coração", esses amantes fugazes gostam da emoção da conquista e não têm muito a apresentar no quesito lealdade e compromisso. Mais neuróticos e preocupados consigo mesmos do que a maioria, têm pouca empatia pelos sentimentos de terceiros. Gostam de correr riscos e seu estilo de amar, muitas vezes, é impelido por um medo de serem abandonados por um parceiro — situação que evitam não se aproximando demais de pessoa alguma.

As pesquisas indicam que a semelhança psicológica é um bom fator de previsão para uma satisfação duradoura em um relacionamento, ou seja, casais que têm o mesmo estilo de amar terão mais chances de ficar juntos do que aqueles com estilos diferentes.

A ciência do *speed dating*

O *speed dating*, ou encontro rápido, não é complicado. Ao longo de uma noite, você conhece uma série de completos estranhos, cara a cara. Cada encontro dura apenas alguns minutos, durante os quais você tem de decidir se quer ou não voltar a ver aquele "parceiro". Supostamente inventado no final dos anos 1990 por um rabino americano como forma de ajudar judeus solteiros a encontrar um par, a ideia rapidamente se espalhou de um país a outro, e hoje é uma das formas mais populares usadas para encontrar sua possível cara-metade. Mas qual a melhor forma de usar esses poucos e cruciais minutos no sentido de impressionar um possível amor de sua vida em três minutos ou menos? Mencionar sutilmente sua Ferrari? Abrir seu coração e esperar o melhor? Segundo as pesquisas mais recentes sobre os mistérios da atração, tudo tem a ver com sabores de pizza, espelhamento, evitar a ampla margem de apostas e modéstia.

Alguns anos atrás, no Edinburgh International Science Festival, juntei-me a meus colegas psicólogos James Houran e Caroline Watt para investigar o tipo de papo mais eficiente durante o *speed dating*. Reunimos cinquenta homens solteiros e cinquenta mulheres solteiras, formamos casais aleatoriamente e pedimos que conversassem por três minutos. Depois pedimos que todos anotassem o que tinham dito para impressionar o outro, dessem uma nota para a atratividade de seu possível futuro parceiro e então tentassem novamente, com outra pessoa. Para descobrir o tipo de papo mais eficaz, comparamos as conversas dos participantes classificados como muito desejáveis com aqueles que tinham sido considerados bastante indesejáveis.

Os que conseguiram poucos encontros aquela noite tendiam a empregar velhos clichês como "Você vem sempre aqui?" ou se esforçavam para chamar a atenção com comentários do tipo "Tenho doutorado em computação". Os que tinham mais traquejo de sedução estimulavam o outro a falar sobre si de uma forma divertida e original. A melhor fala do homem que recebeu a nota mais alta foi: "Se você estivesse em *Stars In Their Eyes*, que personagem você seria?", enquanto a da mulher que recebeu a melhor nota foi: "Se você fosse um sabor de pizza, qual seria?" Esses tipos de flerte fazem sucesso porque num evento de *speed dating* é comum as pessoas se sentirem presas num *Dia da Marmota,** tendo a mesma conversa vez após vez. Fazer as pessoas se abrirem e falarem sobre si mesmas de maneira criativa, engraçada e inusitada promove uma sensação de proximidade e atração.

Além disso, existe a pequena questão do "macaco de imitação". Pesquisas mostram que todos temos uma tendência inconsciente a imitar os outros. Sem nos dar conta, reproduzimos expressões faciais, posturas e aspectos da fala das pessoas com quem falamos. A maioria dos psicólogos acha que isso ajuda na comunicação porque, desse modo, as pessoas têm pensamentos semelhantes e se sentem também do mesmo modo. Porém, o grau em que uma pessoa imita nosso comportamento também exerce uma influência surpreendentemente forte sobre como nos sentimos em relação a ela.

O poder desse efeito foi muito bem-exemplificado num estudo simples, mas elegante, conduzido pelo psicólogo holandês Rick van Baaren e seus colegas da University of Nijmegen.[9] A equipe de pesquisa apareceu de surpresa num pequeno restaurante e pediu a colaboração de uma garçonete. Depois de mostrar aos clientes sua mesa, a garçonete teria de anotar os pedidos de uma de duas formas. Em metade do tempo, foi instruída a escutar educadamente e demonstrar uma atitude genérica positiva usando expressões como "Ok" e "ficará pronto num minuto". Na outra metade, pediram que ela repetisse o pedido para os clientes. Tal repetição mostrou ter um efeito notável sobre as gorjetas dadas.

---

* Referência ao filme *Feitiço do Tempo*, no qual o personagem principal sofre uma maldição que o faz acordar no mesmo dia todos os dias, que vem a ser o da comemoração do Dia da Marmota, festa tradicional nos EUA. (*N. da E.*)

Aqueles que tinham ouvido suas próprias palavras deixaram gorjetas 70% maiores do que os do grupo da "educação e positividade". Outros trabalhos demonstraram que a imitação não resulta apenas em gorjetas maiores; um deles, conduzido pela mesma equipe, mostrou que isso também tinha efeitos sobre até que ponto achamos os outros atraentes.[10] Nesse experimento, uma pessoa se fazia passar por pesquisador de mercado, parava as pessoas na rua e perguntava se elas fariam a gentileza de participar de uma pesquisa. Em metade do tempo ele reproduzia discretamente a postura e os gestos da pessoa à medida que elas respondiam às perguntas, e na outra metade se comportava normalmente. Quando se falava com elas depois, o primeiro grupo, sujeito ao espelhamento, dizia ter sentido um laço emocional muito mais estreito com o pesquisador, embora não fizesse ideia de que seu comportamento havia sido imitado. O recado aqui é: para ajudar a convencer as pessoas de que a química é boa, espelhe seus movimentos. Incline-se para a frente quando elas se inclinarem, cruze as pernas quando elas cruzarem e mantenha as mãos na mesma posição que elas mantiverem. Sem que elas se deem conta disso, esses movimentos sutis mas importantes ajudarão a fazer com que o alvo de sua afeição sinta que você também tem aquele, como dizem os franceses, *je ne sais quoi*.

Quer dizer então que se consegue um *speed date* bem-sucedido simplesmente falando do sabor da pizza e usando o espelhamento? Não. Outros estudos indicam que também é bom ser seletivo. Há alguns anos, Paul Eastwick e seus colaboradores da Northwestern University promoveram uma série de sessões experimentais de *speed dating* que envolveu mais de 150 estudantes.[11] Depois de cada encontro os estudantes eram instruídos a dar uma nota para o grau de atratividade do parceiro. Os resultados mostraram que as pessoas que disseram ter considerado desejáveis muitos parceiros tendiam a ser consideradas indesejáveis pelos outros. Você pode pensar que isso se deve ao fato de um pequeno grupo de pessoas especialmente feias ter tentado aumentar suas chances de sucesso marcando a opção "sim" para todos que conheciam. Em primeiro lugar, não acredito que você seja tão crítico;

em segundo, de acordo com os dados, você estaria errado. Os pesquisadores fizeram com que um grupo de pessoas classificasse todos os participantes segundo o grau de atratividade, e o mesmo padrão se manifestou entre as pessoas atraentes e as não atraentes. Na verdade, parece que o equivalente à ampla margem de apostas no *speed dating* pode ser percebido pelas pessoas em questão de momentos, e é um grande fator de desestímulo. Em geral, gostar de muitas pessoas significa que as pessoas gostarão de nós. Num contexto mais romântico, parceiros em potencial querem se sentir especiais, e parecem especialmente capazes de detectar quem está disposto a aproveitar as oportunidades.

Finalmente, um alerta para os homens: cuidado para não cair na armadilha do "bom demais para ser verdade". O psicólogo Simon Chu e seus colaboradores da University of Central Lancashire pediram que um grupo de mulheres olhasse fotos e breves descrições de sessenta homens para, então, dar uma nota para a atratividade deles como possíveis parceiros numa relação duradoura.[12] Como parte da descrição, os pesquisadores variaram sistematicamente o emprego dos homens, escolhendo propositalmente carreiras que implicassem status elevado ("diretor de empresa"), médio ("agente de viagens") ou baixo ("garçom"). Sem dúvida, os homens bonitos foram considerados mais atraentes do que os demais. Além disso, aqueles que teriam empregos de status elevado foram vistos de um modo geral como mais desejáveis do que os com folha de pagamento mais modesta. Nenhuma grande surpresa até aí. Porém, a descoberta importante foi que os homens bonitos com emprego de status elevado foram vistos como relativamente pouco atraentes no que dizia respeito a uma relação duradoura. Chu e seus colaboradores presumem que as mulheres podem evitar esses tipos de homem porque eles podem ser atraentes para muitas outras mulheres, e isso parece aumentar a probabilidade de que venham a ser infiéis. As descobertas indicam que, no caso do *speed dating*, se você tiver boa aparência, um ótimo emprego, excelente conta bancária e um estilo de vida dispendioso, e estiver procurando um parceiro para algo duradouro, é melhor omitir pelo menos alguns de seus pontos fortes.

Em 59 segundos ou menos

No *speed dating* a pessoa tem alguns minutos para impressionar. Portanto, para fazer melhor uso do curto tempo disponível pense em dizer coisas que façam a outra pessoa falar dela de forma criativa, divertida e inusitada. Imite (com bom-senso) a forma como ela se senta, como gesticula com as mãos, como fala e as expressões faciais que faz. Evite a ampla margem de apostas. Em vez de marcar a opção "sim, eu gostaria de ver você novamente" para muitas pessoas na esperança de conseguir o máximo de encontros possível, concentre-se em uma ou duas pessoas com as quais pareça existir uma química autêntica. Finalmente, se você tem excelente aparência e é um cara extremamente bem-sucedido, lembre-se de que para muitas mulheres seu visual e seu status podem fazê-lo se situar na categoria "bom demais para ser verdade". Presumindo que esteja fora de questão usar uma cicatriz falsa, esteja preparado para omitir parte de seus méritos. É claro, para todos os demais homens a teoria representa uma forma excelente de lidar com rejeição — se uma mulher após outra o rejeita, convença-se de que você é bonito e bem-sucedido demais para seu próprio bem!

Sexo e esporte

Quando tentam causar boa impressão às mulheres, os homens costumam fazer um esforço especial para se mostrarem como criaturas especialmente atenciosas e altruístas. Porém, as pesquisas indicam que eles podem estar completamente errados ao agir assim.[13] Quando se pediu que mulheres apontassem os traços que elas achavam mais desejáveis nos amigos, parceiros de relações curtas ou de longo prazo, a maioria pôs a gentileza no topo de sua lista. Porém, todas as vezes ela foi superada pela coragem. Parece que, em se tratando de amor, as mulheres valorizam a bravura e a disposição para correr riscos, mais do que a gentileza e o altruísmo. Portanto, em vez de os homens fazerem um esforço especial para cortejar as mulheres falando de seu incansável serviço voluntário para caridade, eles talvez devessem mencionar que adoram saltar de paraquedas, falar da importância de defender aquilo que acham que é certo e de seguir o coração independentemente das consequências.

Esse efeito foi apontado numa pesquisa on-line que dirigi com o especialista em educação física Sam Murphy para investigar a relação entre esporte e atração. Os homens gostam mais de mulheres que jogam futebol ou que escalam montanhas? As mulheres preferem fisiculturistas ou fanáticos por yoga? Mais de 6 mil pessoas falaram o tipo de atividade esportiva que tornava alguém do sexo oposto mais atraente. Os resultados revelaram que 57% das mulheres achavam alpinismo atraente, fazendo dele o esporte mais sexy do ponto de vista feminino. Num segundo lugar, bem próximo, vinham esportes radicais (56%), futebol (52%) e caminhada (51%). Ao fim da lista vinham o golfe e a aeróbica, com apenas 13% e 9% dos votos, respectivamente. Por outro lado, os homens se sentiam mais atraídos por mulheres que praticavam aeróbica (70%), faziam yoga (65%) e frequentavam academia de ginástica (64%). Ao fim da lista vinha o golfe (18%), o rúgbi (6%) e o fisiculturismo (5%).

A escolha das mulheres parece refletir o tipo de qualidade psicológica que elas acham atraente — como coragem e disposição para encarar desafios —, enquanto os homens parecem estar à procura de mulheres que estejam em boa forma física, mas que não desafiem o ego deles sendo fortes demais. Ninguém, pelo visto, sente atração por golfistas.

Como conseguir o encontro perfeito

Em 1975, o senador William Proxmire criou o "Golden Fleece", prêmio para situações em que o governo americano tivesse, na opinião do senador, desperdiçado o dinheiro público em causas frívolas. Proxmire concedeu o primeiro prêmio para a National Science Foundation por apoiar um estudo que investigava por que as pessoas se apaixonam, comentando: "Acredito que 200 milhões de norte-americanos querem manter algumas coisas na vida como um mistério, e bem no topo da lista das coisas que não queremos saber está o porquê de um homem se apaixonar por uma mulher e vice-versa." Felizmente, a opinião dele não é tão amplamente aceita, e no decorrer dos anos os psicólogos têm investigado muitos aspectos do amor e da atração. Alguns dos trabalhos mais intrigantes examina a psicologia que existe por trás de algo tão fundamental como o primeiro encontro.

Os primeiros encontros podem ser um pouco complicados. Qual o melhor lugar para um encontro romântico? Sobre o que você deve falar? Deve parecer ávido logo de cara ou se fazer de difícil? Não se preocupe, a ajuda está a caminho. Nos últimos trinta anos, pesquisadores têm atacado essas questões e desvendado inúmeras técnicas rápidas e fáceis concebidas para ajudar a seta do Cupido a atingir o alvo.

Vamos falar, primeiramente, do tema espinhoso que é o lugar aonde levar o parceiro. Você pode achar que um restaurante tranquilo ou um passeio no campo são, ambas, boas opções. Porém, segundo as pesquisas conduzidas pelos psicólogos Donald Dutton e Arthur Aron, ao fazer tais escolhas você estaria bem longe disso.[14] Antes de suas pesquisas, diversos experimentos já haviam confirmado algo de que os poetas desconfiavam: quando você acha alguém atraente, seu coração bate mais rápido. Dutton e Aron acreditavam que o contrário também poderia ser verdadeiro; em outras palavras, pessoas cujo coração estivesse batendo mais rapidamente poderiam ter mais chances de achar alguém atraente.

Para descobrir se isso de fato acontecia, eles fizeram uma pesquisadora abordar homens em uma de duas pontes bastante diferentes sobre o rio Capilano, na Colúmbia Britânica. Uma ponte, 60 metros acima das rochas, balançava perigosamente com o vento, enquanto a outra era muito mais baixa e estável. Depois de fazer algumas perguntas simples referentes à pesquisa, a pesquisadora fornecia aos homens o número de telefone dela caso eles quisessem saber mais sobre o seu trabalho. Aqueles que estavam atravessando a ponte perigosa tinham os batimentos cardíacos mais acelerados do que os outros, que estavam na ponte mais baixa. Quando foram abordados pela jovem, eles, inconscientemente, atribuíram a elevada frequência cardíaca a ela — e não à ponte — e enganaram a si mesmos pensando que a achavam atraente, aumentando assim a chance de fazerem um esforço especial para telefonar para ela.

É claro, uma coisa é conseguir esse efeito com desconhecidos numa ponte, mas será que isso funciona com casais de verdade num ambiente mais realista? Alguns anos atrás, as psicólogas Cindy Meston e Penny Frohlich, da University of Texas, decidiram tirar a prova. Elas visitaram dois grandes parques temáticos no Texas e esperaram ao lado de diversas montanhas-russas, munidas de pouco mais que uma prancheta e fotos de um homem e uma mulher de beleza mediana. Elas entrevistaram casais envolvidos romanticamente alguns momentos antes ou depois de terem ficado apavorados durante o passeio. As pesquisadoras pediram que escolhessem um número entre um e sete para indicar o quão atraente achavam tanto a pessoa de quem estavam acompanhados como as das fotos. As pesquisadoras previram que quem tivesse acabado de fazer o passeio na montanha-russa teria batimentos cardíacos mais elevados do que os que estivessem se preparando para entrar nela, e, assim, de acordo com a teoria do "coração acelerado = achar pessoa mais atraente", daria notas mais altas quanto à atratividade.

Descrevendo suas descobertas num estudo intitulado "Amor ao primeiro susto", as pesquisadoras admitiram que apenas algumas de suas previsões se confirmaram.[15] Aqueles que deram notas após o passeio, de fato acharam as pessoas nas fotos significativamente mais atraentes do que os que ainda esperavam na fila. Porém, notou-se um padrão diferente quando se tratava de as pessoas darem notas uma para a outra: os entrevistados acharam a pessoa com quem estavam no momento ligeiramente menos atraente depois do passeio. Ao especularem sobre por que isso teria acontecido, as pesquisadoras se perguntaram se as notas podiam ter sido influenciadas pelo constrangimento de o parceiro, ou de a parceira, descobrir que eles tinham acabado de receber uma nota de atratividade menor do que a esperada ("O que você quis dizer quando falou que me daria nota 1?"). Também consideraram a possibilidade de que as pessoas pudessem parecer menos atraentes depois da montanha-russa, por causa de "suor, cabelos despenteados e expressões típicas pós-ansiedade". Porém, estudos semelhantes que examinaram se um efeito comparável acontece quando casais assistem a filmes empolgantes já forneceram evidências mais claras apoiando a teoria. Em um desses trabalhos, os pesquisadores observaram em segredo casais na saída de diferentes tipos de filmes, e descobriram que aqueles que tinham acabado de assistir a um suspense estavam mais frequentemente de mãos dadas e se tocando.[16]

É claro, não se consegue o encontro perfeito apenas fazendo o coração bater mais rapidamente. Também existe a importante questão sobre o que dizer e quando dizer.

Há alguns anos, o psicólogo Arthur Aron (o das duas pontes) e seus colaboradores também investigaram se era possível fazer pessoas se tornarem atraentes rapidamente fazendo com que falassem sobre certos assuntos.[17] Obviamente, quanto mais os casais se conhecem, mais provável será que revelem informações pessoais. Aron e sua equipe se perguntaram se o contrário também aconteceria: ou seja, será que o fato de revelar informações pessoais para alguém faz com que você se sinta especialmente próximo daquele com quem você fala? O trabalho envolveu pessoas que não se conheciam formando pares e sendo instruídas a falar sobre aspectos cada vez mais íntimos de sua vida. Ao fazer uns aos outros uma série de perguntas predefinidas, cada casal teve 45 minutos para jogar o "Jogo da Verdade". A lista começava com introduções normais de conversa frequentemente usadas em jantares ("Se você pudesse conhecer qualquer figura histórica, qual seria?") e passava rapidamente para o território de "bêbado com um amigo próximo" ("Você tem algum palpite sobre como e quando vai morrer?"), antes de finalmente entrar em terras de "jovem casal tentando ser íntimo" ("Quando foi a última vez que você chorou na frente de alguém?").

Aron sabia que conversar sobre qualquer assunto poderia promover uma aproximação, por isso fez com que outros pares de desconhecidos seguissem uma lista de controle que continha uma típica conversa fiada ("Quais as vantagens e desvantagens da árvore de Natal artificial?", "Você prefere relógio digital ou analógico?"). Ao final das sessões, cada par tinha de dar uma nota para o quanto achavam o outro atraente. Talvez não surpreenda que os pares que tiveram de falar sobre árvores de Natal e relógios não tenham sentido o desenvolvimento de uma química muito interessante. Por outro lado, os que jogaram o Jogo da Verdade desenvolveram o tipo de intimidade que normalmente leva meses ou anos para ser alcançada. Aliás, os pesquisadores notaram que diversos participantes trocaram números de telefone depois que o estudo terminou.

Portanto, em se tratando do primeiro encontro, vá para algum lugar assustador e não tenha medo de conversar sobre assuntos íntimos. O senso comum diz que seu parceiro, ou sua parceira, poderá achá-lo um pouco estranho. A ciência diz que será irresistível.

Em 59 segundos ou menos

Acelera, Coração Preguiçoso. Para ajudar a aumentar as chances de um encontro bem-sucedido, escolha uma atividade que provavelmente fará seu coração disparar. Evite apresentações calmas de música erudita, caminhadas pelo campo e mensageiros do vento. Prefira filmes repletos de suspense, parques temáticos e passeios de motocicleta. A teoria é que seu parceiro atribuirá o coração disparado a você, e não à atividade, convencendo a si mesmo de que você tem algo especial.

O Jogo da Verdade. No Jogo da Verdade, deve-se dar um passo de cada vez. Porém, desde que o próximo estágio pareça adequado, as pesquisas indicam que revelar informações pessoais e incentivar seu parceiro a fazer o mesmo podem acelerar significativamente aquela sensação de intimidade, que é fundamental. Eis a seguir dez perguntas baseadas no jogo da verdade de Aron para ajudá-lo nesse processo:

1 Imagine-se oferecendo o jantar perfeito em sua casa. Você pode convidar qualquer pessoa de toda a história da humanidade. Quem você convidaria?

2 Quando foi a última vez que você conversou consigo mesmo?

3 Dê dois exemplos que mostrem por que você se considera uma pessoa de sorte.

4 Diga algo que você sempre quis fazer e explique por que ainda não o fez.

5 Imagine que sua casa ou seu apartamento pegou fogo. Você só pode salvar um objeto. Qual seria?

6 Descreva um dos dias mais felizes de sua vida.

7 Imagine que você se tornará o melhor amigo da pessoa com quem está saindo. Qual é a coisa mais importante a seu respeito que ele, ou ela, deve saber?

8 Conte à pessoa com quem está saindo duas coisas de que você mais goste nela.

9 Descreva um dos momentos mais constrangedores de sua vida.

10 Fale sobre algum problema pessoal e pergunte à pessoa que conselho ela daria para lidar com isso da melhor forma.

5 dicas rápidas para encontros românticos

Aprovação Externa. Pesquisas mostram que as mulheres consideram os homens mais atraentes depois de verem outra mulher sorrindo para ele ou se divertindo na companhia dele.[18] Portanto, se você deseja causar boa impressão às mulheres num bar ou numa festa, peça que uma amiga vá com você e ria ostensivamente de suas piadas, e depois saia de mansinho. E a faça jurar segredo sobre isso.

O Olho Maior que a Barriga. Muitos psicólogos evolutivos acreditam que homens com fome deveriam preferir mulheres mais pesadas, já que o tamanho delas indica acesso a comida. Para testar essa ideia os pesquisadores pediram que estudantes homens que estivessem saindo de um refeitório de universidade, ou entrando nele, dessem notas para a atratividade de mulheres com diferentes tipos físicos em fotos de corpo inteiro.[19] Estudantes com fome consideraram as mulheres mais pesadas mais atraentes. Portanto, se você é mulher, está acima do peso e interessada num homem, sugira aquele drinque estratégico antes de comerem, não depois. Ou tente se encontrar com ele duas horas antes de comer e faça questão que ele coma apenas uma saladinha leve.

Discorde, Depois Concorde. Você pode pensar que elogios e concordâncias constantes são uma boa forma de ganhar o coração de uma pessoa. Porém, as pesquisas indicam que isso pode não ser verdade, e que os indivíduos tendem a se sentir mais atraídos por aqueles que começam um pouco indiferentes e, então, vão ficando mais positivos na parte final do encontro.[20] Portanto, em vez de se desmanchar em centenas de sorrisos por horas desde o início da noite, procure se fazer levemente de difícil na primeira hora ou quase isso, e passe depois a usar seu charme e seu encanto à medida que se aproximar a hora da despedida. Além disso, em vez de conversar sobre coisas que ambos gostem, procure conversar sobre coisas de que ambos não gostem. Ao descrever seu trabalho no estudo intitulado "Química interpessoal mediante a negatividade: a formação de laços pela divisão de atitudes negativas acerca de terceiros" pesquisadores descobriram que as pessoas se sentem mais próximas umas das outras quando concordam sobre as coisas das quais não gostam, mais do que sobre aquelas das quais gostam.[21]

Forçando um Sorriso Verdadeiro. Mais de um século atrás cientistas descobriram que, embora sorrisos autênticos e falsos façam com que as extremidades da boca se ergam, apenas os primeiros produzem rugas ao lado dos olhos. Pesquisas mais recentes começaram a investigar a sutil ciência em torno do sorriso, que inclui tentar identificar os sinais que fazem um sorriso parecer especialmente sedutor. Trabalhos iniciais indicam que os sorrisos que demoram mais para se espalhar pelo rosto (acima de meio segundo) são vistos como muito sedutores, sobretudo quando acompanhados de uma leve inclinação da cabeça em direção à outra pessoa.[22]

Amor ou Desejo. Gian Gonzaga e seus colaboradores filmaram casais conversando sobre seu primeiro encontro e pediram que dissessem se a conversa estava mais associada a amor ou a desejo.[23] Quando os casais diziam que ela havia girado em torno das alegrias do amor, o vídeo mostrava que estavam inclinados em direção ao outro, que assentiam com a cabeça e sorriam. Mas quando tinha a ver com desejo, era mais frequente vê-los expondo a língua e também lambendo os lábios. Portanto, se quiser saber o que seu parceiro está pensando, procure esses sinais-chave. Embora assentir e sorrir possam ser sinais de simpatia e, possivelmente, de amor, lamber os lábios pode indicar que é sua noite de sorte.

Os Parceiros Anteriores. Esse é sempre um momento delicado em qualquer encontro. Vocês estão se dando bem, e aí surge a complicada questão dos relacionamentos anteriores. De repente, uma série de perguntas cruza sua mente: é melhor fingir ser seletivo e dar a entender que só tive um ou dois parceiros sexuais? Ou será que devo parecer mais experiente e optar por revelar um número muito maior de amantes? Segundo um estudo conduzido por Doug Kendrick, da Arizona State University, tudo é uma questão de equilíbrio.[24] Kendrick mostrou a estudantes universitários perfis de pessoas que tiveram números diferentes de parceiros e pediu que dessem uma nota para seu grau de desejabilidade. Os resultados revelaram que, no caso das mulheres, aumentar o número de parceiras anteriores de um homem, de zero para duas, fazia com que ele parecesse mais desejável, mas acima de duas ele se tornava não atraente. Por outro lado, na cabeça dos homens, as mulheres ficavam cada vez mais atraentes sempre que o número de ex-parceiros aumentava de zero para quatro, mas acima disso o efeito era de afastamento.

6. Estresse

Por que não espernear, como reduzir o ressentimento em segundos, aproveite o que um amigo de quatro patas pode oferecer e consiga baixar sua pressão apenas pensando.

O famoso psicanalista Sigmund Freud acreditava que a psique é composta por três componentes principais: o id, o superego e o ego. O id é a porção animal da mente que é impulsiva e guiada pelos instintos básicos; o superego representa o lado mais moral das coisas e o ego procura fazer a mediação entre essas duas forças opostas. A maior parte do tempo, as três partes concordam entre si, e tudo fica muito bem. Porém, de vez em quando, acontece uma discordância mais forte e, como tantas vezes é comum na vida, normalmente tem a ver com sexo e violência.

Para ajudar a entender plenamente a ideia de Freud, imagine que aprisionamos um adolescente excitado (pense no id), um padre (superego) e um contador (ego) numa sala, com uma revista pornográfica. O adolescente, representando o lado animal, pegaria imediatamente a revista, enquanto o padre tentaria tomá-la das mãos imorais dele e jogá-la fora. O contador, então, enfrentaria a difícil tarefa de fazê-los concordar sobre a melhor forma de seguirem convivendo. Em algum momento, os três se acalmariam, discutiriam o assunto e talvez decidissem que seria melhor fingir que a revista não existia. Desse modo, o adolescente não tentaria olhar as fotos sujas e o padre não tentaria o tempo todo passar um sermão sobre a necessidade de um comportamento moral. Satisfeitos com a inteligente conciliação, os três colocariam a revista debaixo do tapete e tentariam se esquecer dela. Infelizmente, falar é mais fácil que fazer. Dia após dia o adolescente tentaria dar uma espiadinha, mas toda vez que levantasse o tapete o padre colocaria o indicador em riste em repreensão. Após algum tempo, a tensão se acumularia, fazendo com que todos se sentissem cada vez mais nervosos.

Segundo Freud, nos vemos constantemente numa luta entre o nosso adolescente e o nosso padre interiores, um dizendo o que queremos fazer e o outro dizendo o que deveríamos fazer. O adolescente quer ter um caso extraconjugal, o padre fala sobre a importância dos votos de casamento; o adolescente quer se vingar de alguém que o aborreceu, o padre pede que ele perdoe; o adolescente quer levar adiante um negócio escuso, o padre enfatiza a necessidade de ser um cidadão exemplar. A maior parte do tempo acabamos fazendo de conta que esses problemas não existem e tentamos mantê-los enterrados bem fundo em nosso inconsciente. Porém, o estresse mental provocado pela tentativa de manter revistas pornográficas simbólicas escondidas debaixo do tapete se acumula e acaba nos deixando frustrados, ansiosos e irritados.

Muitos psicólogos argumentam que a melhor solução é liberar essas sensações reprimidas de uma forma segura e socialmente aceitável: socar um travesseiro, gritar e espernear ou bater com os pés, qualquer coisa para ajudar a acalmar seu adolescente interno antes que ele meta o pé na porta. Essa técnica catártica de lidar com a raiva conquistou grande aceitação, mas Freud estava certo?

Ao longo de muitos anos, os psicólogos examinaram os efeitos de pôr as pessoas sob estresse e em seguida encorajá-las a gritar e espernear. Há alguns anos, Brad Bushman, da Iowa State University, realizou um experimento no qual seiscentos estudantes tinham de escrever um ensaio sobre o que pensavam a respeito do aborto.[1] Esses ensaios foram recolhidos e, supostamente, outros estudantes receberam a incumbência de avaliá-los. Na verdade, os próprios pesquisadores avaliaram os trabalhos e deram propositalmente notas ruins, feedbacks negativos e um comentário manuscrito onde se lia: "Esse é um dos piores trabalhos que já li." Talvez não surpreenda o fato de os estudantes terem ficado aborrecidos com essa avaliação e furiosos com seu avaliador fictício.

Alguns deles, depois disso, tiveram oportunidade de livrar seu organismo desses sentimentos agressivos; receberam luvas de boxe e uma foto da pessoa que supostamente teria avaliado seu trabalho, e foram instruídos a pensar nela enquanto esmurravam um saco de areia de

30 quilos. Embora os estudantes tenham ficado sozinhos com o saco enquanto aliviavam sua agressividade, um sistema de som permitiu que os pesquisadores contassem em segredo quantas vezes eles tinham socado o saco. Em contrapartida, outro grupo de estudantes não recebeu as luvas de boxe nem o saco de areia, mas foi instruído a se sentar calmamente numa sala por dois minutos.

Depois, todos preencheram um questionário-padrão sobre estado de espírito que mensurava, entre outras coisas, o grau de raiva, o incômodo e a frustração que estavam sentindo. Finalmente, foram formados pares, que jogaram entre si, e o vencedor ganhava o direito de acionar um barulho ensurdecedor bem na cara do perdedor. O vencedor decidia a duração e a intensidade do barulho, e um computador registrava cuidadosamente cada escolha.

Será que as pessoas que esmurraram o saco de areia se sentiam menos agressivas do que as que ficaram sentadas calmamente numa sala? Será que os "socadores" se inclinaram mais a acionar o barulho ensurdecedor?

Os que tinham usado as luvas de boxe e dado os socos mais potentes que conseguiam se sentiram muito mais agressivos do que antes e acionaram o barulho ensurdecedor por mais tempo e com mais intensidade na cara dos demais participantes. Os resultados revelaram enormes diferenças no estado de espírito final e no comportamento com relação ao som entre os dois grupos, e esse tipo de resultado tem sido obtido com frequência. O fato de dar vazão às tensões não extingue a chama. Na verdade, conforme observado por Brad Bushman em seu estudo, o efeito mais provável disso é equivalente a jogar gasolina no fogo.

Se gritar e dar socos não ajuda a acalmar a sensação de estresse e frustração, o que causaria esse efeito? E o que pode ser feito para criar uma perspectiva de vida mais tranquila? Aqueles longos cursos de gerenciamento da raiva e horas de meditação profunda são a resposta? Na verdade, existem algumas soluções simples e rápidas, que incluem a capacidade de encontrar vantagens no fato de não fazer coisa alguma e as vantagens que um amigo de quatro patas podem gerar.

Em busca das vantagens

Todo mundo passará por situações negativas em algum momento da vida. Talvez você contraia uma doença, enfrente o rompimento de um longo relacionamento, descubra que seu parceiro, ou parceira, o traiu, ou talvez um amigo próximo espalhe uma fofoca maldosa a seu respeito. É compreensível que essas coisas deixem as pessoas ansiosas, aborrecidas e tristes. As pessoas, muitas vezes, pensam no que já viveram e desejam que as coisas sejam diferentes. Se outro indivíduo é responsável pelo sofrimento por que você passa, pode surgir a ideia de vingança e represália. Muitas vezes, tais experiências levam a sentimentos de raiva, amargura e agressividade. Uma vez que usar luvas de boxe e socar um saco de areia, provavelmente, só piorará as coisas em vez de melhorá-las, qual é a melhor forma de lidar com essas emoções?

Uma possibilidade é simplesmente se comportar de uma maneira que seja incompatível com a raiva — assistir a um filme engraçado, ir a uma festa, brincar com um filhotinho de cachorro, dedicar-se a um quebra-cabeça difícil. Como alternativa, você pode se distrair fazendo exercícios, criando um projeto de arte ou visitando amigos ou parentes. Porém, embora esses comportamentos possam ajudá-lo a reduzir a sensação de estresse causada por contratempos relativamente menores, é improvável que conduzam a uma solução mais duradoura para fontes mais graves de frustração de longo prazo. Contudo, uma solução mais eficaz não exige longas sessões de terapia nem horas de conversa sobre os problemas com as pessoas que o cercam. Na verdade, são necessários alguns minutos, não meses, e já foi comprovado que ajuda pessoas que perderam bens por causa de incêndios, sofreram perdas por morte, infartos, foram vítimas de desastres ou receberam o diagnóstico de artrite reumatoide.[2] O nome da solução é "caça às vantagens".

O procedimento pode ser ilustrado pela pesquisa conduzida por Michael McCullough e seus colaboradores da University of Miami.[3] Mais de trezentos estudantes foram, primeiramente, instruídos a escolher um incidente de sua vida no qual alguém os tenha magoado ou ofendido. Desde infidelidade, passando por insultos, rejeição ou abandono, eles falaram de coisas que os tinham consumido.

Um terço dos participantes, então, foi instruído a passar alguns minutos descrevendo o evento em detalhes, focando no quanto tinham ficado com raiva e em como a experiência havia causado um efeito negativo em sua vida. Um segundo grupo foi instruído a fazer o mesmo, mas se concentrou nas vantagens que surgiram a partir dessa experiência, incluindo, por exemplo, o fato de se tornar uma pessoa mais forte ou mais sábia. O último grupo foi instruído a simplesmente descrever seus planos para o dia seguinte.

Ao final do estudo, todos tiveram de preencher um questionário que avaliava o que pensavam e sentiam em relação à pessoa que as aborrecera ou magoara. Os resultados revelaram que apenas alguns minutos de concentração nas vantagens que surgiram a partir da experiência aparentemente negativa ajudaram os participantes a lidar com a raiva e com o abalo emocional causado pela situação. Sentiam-se significativamente mais capazes de perdoar aqueles que os tinham magoado, e era menos frequente a vontade de buscar vingança ou distanciamento dessas pessoas.

Encontrar as vantagens que se seguem de acontecimentos negativos na vida pode parecer uma forma de ilusão. Porém, existem algumas evidências de que essas vantagens podem ser autênticas. Por exemplo, pesquisas mostram que certos traços positivos de caráter, como gratidão, esperança, bondade, liderança e trabalho em equipe, aumentaram entre os americanos após os ataques terroristas de 11 de setembro.[4] Além disso, outros estudos já mostraram que ter tido uma doença grave pode aumentar o nível de coragem, curiosidade, justiça, humor e apreciação da beleza.[5]

Em se tratando de gerenciamento da raiva, vestir luvas de boxe ou socar um travesseiro tende muito mais a aumentar e não a diminuir a agressividade. Como alternativa, é possível reduzir consideravelmente essa sensação se concentrando nas vantagens que surgiram a partir dos acontecimentos aparentemente negativos que deram origem à raiva.

Em 59 segundos ou menos

Quando você passar por algo que tenha o potencial de deixá-lo com raiva, experimente o seguinte exercício para aliviar a dor e ajudá-lo a seguir em frente.

Dedique alguns momentos para pensar sobre os aspectos positivos do acontecimento considerado angustiante. Por exemplo, será que esse acontecimento ajudou você a...

- ficar mais forte ou mais consciente de pontos fortes que você possuía e dos quais não se dava conta?
- valorizar mais do que antes certos aspectos de sua vida?
- se tornar uma pessoa mais sábia ou fortalecer relacionamentos importantes?
- expressar melhor seus sentimentos, ficar mais confiante ou tomar coragem para terminar um relacionamento ruim?
- se tornar uma pessoa com mais compaixão e mais capacidade de perdoar?
- fortalecer seu relacionamento com alguém que o tenha magoado?

Anote por escrito de que forma você se beneficiou da experiência e de que modo sua vida é melhor em função do que aconteceu. Não esconda nada e seja o mais honesto possível.

4 dicas de 15 segundos para vencer o estresse

Quando percebemos algum perigo, nosso corpo se prepara para agir, seja por meio de uma ação de fuga ou de defesa de sua posição. Infelizmente, o estresse da vida moderna pode fazer com que esse sistema seja ativado o tempo todo. Seja quando não conseguimos encontrar uma vaga no estacionamento ou quando discutimos com nossos filhos, a maioria das pessoas aciona o botão de "lutar ou recuar" com muita frequência. Embora estresse em quantidade moderada possa ajudar algumas pessoas a se concentrar na tarefa que têm pela frente, problemas constantes podem cobrar seu preço, fazendo com que o estresse vá para as alturas e provoque hipertensão arterial, dificuldade de concentração, preocupações, ganho de peso e enfraquecimento do sistema imunológico. Porém, existem diversas formas rápidas e fáceis de fazer com que sua pressão volte ao normal.

Ajude-se Rezando Pelos Outros. Pesquisas conduzidas por Neal Krause, da University of Michigan, indicam que rezar pelas pessoas pode ser bom para a saúde.[6] Depois de entrevistar mais de mil pessoas sobre a natureza de suas preces, finanças e saúde, ele descobriu que rezar pelas pessoas ajudava a reduzir o estresse e as tensões financeiras de quem rezava, e melhorava seu bem-estar. É interessante notar que rezar por coisas materiais, como um carro novo ou uma casa melhor, não oferece esse tipo de proteção.

Estude os Clássicos. Sky Chafin e seus colaboradores da University of California investigaram que tipo de música reduz a pressão arterial após um evento estressante.[7] O trabalho deles fez com que as pessoas ficassem ansiosas por fazerem contagem regressiva em voz alta a partir de 2.397 em saltos de 13, ou seja, 2.397, 2.384... Para piorar as coisas, a cada trinta segundos o pesquisador incomodava o participante com um feedback negativo ("vamos lá, vamos lá") e insistia que fosse mais rápido. Depois disso, alguns participantes foram deixados sozinhos para se recuperar em silêncio, enquanto outros ouviam música clássica (o Cânon, de Pachelbel, *As quatro estações: "Primavera"*, movimento 1, de Vivaldi), jazz (incluindo *Flamenco Sketches*, de Miles Davis) ou música pop (*Angel*, de Sarah McLachlan, *Crash Into Me*, da Dave Matthews Band). A leitura da pressão arterial revelou que ouvir música pop ou jazz tem o mesmo efeito reparador do silêncio total. Por outro lado, aqueles que ouviram Pachelbel e Vivaldi relaxaram muito mais rapidamente, e sua pressão arterial voltou aos níveis normais em muito menos tempo.

Lá Vem o Sol. Matthew Keller e seus colaboradores do Virginia Institute for Psychiatric and Behavioral Genetics investigaram a relação entre o sol e as emoções.[8] A equipe descobriu que o clima quente, indicado por temperatura e pressão barimétrica elevadas, faz com que as pessoas fiquem de melhor humor e melhorem a memória, mas só se passarem mais de trinta minutos expostos à luz. As que passaram menos do que esses mágicos trinta minutos ao sol ficaram, na verdade, com um humor pior do que o de praxe. Talvez, conforme cogitado pelo autor, as pessoas se ressintam de ficar confinadas quando o tempo está agradável.

Entre em Contato com seu Palhaço Interno. Ria, e o mundo inteiro ri com você; chore, e você aumenta as chances de sofrer um infarto. Bem, pelo menos essa é a conclusão geral a que chegou uma pesquisa que investigou o riso e o relaxamento. As pessoas que usam o humor espontaneamente para enfrentar o estresse têm um sistema imunológico especialmente saudável, apresentam probabilidade 40% menor de sofrer ataque do coração e derrames, sentem menos dor durante cirurgias dentárias e vivem 4,5 anos a mais do que a média.[9] Em 2005, Michael Miller e seus colaboradores da University of Maryland mostraram às pessoas cenas de filmes que provavelmente as deixariam ansiosas (como os trinta minutos de abertura de *O Resgate do Soldado Ryan*) ou as fariam rir (como a cena de "orgasmo" em *Harry e Sally*). A circulação sanguínea dos participantes caiu cerca de 35% após assistirem aos filmes causadores de estresse, mas aumentou 22% depois do material de teor humorístico. Com base nos resultados, os pesquisadores recomendam que as pessoas riam pelo menos 15 minutos por dia.

Patas para o pensamento

Existem muitas maneiras pelas quais um cão pode fazer com que nos sintamos melhor. Uma pessoa pode, por exemplo, fatiá-lo e usá-lo como ingrediente principal de um encorpado cozido. Mas comer esse cozido faria com que você realmente se sentisse bem ou deixaria um gosto de culpa? Para descobrir, pesquisadores da University of... estou brincando; até onde sei, os cientistas ainda não investigaram o impacto psicológico do consumo de cozido de cachorro. Porém, já investigaram de que formas as pessoas podem se beneficiar de um amiguinho de quatro patas.

Uma das pesquisas mais conhecidas foi feita por Erika Friedmann e seus colaboradores da University of Maryland, e investigou a possível relação entre ter um cão e o funcionamento cardiovascular.[10] Depois de acompanhar cuidadosamente as taxas de recuperação de pacientes que já haviam sofrido infarto, ela descobriu que, comparadas com pessoas que não tinham cachorro, as que tinham apresentavam chance quase nove vezes maior de estar vivas 12 meses depois. Esse resultado extraordinário encorajou os cientistas a investigarem outros possíveis benefícios da companhia canina, resultando em estudos que mostraram que os donos de cães enfrentavam bem o estresse do dia a dia, encaravam a vida de forma relaxada, tinham elevada autoestima e que era menos provável que recebessem o diagnóstico de depressão.[11]

A magnitude dessas vantagens não deveria ser subestimada. Um estudo mediu a pressão arterial e os batimentos cardíacos de donos de cães enquanto eles realizavam duas tarefas estressantes (fazer uma contagem regressiva de três em três unidades a partir de um número de quatro dígitos e manter a mão num balde com água gelada) estando na presença de seu animal de estimação ou de seu cônjuge.[12] Os participantes apresentavam batimentos cardíacos mais espaçados, pressão arterial menor e cometiam menos erros na tarefa de contagem quando na presença de seu cão, comparativamente a quando estavam com seu cônjuge. Prova científica, se é que era necessária, de que seu cachorro faz mais bem à sua saúde do que seu marido, ou sua mulher.

É interessante notar que não se pode dizer o mesmo dos gatos. Alguns estudos mostram que morar com eles pode ajudar a aliviar estados negativos de espírito, mas não aumenta a probabilidade de fazer com que você se sinta especialmente bem,[13] e outros indicam que donos de gatos podem apresentar, na verdade, maior probabilidade de morrer nos 12 meses posteriores a um ataque cardíaco.[14]

Por mais promissores que pareçam, existe um gigantesco problema com esse tipo de estudos. Embora ter um cão esteja relacionado a ter uma atitude mais positiva em relação à vida e a um sistema cardiovascular mais saudável, isso não significa, necessariamente, que ter um cão seja a causa. Pessoas que têm cães talvez tenham um certo tipo de personalidade e pode ser que este seja o responsável por fazê-los viver mais tempo e com menos estresse.

Para ajudar a diferenciar correlação de causa, Karen Allen, da State University of New York, em Buffalo, dirigiu um estudo fundamental.[15] Allen reuniu corretores de valores da Bolsa de Londres que sofriam de hipertensão e os dividiu aleatoriamente em dois grupos um dos quais recebeu um cão para tomar conta. Ambos os grupos, então, tiveram sua pressão arterial monitorada por um período de seis meses. Os resultados revelaram que os corretores que cuidaram dos cães estavam significativamente mais relaxados do que os do grupo de controle. Aliás, em se tratando de aliviar os efeitos do estresse mental, os cães se mostraram mais eficazes do que uma das drogas mais usadas para o tratamento da hipertensão. E, mais importante que isso, como as pessoas foram designadas aleatoriamente para a situação "com cão" e "sem cão", não havia diferença de personalidade entre os grupos, e, portanto, isso não podia ser levado em conta uma vez avaliados os resultados. É interessante notar que, além de se sentirem menos estressados, os corretores tinham ficado apegados a seus animais e nenhum deles aceitou devolver o novo amiguinho ao final do estudo.

Inúmeras teorias têm sido propostas para explicar por que ter um cachorro pode nos fazer bem. Pode ser que o exercício associado a levá-lo para passear diariamente seja benéfico para a saúde física e psicológica. Outros têm argumentado que os cães funcionam como o mais perfeito "amigo que não julga", que ouve pacientemente nossos pensamentos mais íntimos e que nunca revela nossos segredos para ninguém. Vistos dessa forma, os cães são como um dedicado terapeuta, embora possua orelhas felpudas, nariz úmido e preço módico. Uma teoria alternativa é de que o simples fato de tocar e acariciar o animal poderia ter um efeito calmante e benéfico, com indícios que mostram que até mesmo o fato de uma enfermeira segurar a mão de um paciente baixa significativamente sua frequência cardíaca.[16] Porém, a maioria dos pesquisadores reconhece que um dos fatores mais importantes está nos benefícios sociais de se ter um cão. Passe algum tempo num parque frequentado por pessoas que levam seus cães para passear e você verá rapidamente como o melhor amigo do homem estimula desconhecidos a conversar uns com os outros ("Oh... que fofo... qual a raça dele?", "Mas que cãozinho lindo... qual a idade dele?", "Olha no que eu acabo de pisar... foi ele que fez isso?"). Inúmeras pesquisas já demonstraram que passar o tempo com outras pessoas é grande fonte de felicidade e saúde, e a inadvertida mas eficaz capacidade que os cães têm de reunir pessoas provavelmente exerce um papel importante na promoção do bem-estar de seus donos.

Mas até que ponto os cães são bons no sentido de promover esses encontros, e que tipo de cão funciona melhor na hora de socializar? Para descobrir, a psicóloga de animais Deborah Wells, da Queen's University Belfast, fez uma pesquisadora abrir mão de muitas horas de almoço para andar para cima e para baixo, com alguns cães no mesmo trecho de rua.[17] Cada passeio prosseguia até que a pesquisadora tivesse cruzado com trezentas pessoas caminhando na direção contrária. Outro pesquisador, andando um pouco mais atrás, anotava em segredo se cada transeunte olhava para a mulher, sorria para ela ou parava para conversar. Em três dos passeios a pesquisadora estava acompanhada de um filhote de labrador amarelo, de um labrador adulto ou de um rottweiler adulto. Como controle, em outros três dias ela caminhava sozinha, levando um ursinho marrom de 50 centímetros (escolhido especialmente por ter grandes olhos castanhos que chamavam muita atenção, membros curtos e testa grande) ou uma iúca.

Mil e oitocentos transeuntes e 211 conversas depois, os resultados revelaram que o ursinho e a planta provocaram muitos olhares, mas não resultaram em muitos sorrisos nem em muito bate-papo. Por outro lado, os cães fizeram as pessoas olharem, sorrirem e conversarem. O rottweiler ocasionou uma taxa bastante baixa de conversas, presume-se que porque as pessoas associam a raça a agressividade e preferem manter a garganta segura e intacta. Em contrapartida, por volta de uma a cada dez pessoas parava para conversar com a pesquisadora quando ela estava com o labrador adulto ou o filhote.

Esse não é o único estudo a apoiar a ideia de que as pessoas conversam com quem está acompanhado de um animal. Trabalhos anteriores descobriram que uma pesquisadora sentada num banco de parque recebia mais atenção dos transeuntes quando estava com um coelho ou uma tartaruga do lado, comparado com as vezes em que estava sentada sozinha soprando bolhas de sabão ou perto de um aparelho de tevê.[18]

Em 59 segundos ou menos

Há duas mensagens fundamentais nessas pesquisas: primeiro, ter um cão ajuda a aliviar os estresses e as tensões do dia a dia, em parte porque isso promove contato social; e, segundo, para maximizar as chances desses tipos de encontro prefira um labrador a um rottweiler, ou um ursinho de pelúcia, uma iúca, aparelho de tevê ou bolinhas de sabão.

Porém, se o seu estilo de vida é incompatível com a possibilidade de ter um cachorro, ainda há duas coisas que você pode fazer para gozar das vantagens de um amigo de quatro patas.

i-cão. Você pode pensar em ter um cão robô em vez de um cão de verdade. Em pesquisa recente, Marian Banks e seus colaboradores da Saint Louis University School of Medicine investigaram os efeitos de cães robôs e cães reais sobre a solidão dos pacientes em situações de internação de longo prazo.[19] A equipe de pesquisa levou um cão de verdade, ou um AIBO, da Sony, para cada instituição semanalmente, passando cerca de trinta minutos com os pacientes em cada visita. No decorrer de oito semanas, os pacientes formaram laços emocionais igualmente fortes com os dois tipos de cães, e tanto o robô como o real ajudaram a aliviar a sensação de solidão no mesmo grau.

Ponha no Canal Dog TV. Num estudo inovador, Deborah Wells investigou se o simples fato de assistir ao vídeo de um animal pode ter o mesmo efeito calmante e restaurador gerado pela presença do bicho.[20] Ela gravou três vídeos curtos (dez peixes nadando num aquário repleto de plantas, dez periquitos australianos num aviário e dez macacos em galhos de árvores) e mediu a pressão arterial de participantes antes e depois de eles assistirem aos vídeos. Na situação de controle, Wells organizou um grupo de pessoas que assistiu a uma conhecida novela e outro que ficou olhando para uma tela de tevê em branco. Chegou-se a duas descobertas principais: a primeira, fisiologicamente falando, foi que assistir à novela era quase idêntico a assistir a uma tela em branco; a segunda, comparados com as duas situações de controle, todos os três vídeos com animais fizeram os participantes se sentirem muito mais relaxados. Para ajudar a reduzir a frequência cardíaca e a pressão sanguínea em menos de um minuto, entre na internet e assista a um vídeo de algum bichinho fofo.

Pressão sob controle sem fazer nada

Há alguns anos, dirigi um experimento inusitado sobre a psicologia do consumo de álcool como parte de um programa de televisão. Para esse estudo, um grupo de estudantes ia para um bar à noite com os amigos. Era fácil convencer as pessoas a participarem porque a bebida era por conta da casa e o único lado negativo era que, no decorrer da noite, elas eram solicitadas a participar de alguns testes rápidos. Na noite da experiência, todos chegaram, e a primeira rodada de testes começou. Cada estudante recebeu uma lista de números, e pedimos que memorizassem tantos quanto possível, andassem por uma linha marcada no chão e passassem por um teste de tempo de reação — neste, eles seguravam uma régua entre o indicador e o polegar, depois a deixavam cair e tinham de pegá-la no momento em que ela começasse a se mover.

Depois de terminados os testes iniciais, passávamos rapidamente para a parte que realmente interessava naquela noite: beber. Cada estudante era designado aleatoriamente para o grupo vermelho ou o grupo azul, recebia um crachá apropriado e era informado de que podia se servir inteiramente à vontade no bar. Porém, havia uma regra: cada um tinha de ir até o bar e pedir sua própria bebida, sem poder aceitar a bebida oferecida por seus amigos. Ao longo da noite, interrompíamos frequentemente o fluxo das conversas, puxávamos as pessoas de lado e fazíamos com que passassem pelo mesmo teste de memória, equilíbrio e reação de antes.

À medida que aumentava a quantidade de álcool correndo em suas veias, as pessoas ficavam muito mais barulhentas, significativamente mais alegres e muito mais atiradas. O resultado dos testes forneceu uma medida objetiva da mudança e, ao fim da noite, a maioria precisava fazer um esforço enorme para se lembrar de qualquer lista de números que tivessem mais de um dígito, sequer foi capaz de achar a linha marcada no chão e fechou os dedos 60 segundos contados no relógio após a régua ter se espatifado no chão. Certo, estou exagerando para dar um efeito cômico, mas vocês sabem o que quero dizer. Porém, o resultado mais fascinante, com toda certeza, foi a semelhança na pontuação entre quem usava os crachás vermelhos e azuis, porque ambos os grupos tinham sido enganados propositalmente.

Ambos os grupos parecem ter tido um relevante comprometimento da memória e encontrado uma dificuldade maior para se equilibrar sobre a linha, e deixaram a régua cair por entre os dedos inúmeras vezes.

Mas o que os estudantes do grupo azul não sabiam era que eles não tinham ingerido uma única gota de álcool ao longo da noite inteirinha. Antes de o experimento começar, abastecemos o bar em segredo com bebidas que não continham álcool, mas com aparência, cheiro e sabor de bebida de verdade. O pessoal do bar foi rigorosamente instruído a observar a cor do crachá de cada pessoa a fim de servir bebidas com álcool para o grupo vermelho e bebidas falsas, sem álcool, para o grupo azul. Apesar de não ter tocado numa única gota de álcool, as pessoas com crachá azul exibiram todos os sintomas comumente associados ao excesso de bebida. Estavam fingindo? Não. Convenceram a si mesmas de que tinham bebido, e essa ideia foi suficiente para convencer o cérebro e o corpo de cada uma a pensar e a se comportar em modo "bêbado". Ao final da noite explicamos o artifício. Elas riram, ficaram instantaneamente sóbrias e foram embora do bar organizadamente e entretidas.

Esse simples experimento demonstra o poder do placebo. Nossos participantes acreditavam estar bêbados e, por isso, pensaram e agiram de um modo condizente com essa convicção. Exatamente o mesmo tipo de efeito ocorreu em experimentos médicos: pessoas expostas a uma urtiga falsa tiveram urticária de verdade, quem tomou café descafeinado ficou mais desperto e pacientes submetidos a uma falsa cirurgia no joelho disseram que sentiam menos dor no tendão "curado". Aliás, experimentos que comparam os efeitos de drogas verdadeiras com comprimidos de açúcar mostram que entre 60% e 90% das drogas dependem, até certo ponto, do efeito placebo para sua eficácia.[21]

Praticar exercícios é uma boa forma de reduzir a pressão, mas quanto dessa relação estará na mente? Num estudo pioneiro e inovador, Alia Crum e Ellen Langer, da Harvard University, convocaram a ajuda de mais de oitenta camareiras selecionadas de sete hotéis.[22] Elas sabiam que seu serviço exigia muito fisicamente. Limpavam e arrumavam uma média de 15 quartos por dia, cada quarto levando cerca de 25 minutos, e ficavam o tempo todo levantando e carregando coisas, subindo e descendo, o que deixaria o mais dedicado dos ginastas com inveja. Porém, Crum e Langer especularam que, muito embora essas profissionais estivessem levando uma vida ativa, elas poderiam não se dar conta desse fato, e as pesquisadoras se perguntaram o que aconteceria se dissessem às participantes o quanto aquele trabalho era fisicamente benéfico. Passariam a acreditar que são pessoas em boa forma, e essa convicção promoveria mudanças significativas em seu peso e em sua pressão?

A equipe de pesquisa designou as camareiras aleatoriamente para cada hotel a fim de que participassem de uma de duas situações. Numa delas, eram informadas sobre os benefícios dos exercícios e a quantidade de calorias que queimavam diariamente. As pesquisadoras fizeram os cálculos e, por isso, sabiam dizer às camareiras que uma sessão de troca de lençóis de 15 minutos queimava quarenta calorias, que o mesmo intervalo de tempo passando o aspirador consumia cinquenta e que mais 15 minutos passando esfregão no banheiro, outras sessenta calorias. Para ajudá-las a fixar essas informações na memória, todas do grupo receberam um papel contendo todos os dados e números relevantes, e as pesquisadoras afixaram um cartaz com essas mesmas informações num quadro de avisos na sala dos funcionários. O grupo de controle também recebeu informações gerais a respeito dos benefícios dos exercícios, mas não sobre a quantidade de calorias queimadas. Todas, então, preencheram um questionário sobre quanto exercício costumavam fazer fora do trabalho, sua dieta, seus hábitos de bebida e de consumo de cigarros, e passaram por uma série de exames clínicos.

Um mês depois, as pesquisadoras retornaram. Os gerentes dos hotéis confirmaram que a carga de trabalho das camareiras no grupo do "Uau, meu trabalho exige que eu faça bastante exercício físico" e no grupo de controle permanecera constante. As pesquisadoras então pediram que todas preenchessem o mesmo questionário e que se submetessem aos mesmos exames clínicos de antes, e se puseram a analisar os dados. Nenhum dos dois grupos tinha começado a fazer exercícios adicionais fora do trabalho, nem havia mudado seus hábitos alimentares, de consumo de bebida e de cigarros. Assim, não houve qualquer mudança concreta no estilo de vida que indicasse que um grupo deveria ficar mais em forma do que o outro.

Crum e Langer avaliaram os exames de saúde. Foi extraordinário observar que as camareiras informadas sobre a quantidade de calorias queimadas diariamente tinham perdido peso significativamente, baixado o índice de massa corporal e a relação cintura-quadril e conseguido uma redução na pressão. As camareiras do grupo de controle não apresentaram melhorias desse tipo.

Ora, o que causou essa melhora na saúde? As estudiosas acreditam que tudo esteja relacionado ao poder do placebo. Ao lembrar às camareiras da quantidade de exercício que faziam diariamente, elas alteraram as convicções que alimentavam sobre si mesmas, e seu corpo reagiu para tornar essas convicções realidade. Parece, do mesmo modo, que as pessoas falam arrastado quando pensam que estão bêbadas ou ficam com urticária quando pensam que estão com uma reação alérgica. Portanto, o simples fato de pensar sobre o exercício diário normal que você já faz pode deixá-lo mais saudável.

Seja qual for a explicação para esse misterioso efeito, se a ideia é melhorar a saúde, você pode já estar fazendo o esforço necessário. Falta apenas se dar conta disso.

Em 59 segundos ou menos

A pesquisa de Crum e Langer é polêmica mas, se for válida, indica que estar consciente das atividades que você pratica diariamente — e que queimam calorias — pode fazer bem. A tabela a seguir dá um número aproximado de calorias queimadas por alguém de peso médio praticando uma série de atividades comuns (pessoas com mais ou menos peso queimarão proporcionalmente mais ou menos calorias). Use-a para calcular o número aproximado de calorias que você queima diariamente.

Mantenha a tabela à mão para lembrá-lo do exercício "invisível" que pratica todos os dias de sua vida, e, de acordo com a teoria, você deverá ver seus níveis de estresse cair sem fazer coisa alguma.

Atividade	A Calorias queimadas por minuto	B Você pratica esta atividade ao longo de uma semana típica?	C Caso sim, por aproximadamente quantos minutos cada semana?	D Número total de calorias queimadas (Coluna A x Coluna C)
Caminhada normal	3			
Caminhada acelerada	6			
Andar de bicicleta	5			
Faxina leve	4			
Passar roupa	3			
Lavar louça	3			
Cortar a grama	5,5			
Lavar o carro	5,5			
Esfregar o chão	5,5			
Cuidar do jardim	5			
Ler um livro	1,5			
Fazer compras	3			
Sentar-se a uma mesa	1,5			
Assistir à tevê	1,5			
Sexo	2			
Dirigir	1,5			
Dormir	1			
Falar ao telefone	1			
Comer	0,5			
Tomar banho	5			
Ficar de pé	1,5			
Subir e descer escadas	8			
Brincar com as crianças	4			
			TOTAL:	

7. Relacionamentos

Os perigos do *active listening*, por que o velcro pode ajudar os casais a ficarem juntos, palavras falam mais que atitudes e uma simples fotografia pode fazer toda a diferença.

Segundo alguns especialistas, a base dos relacionamentos conjugais bem-sucedidos está numa forma de interação que passou a ser chamada de *active listening*. Esse tipo de comunicação exige que os parceiros façam paráfrases e, em seguida, procurem estabelecer laços de empatia entre si. Imagine, por exemplo, que em meio a uma sessão de terapia, a esposa explique que está furiosa com o marido porque ele se embriaga frequentemente, chega em casa cheirando a álcool e se senta diante da televisão até muito tarde. Segundo os pressupostos do *active listening*, o marido colocaria as considerações da esposa nas próprias palavras e faria o máximo para entender melhor por que ela fica tão brava com ele. Essa técnica intuitivamente agradável é muito popular e deu origem à expressão "Estou ouvindo o que você está dizendo". Mas o *active listening* é realmente essencial para relacionamentos bem-sucedidos, ou será esse mais um mito sobre a mente humana?

Nos anos 1990, o psicólogo e especialista em estabilidade conjugal conhecido em todo o mundo, John Gottman, e seus colaboradores da University of Washington estavam ansiosos para descobrir e fizeram um estudo longo e complexo.[1] Eles recrutaram mais de cem casais recém-casados, os convidaram para ir até o laboratório e pediram que se sentassem diante de uma câmera e conversassem por 15 minutos sobre um tema que os tivesse feito discordar recentemente. A equipe de pesquisadores examinou cada segundo do material gravado, analisando todos os comentários. Nos seis anos que se seguiram, os pesquisadores entraram em contato com os casais para saber se ainda estavam juntos e, caso estivessem, até que ponto estavam felizes na relação.

Para testar a eficácia do *active listening*, os pesquisadores examinaram cada momento em que uma pessoa no filme expressou alguma emoção ou fez algum comentário negativo, como "Estou chateado com seu comportamento" ou "Não suporto o modo como você fala com meus pais". A equipe registrou de que forma o parceiro reagiu, procurando os tipos de comentários associados ao *active listening*, como paráfrases que indicassem compreensão ou empatia. Ao comparar a frequência de tais comentários nas conversas dos casais que ficaram juntos com a dos casais que se divorciaram, e nas daqueles que estavam em relacionamentos felizes ou infelizes, a equipe poderia avaliar cientificamente o poder do *active listening*.

Gottman e sua equipe ficaram surpresos e chocados com as próprias descobertas. Os exemplos de *active listening* foram muito vagos e não previram se um casal daria certo e seria feliz. De acordo com os resultados, o *active listening* não tinha relação com a felicidade conjugal.

Impressionada com o resultado, a equipe buscou uma segunda opinião, em outra série de vídeos. Num estudo anterior, tinha acompanhado outro grupo de casais por 13 anos, e começaram a fazer o mesmo tipo de análise nessas fitas. Foi encontrado resultado semelhante nos dados, o que indicava que até mesmo os casais que deram mais certo, duraram mais e foram mais felizes raramente faziam alguma coisa que lembrasse o *active listening*.

Segundo Gottman, tentar parafrasear e estabelecer empatia com seu parceiro quando ele está sendo crítico é forçar um pouco a barra, e exige uma espécie de "ginástica emocional" que poucos conseguem efetuar. Embora as descobertas e conclusões da equipe sejam controversas, especialmente com tantos psicólogos da área de relacionamentos parecendo fiéis à ideia do *active listening*, outras pesquisas também não conseguiram encontrar provas de que o *active listening* forneça a base para um relacionamento bem-sucedido.[2]

Portanto, se ouvir os comentários de seu parceiro e responder a tais não é a melhor forma, qual seria? O estudo de Gottman indica que casais em relacionamentos heterossexuais duradouros e felizes tendem a exibir um comportamento bastante específico em tempos de conflito. A mulher normalmente levanta um tema delicado, apresenta uma análise do problema e sugere possíveis soluções. Os homens que conseguem aceitar algumas dessas ideias, e, portanto, mostram ser capazes de dividir o poder com a parceira, apresentam maior probabilidade de manter um relacionamento bem-sucedido. Por outro lado, casais em que o homem reage na defensiva e com evasivas ou até mesmo mostrando desprezo estão especialmente sujeitos ao rompimento.

Ensinar os casais a mudar o modo como reagem um ao outro quando as coisas se complicam é possível, mas é difícil e exige tempo. Porém, existem diversas técnicas surpreendentemente rápidas de se aprender e que também podem ajudar as pessoas a viverem felizes para sempre. Tudo que se exige é a capacidade de escrever uma carta de amor, pôr uma foto em cima da lareira e fazer o relógio voltar ao primeiro encontro.

Em 59 segundos ou menos

Avalie Seu Relacionamento

Segundo pesquisas conduzidas por John Gottman, o grau em que você conhece os pormenores mais triviais da vida de seu parceiro é um bom fator de previsão para o tempo que a relação durará. O divertido quiz a seguir o ajudará a avaliar até que ponto você e seu parceiro se conhecem. Uma pessoa deve responder às perguntas tentando adivinhar as respostas dadas por seu parceiro, ou sua parceira. Seu parceiro, então, lhe diz a resposta correta, e você se dá um ponto para cada acerto. Depois vocês trocam de papel e repetem o processo. Finalmente, somem as duas pontuações, o que resultará num total entre 0 e 20.

Pergunta

1 Em geral, de qual dos seguintes tipos de filme seu parceiro gostaria mais: horror, comédia, ação ou drama?

2 Qual foi o primeiro emprego de seu parceiro?

3 Em geral, a qual dos seguintes tipos de esporte seu parceiro mais gostaria de assistir na tevê: sinuca, rúgbi, boxe ou atletismo?

4 Onde seu parceiro nasceu?

5 Qual dos seguintes clássicos da literatura seu parceiro preferiria ler: *Moby Dick*, *Um conto de duas cidades*, *Uma janela para o amor* ou *Frankenstein*?

6 Qual a medida do colarinho de seu parceiro (homem) ou o tamanho do vestido de sua parceira (mulher)?

7 Em geral, qual dos seguintes tipos de férias seu parceiro prefere: praia, esqui, caminhada ou cidade grande?
8 Qual o nome do amigo mais íntimo de seu parceiro (excluindo você mesmo)?
9 Qual dos seguintes líderes mundiais seu parceiro mais gostaria de conhecer? Adolf Hitler, J. F. Kennedy, Mahatma Gandhi, Winston Churchill.
10 Qual a cor dos olhos de seu parceiro?

A importância da formação dos laços

No final dos anos 1980, o pesquisador James Laird, da Clark University, em Massachusetts, e seus colaboradores fizeram circular um anúncio para que as pessoas participassem de um experimento pouco comum sobre a possível existência de percepção extrassensorial.[3] Participantes dos sexos masculino e feminino que não se conheciam foram agendados para chegar ao laboratório no mesmo horário e submetidos a um procedimento bastante inusitado. Um pesquisador explicou que era importante que dois participantes fizessem um exercício cujo objetivo era a formação de um relacionamento antes do teste de telepatia, então eles foram instruídos a passar alguns momentos olhando nos olhos um do outro. Foram, então, levados para salas separadas, e um deles foi posto diante de uma série de imagens simples enquanto o outro tentava, "fisicamente", adivinhar o teor das imagens.

Ao final do estudo, Laird examinou os dados e não descobriu indícios de poderes psíquicos. Ele ficou desapontado? Nem um pouco. Na verdade, o estudo não tinha a ver com percepção extrassensorial, e o suposto teste de telepatia era apenas uma complexa fachada que permitiu à equipe realizar um estudo inovador a respeito da tecnologia do amor.

Muitas pessoas acreditam que se apaixonar é uma questão profundamente complexa que depende de uma complicada mistura de olhares, personalidade, química e acaso. Porém, Laird tinha outra ideia. Ele se perguntou se essa sensação tão especial e misteriosa não poderia ser muito mais simples do que aparentava à primeira vista, e se era possível fabricar essa sensação em questão de alguns breves momentos cuidadosamente arquitetados. Sua hipótese era simples. É óbvio, pela observação do dia a dia, que os casais apaixonados passam considerável quantidade de tempo olhando nos olhos um do outro. Laird queria saber se o contrário também acontecia. Seria possível criar uma sensação de amor ao fazer as pessoas passarem alguns momentos se olhando nos olhos?

Normalmente, olhar estranhos nos olhos é visto, na melhor das hipóteses, como algo esquisito e, na pior, agressivo. Sendo assim, o pesquisador teve de criar uma razão artificial, mas convincente, que justificasse um contato visual prolongado, e acabou concebendo a história do teste de telepatia. Sem se dar conta, os participantes dessa falsa experiência de percepção extrassensorial foram convencidos a olhar nos olhos um do outro e estavam, portanto, se comportando como se tivessem achado o outro atraente. Laird achou que isso seria suficiente para dar origem a sentimentos de amor e afeto.

Depois que o falso estudo sobre telepatia terminou, pediu-se a todos os participantes que dessem uma nota para o quanto sentiam algo de amoroso em relação a seu parceiro de experiência. Foi extraordinário observar que os dados confirmaram a suspeita da pesquisa, pois os participantes de fato disseram estar sentindo afeto e atração por sua recém-encontrada alma gêmea.

Esse estudo representa uma nova abordagem para entendermos a psicologia do afeto. Segundo essa visão do comportamento humano, nossos pensamentos e sentimentos afetam o modo como agimos e vice-versa.

Laird não está sozinho nessa linha que investiga formas pelas quais semelhante ideia pode ajudar os pesquisadores a compreenderem melhor os assuntos relativos ao coração. Outro estudo, realizado por Arthur Aron e seus colaboradores, da State University of New York, em Stony Brook, propõe que o mesmo tipo de abordagem também pode ajudar a aproximar casais.[4] O início de qualquer relacionamento romântico é normalmente um período de grande empolgação, com as pessoas aproveitando a novidade de viver a vida com um novo parceiro. Avancemos vinte anos e muitas vezes surge um quadro bastante diferente. A partir daí, o casal já se conhece bastante bem, e a vida passou a ser muito mais uma rotina. Os mesmos restaurantes, os mesmos destinos nas férias e as mesmas conversas. Embora a familiaridade possa ser confortante, ela também pode gerar uma sensação de tédio e, provavelmente, não fará o coração acelerar, como acontecia antes.

Aron se perguntou se, do mesmo modo que olhar nos olhos do outro induz a atração, fazer casais passarem pela emoção da corte ou do namoro os ajudaria a reavivar o romance do relacionamento. Especificamente, será que fazê-los quebrar a monotonia da vida de casados ao fazer algo novo e divertido resultaria em acharem um ao outro mais atraentes? Num estudo inicial, o pesquisador pôs anúncios no jornal pedindo que casais participassem de uma experiência que investigaria os "fatores que afetam os relacionamentos".

Quando os voluntários chegaram ao laboratório, cada casal preencheu um questionário sobre seu relacionamento e foi designado aleatoriamente para um grupo. Os pesquisadores, então, afastaram as mesas e as cadeiras, estenderam colchonetes de ginástica e deram início à parte seguinte do estudo.

Para metade dos casais, os pesquisadores fabricaram um rolo de fita de velcro e explicaram que eles estavam prestes a participar de um jogo bastante estranho. Se os olhos do casal brilhassem e eles trocassem olhares cúmplices, o velcro era rapidamente colocado de lado e pedia-se que o casal se retirasse. Para todos os demais, a equipe usava a fita de velcro para prender o pulso direito de um ao pulso esquerdo do outro, assim como o tornozelo direito ao esquerdo do parceiro.

Depois de resistir à tentação de cantarolar *Stuck on You*, de Lionel Ritchie, os pesquisadores punham um obstáculo de espuma de 1 metro de altura no meio da sala e davam ao casal uma almofada grande. Cada casal tinha de ficar de quatro, engatinhar até o obstáculo, passar por cima dele, engatinhar até o outro lado da sala, se virar, voltar depressa até o obstáculo, passar por cima dele novamente e voltar para a posição inicial. Para tornar as coisas um pouco mais interessantes, os parceiros eram instruídos a apoiar a almofada entre eles o tempo inteiro (sem usar as mãos, os braços ou os dentes) e tinham apenas sessenta segundos para completar o percurso. Para evitar que alguém saísse desapontado, a equipe de pesquisadores tirava o relógio dos participantes ("Não queremos que eles saiam arranhados da brincadeira") e fingiam que todo mundo tinha completado a tarefa no tempo estipulado.

Os casais do outro grupo eram instruídos a fazer algo muito menos incomum. Um deles era instruído a ficar de quatro, então recebia uma bola e tinha de rolá-la até um ponto especificado no meio da sala. O parceiro deste era instruído a ficar observando de longe, e quando a bola chegasse ao ponto, a trocar de lugar com o outro, fazendo a bola rolar de volta ao ponto de partida.

Os pesquisadores presumiam que a grande maioria dos casais normalmente não passava muito tempo engatinhando por cima de um obstáculo de espuma, e por isso a experiência seria nova, divertida e relativamente interessante. Era uma chance para que trabalhassem juntos a fim de alcançar uma meta e uma oportunidade para ver o outro de uma perspectiva diferente, inusitada. Do ponto de vista conceitual, era como o tipo de experiência que eles costumavam ter quando se conheceram e a vida era mais interessante. Por outro lado, as pessoas do outro grupo, de controle, executaram uma tarefa muito mais corriqueira e que não exigia qualquer esforço conjunto.

Ao final da experiência, todos os casais preencheram diversos questionários (incluindo um de título nada romântico: "Verificação de sintomas do amor romântico"), dando notas, por exemplo, para o grau em que o parceiro tinha feito com que sentissem um "arrepio" ou "uma onda de felicidade". Conforme previsto, os casais que passaram por cima do obstáculo de espuma estavam muito mais amorosos em relação ao outro do que os que cumpriram a tarefa de rolar uma bola. Apenas alguns minutos executando uma atividade nova e divertida em conjunto parece ter feito maravilhas.

Encorajado por esses resultados iniciais, Aron e sua equipe repetiram o estudo, mas dessa vez usaram uma medida diferente de satisfação conjugal no questionário pós-experimento. Ao final do estudo, os pesquisadores filmaram cada casal conversando sobre o planejamento das próximas férias ou sobre como eles poderiam fazer algumas melhorias importantes na casa. Outro grupo de pesquisadores, então, assistiu aos filmes e contou cuidadosamente quantas vezes um dos membros do casal demonstrava alguma forma de hostilidade. Os casais do velcro fizeram comentários significativamente mais positivos do que os da bola.

As descobertas de Aron demonstram ainda outra forma pela qual nosso comportamento exerce poderosa influência sobre o modo como pensamos e sentimos. Da mesma forma que olhar nos olhos de um completo estranho pode induzir sentimentos de atração mútua, realizar tarefas associadas ao início de um processo de corte ou de namoro pode ajudar a reavivar paixões adormecidas.

De acordo com esse trabalho, manter o romance vivo pode ser questão de ter uma fita de velcro, um grande obstáculo de espuma e a mente aberta.

Em 59 segundos ou menos

O trabalho de Aron indica que casais com muitos anos de relação se sentirão mais atraídos um pelo outro quando praticarem atividades interessantes e novas que exijam que trabalhem juntos para atingir uma meta. Essa descoberta é fundamentada pelos resultados de diversos estudos que mostram que casais de longa data felizes no relacionamento apresentam maior probabilidade de participar de atividades de lazer que envolvam a participação de ambos e sejam relativamente imprevisíveis e ativas, em vez de passivas.

Portanto, independentemente de ser esporte, teatro amador, escalada, passeios a lugares diferentes, ensaio para aprender uma dança nova ou viagem para destinos diferentes nas férias, os casais que enfrentam juntos os obstáculos de espuma da vida permanecem juntos.

Como simplificar o romance

Recentemente, dirigi uma pesquisa on-line de grande escala para investigar a psicologia dos gestos românticos. Com a colaboração da escritora Rachael Armstrong, fiz um questionário contendo a descrição de grande variedade de gestos românticos, incluindo, por exemplo, "dar um banho relaxante em seu parceiro depois que ele teve um péssimo dia de trabalho", "oferecer seu casaco quando ele estiver com frio" e "levar seu parceiro de surpresa para algum lugar especial no fim de semana". Mais de 1.500 pessoas do Reino Unido e dos Estados Unidos preencheram o formulário, e os resultados ajudaram a revelar a psicologia secreta por trás do romance. As mulheres costumam se queixar que os homens não são criaturas muito românticas. Mas a pesquisa confirma essa impressão?

As mulheres foram instruídas a observar a lista e dizer com que frequência o parceiro delas já havia praticado cada um dos gestos românticos descritos. As descobertas ofereceram uma leitura deprimente. Por exemplo, 55% das mulheres disseram que seus parceiros nunca prepararam um banho após um difícil dia de trabalho, 45% não receberam o casaco deles quando estavam com frio e 53% nunca foram levadas para um fim de semana surpresa. Dados objetivos que corroboram queixas antigas das mulheres contra homens nada românticos. Mas qual poderia ser a razão por trás de tudo isso?

Em outra parte da pesquisa, os homens participantes foram instruídos a observar a lista de gestos românticos e, utilizando uma escala de 0 a 10 pontos, a dizer o quão romântico uma mulher acharia se o parceiro dela fizesse cada um daqueles gestos. Em contrapartida, as mulheres participantes foram instruídas a usar a mesma escala para dizer o quão romântico elas achariam se o parceiro delas praticasse cada um desses atos românticos. Os resultados revelaram que os homens subestimavam gravemente o valor romântico até mesmo da mais simples das atitudes.

Por exemplo, apenas 11% dos homens, comparados com 25% das mulheres, deram nota máxima para o item "diga que ela é a mulher mais maravilhosa que você já conheceu". Do mesmo modo, 8% dos homens, mas 22% das mulheres, deram 10 para "preparar um banho relaxante depois que ela chegou de um dia exaustivo no trabalho". O mesmo padrão foi observado com praticamente a lista inteira, indicando que a relutância dos homens em praticar mesmo que uns poucos gestos românticos pode não ter origem em preguiça ou falta de atenção, mas no fato de que eles não avaliam corretamente o quanto o comportamento romântico é importante para as mulheres.

Finalmente, as descobertas da pesquisa também foram capazes de ajudar os homens que queriam cortejar mulheres, e fizeram isso identificando os gestos que as mulheres viam como mais e menos românticos. O top 10 desses gestos é mostrado a seguir, conjuntamente com a porcentagem de mulheres que atribuiu a cada um a nota máxima na escala de romantismo.

1 Cobrir os olhos dela e conduzi-la a uma agradável surpresa – 40%
2 Levá-la a algum lugar especial no fim de semana – 40%
3 Compor uma música ou um poema para ela – 28%
4 Dizer que ela é a mulher mais maravilhosa que ele já conheceu – 25%
5 Preparar um banho relaxante após um dia exaustivo no trabalho – 22%
6 Enviar para ela um texto ou um e-mail romântico, ou deixar um bilhete em algum lugar da casa – 22%
7 Acordá-la com o café na cama – 22%
8 Oferecer um casaco quando ela estiver com frio – 18%
9 Mandar um enorme buquê de flores ou uma caixa de chocolates para o trabalho dela – 16%
10 Fazer para ela uma compilação das músicas que ela mais gosta – 12%

É interessante notar que atitudes que denotam uma forma de fuga ou de surpresa aparecem no topo da lista, seguidas por aquelas que denotam atenção, solicitude, com atitudes puramente materiais vindo em último lugar. Prova científica, talvez, de que, em se tratando de romance, o que de fato conta é pensar nela.

Cinco para um: quando palavras falam mais alto que atos

Tente encontrar o rosto triste no desenho abaixo:

Para a maioria das pessoas, a tarefa é surpreendentemente fácil, com o rosto triste parecendo saltar em meio aos demais. Pesquisas mostram que, do ponto de vista conceitual, o mesmo efeito influencia muitos aspectos de nosso dia a dia. Quando se trata do modo como pensamos e nos comportamos, experiências e acontecimentos negativos são muito mais perceptíveis e têm maior impacto do que os positivos.[5] Deixe as pessoas de mau humor e elas se lembrarão facilmente de acontecimentos negativos que viveram, como um fim de relacionamento ou uma demissão; entretanto, anime-as, e elas acharão bem mais difícil lembrar de seu primeiro beijo ou de suas melhores férias.

Uma simples mentira contada ou uma pequena desonestidade muitas vezes tem efeito desproporcional sobre a reputação da pessoa e pode rapidamente desfazer os anos de esforço concentrado na construção de uma imagem positiva.

O livro mais importante de Dale Carnegie, *Como fazer amigos e influenciar pessoas*, argumenta que o mesmo princípio se aplica aos comentários que fazemos com amigos e parceiros. Segundo o autor, até mesmo a mais sutil demonstração de crítica tem um efeito enormemente prejudicial sobre os relacionamentos, e ele preconizava que seus leitores enchessem as pessoas que lhes fossem mais próximas de caras de elogios. Com o passar dos anos, muitos escritores repetiram as ideias de Carnegie, inclusive, por exemplo, a humorista norte-americana Helen Rowland, que certa vez observou: "O elogio de uma mulher pode inflar um pouco o ego de um homem, mas sua crítica vai direto ao coração e o oprime de tal forma que ele jamais conseguirá abrigar novamente o amor que sentia antes por ela."

Mas essas afirmações são corroboradas pelas descobertas da ciência moderna?

Como vimos antes, o psicólogo John Gottman passou trinta anos investigando os fatores fundamentais que preveem se um casal permanecerá junto ou se separará.[6] Grande parte do trabalho teve a ver com o exame de comentários feitos por casais, quando conversavam um com o outro sobre o próprio relacionamento. Com o passar dos anos, ele foi ficando especialmente interessado no papel desempenhado pelos comentários positivos (refletindo, por exemplo, consentimento, compreensão ou perdão) e os negativos (envolvendo hostilidade, crítica ou repúdio). Ao gravar cuidadosamente a frequência de cada caso e acompanhar o sucesso ou não do relacionamento, Gottman conseguiu chegar à relação entre comentários positivos e negativos que previa a derrocada de um relacionamento. Suas descobertas são uma leitura fascinante, e endossam firmemente as ideias de Carnegie. Para que um relacionamento tenha sucesso, a frequência de comentários positivos deve ser maior que a de comentários negativos numa razão aproximada de cinco para um. Em outras palavras, são necessários cinco casos de consentimento e apoio para desfazer os danos provocados por apenas uma crítica.

Além de comprovar o poder da negatividade, o estudo de Gottman também investigou por que a hostilidade e a crítica são tão destrutivas. A análise de como as pessoas reagem a comentários positivos e negativos revelou dois padrões bastante distintos. Quando uma pessoa fazia um comentário de apoio ("Bela gravata"), o parceiro tendia a reagir com um comentário positivo ("Obrigado; bonito vestido"). Porém, esse padrão estava longe de ser confiável, e uma sucessão inteira de comentários positivos ("Bela gravata, e gostei bastante de sua camisa, e belo suéter também"), muitas vezes, não era secundada por uma resposta agradável ("Que horas são?"). Por outro lado, a resposta a comentários negativos era muito mais previsível, com a menor das críticas ("Tem certeza de que vai com essa gravata?"), frequentemente, provocando uma enxurrada de negatividade ("Bem, eu gosto dela, mesmo você não gostando. E por que eu deveria me importar com o que você acha de minha gravata? Como se você tivesse o melhor gosto do mundo para escolher vestidos, você parece um espantalho que fugiu do poste. E chega, estou indo"). Os relacionamentos dão certo e sobrevivem à base de apoio e entendimento mútuos, e até mesmo o mais breve dos comentários amargos precisa ser adoçado com significativa quantidade de amor e atenção.

Fazer com que parceiros se policiem e modifiquem a linguagem que usam quando falam um com o outro é difícil e exigiria uma quantidade relativamente grande de tempo e de esforço. Porém, pesquisadores descobriram formas rápidas, e ainda assim eficazes, de usar as palavras para melhorar os relacionamentos.

Veja, por exemplo, o trabalho conduzido pelos psicólogos Richard Slatcher e James Pennebaker, da University of Texas, em Austin.[7] Slatcher e Pennebaker sabiam que pesquisas anteriores indicavam que fazer pessoas que tinham passado por um acontecimento traumático escreverem o que pensavam e sentiam as ajudava a evitar um princípio de depressão e melhorava seu sistema imunológico. Mas, eles se perguntaram, melhoraria também a qualidade do relacionamento das pessoas? Para descobrir, eles recrutaram mais de oitenta casais recém-formados e designaram aleatoriamente um membro de cada casal para grupos diferentes. Em um desses, os voluntários foram instruídos a passar vinte minutos por dia ao longo de três dias consecutivos escrevendo sobre o que pensavam e sentiam sobre seu relacionamento atual. Em contrapartida, os que estavam no outro grupo foram instruídos a passar o mesmo intervalo de tempo escrevendo o que tinham feito no dia. Três meses depois, os pesquisadores entraram em contato com todos os participantes e perguntaram se o relacionamento ainda existia. Foi notável observar que o simples fato de um membro do casal ter escrito sobre os próprios sentimentos em relação ao parceiro tinha tido um efeito significativo. Setenta e sete por cento daqueles que praticaram essa forma de registro "expressivo" ainda estavam saindo com seus parceiros à época da pesquisa, comparados com apenas 52% daqueles que haviam escrito sobre suas atividades diárias.

Para ajudar a descobrir o que estava por trás dessa diferença tão drástica, os pesquisadores coletaram e analisaram os textos que os casais enviaram um ao outro no decorrer dos três meses de pesquisa. Ao contar cuidadosamente todas as palavras positivas e negativas contidas nos textos, descobriram que os textos das pessoas que tinham praticado o exercício "expressivo" continham palavras consideravelmente mais positivas do que os das pessoas que escreveram sobre seu dia a dia. Em resumo, os resultados demonstraram de que modo uma atitude aparentemente simples pode ter um impacto surpreendentemente grande. Para os participantes, passar apenas vinte minutos do dia ao longo de três dias escrevendo sobre seu relacionamento teve um impacto duradouro tanto na linguagem que eles usavam para se comunicar com o parceiro, como na probabilidade de ficarem juntos.

Outra pesquisa indicou que não é necessário sequer o tempo estipulado anteriormente para melhorar a saúde do relacionamento. Veja a ilustração a seguir:

O círculo branco à esquerda parece maior do que o círculo branco à direita. Na verdade, os dois são idênticos, mas parecem ter tamanhos diferentes porque nosso cérebro automaticamente compara cada um com o que está à sua volta. A imagem central à esquerda está rodeada por pequenos círculos e, portanto, em comparação, parece grande. Por sua vez, o círculo branco da direita está cercado por grandes círculos e, portanto, parece pequeno, comparativamente.

Bram Buunk, da Rijksuniversitit Groningen, e seus colaboradores se perguntaram se o mesmo tipo de "pensamento comparativo" poderia ser usado para melhorar o modo como as pessoas percebiam seu relacionamento.[8] Para descobrir, Buunk recrutou participantes que estavam num relacionamento longo e pediram que pensassem no parceiro em uma de duas formas: os integrantes de um grupo foram instruídos apenas a escrever algumas palavras explicando por que achavam que o relacionamento era bom; por outro lado, os do segundo grupo foram instruídos antes a pensar sobre outros relacionamentos que eles acreditavam não serem tão bons quanto o que tinham, e então anotar por que o deles era melhor. Conceitualmente, a tarefa do segundo grupo é semelhante à situação do lado esquerdo da ilustração. Como previsto, ao cercar mentalmente o relacionamento com círculos menores, os participantes se sentiram mais positivos em relação ao parceiro.

Finalmente, o trabalho feito pelos psicólogos Sandra Murray e John Holmes indica que até mesmo uma palavra pode fazer toda a diferença.[9] Em tal estudo, pessoas foram entrevistadas sobre as qualidades mais positivas e mais negativas de seu parceiro. A equipe de pesquisa, então, acompanhou os participantes ao longo de um ano, monitorando quais relacionamentos se mantinham e quais terminavam. Depois, investigou os diferentes tipos de linguagem que as pessoas nos relacionamentos bem e malsucedidos usavam durante a entrevista. Talvez a diferença mais importante se resuma em apenas uma palavra: "mas." Ao falar sobre os maiores defeitos do parceiro, aqueles que estavam em relacionamentos bem-sucedidos tendiam a qualificar qualquer crítica. O marido era preguiçoso, mas isso dava aos dois motivos para rir. A esposa era péssima cozinheira, mas isso significava que comeriam bastante fora. Ele era introvertido, mas expressava seu amor de outras maneiras. Ela, às vezes, era desatenciosa, mas isso se devia a uma infância bastante difícil. Essa simples palavra era capaz de ajudar a reduzir o impacto negativo dos defeitos do parceiro e mantinha o relacionamento em equilíbrio.

Em 59 segundos ou menos

A tarefa a seguir, de três dias de duração, é semelhante àquelas usadas em estudos com experimentos, mostrando que dedicar tempo para escrever sobre um relacionamento possui diversas vantagens físicas e psicológicas, e pode ajudar a aumentar a longevidade do relacionamento.

DIA 1

Passe dez minutos escrevendo seus sentimentos mais profundos sobre o atual relacionamento romântico. Fique à vontade para dar livre vazão a suas emoções e reflexões.

DIA 2

Pense em alguém que você conheça que esteja num relacionamento de algum modo menos bem-sucedido que o seu. Escreva três importantes razões pelas quais o seu relacionamento é melhor que o desse outro casal.

1 ....

2 ....

3 ....

DIA 3

Escreva uma qualidade positiva importante do seu parceiro e porquê essa qualidade significa tanto para você.

Agora, redija algo que você considere um defeito de seu parceiro (talvez algo que tenha a ver com a personalidade, os hábitos ou o comportamento dele), e, então, escreva uma forma pela qual esse defeito pode ser considerado compensador ou carinhoso.

Um cômodo com uma pista

Imagine que você acabou de entrar na sala de um completo estranho. Não sabe coisa alguma sobre ele e tem apenas alguns instantes para olhar em volta e tentar compreender algo sobre a personalidade dele. Observe os quadros na parede e as fotografias por cima da lareira. O que essas coisas lhe dizem? Você acha que a pessoa que mora aí é extrovertida ou introvertida? Uma pessoa ansiosa ou alguém que leva a vida de modo mais relaxado? Está num relacionamento e, caso positivo, é realmente feliz com o parceiro? Ok, hora de ir embora. O dono fictício voltará em breve, e se ele encontrar você ficará furioso.

Psicólogos começaram há pouco a se interessar seriamente pela seguinte questão: é possível saber algo a respeito da personalidade e do relacionamento das pessoas tendo por base a casa em que moram ou o lugar em que trabalham? Por exemplo, há alguns anos, Sam Gosling, da University of Texas, Austin, reuniu pessoas para preencherem questionários-padrão de personalidade e, em seguida, enviou uma equipe de observadores treinados para registrar atentamente diversos aspectos dos lugares em que moravam e trabalhavam.[10] Os ambientes eram entulhados ou bem-organizados? Que tipo de pôsteres havia nas paredes? Havia vasos com plantas e, caso positivo, quantos? A pesquisa mostrou que, por exemplo, os quartos das pessoas criativas não tinham mais livros e revistas do que o das demais, mas o tipo de leitura abrangia maior variedade de gêneros. Do mesmo modo, no local de trabalho, os escritórios de pessoas extrovertidas foram vistos como mais acolhedores e convidativos do que o de seus colegas introvertidos. Gosling concluiu que muitos aspectos da personalidade das pessoas se refletiam no ambiente que as cercava.

Outro estudo investigou o que é possível dizer sobre o relacionamento de uma pessoa a partir do ambiente em que vive. Hora de fazer outro exercício. Este só funciona se você estiver num relacionamento; portanto, se você estiver solteiro, terá de ficar apenas observando. Desculpem por isso. O lado positivo é que é bastante rápido, então você não precisará esperar muito.

Antes de qualquer coisa, pense em que cômodo da casa você costuma receber seus convidados. Ok, agora se imagine sentado no meio desse cômodo, olhando em volta (claro, se por acaso já estiver nele, olhe em volta agora). Num papel, faça uma lista de cinco de seus objetos favoritos que estejam nesse cômodo. Isso pode incluir pôsteres, pinturas, mesas, cadeiras, esculturas, plantas, brinquedos ou aparelhos eletrônicos. Qualquer coisa de que você realmente goste. Agora, pense em como você adquiriu esses objetos da lista. Se seu parceiro comprou o objeto ou se foi uma compra conjunta, faça uma marca ao lado dele. Você deverá terminar com uma lista de cinco objetos e um número de marcas entre zero e cinco.

O que o número de marcas diz sobre seu relacionamento? Segundo o psicólogo Andrew Lohmann, da Claremont Graduate University, e seus colaboradores, muita coisa.[11] Lohmann recrutou mais de cem casais e pediu que executassem a tarefa de "marcar os objetos da sala adquiridos em conjunto" e também que avaliassem o quão próximos se sentiam do parceiro. Os resultados revelaram que grande número de marcas estava associado a um relacionamento mais íntimo e saudável, uma tendência a ver o relacionamento como uma parceria duradoura e maior disponibilidade para despender tempo e esforços para fazê-lo dar certo. Portanto, a próxima vez que você visitar um amigo, pode ser interessante perguntar como ele conseguiu alguns dos objetos mais importantes da casa — isso pode revelar mais sobre o relacionamento do que ele imagina.

A presença de objetos que fazem a pessoa lembrar de seu relacionamento pode, por exemplo, levar a lembranças felizes e fazer com que ela se sinta bem. Ou pode fazer com que se lembre de um episódio especialmente emotivo ou divertido do relacionamento. Porém, segundo pesquisas recentes, pode ser que esses objetos estejam fazendo muito mais que isso. Num engenhoso estudo que investigou o poder do amor, Jon Maner, da Florida State University, e seus colaboradores recrutaram mais de cem estudantes que estavam em relacionamentos sérios, pediram que olhassem para fotos de pessoas do sexo oposto e escolhessem aquela que achassem mais atraente fisicamente.[12] Então, um grupo foi instruído a escrever um ensaio sobre uma época em que tenha sentido um amor muito forte pelo parceiro, enquanto o grupo de controle pôde escrever sobre o que quisesse.

Enquanto redigiam, todos foram instruídos a esquecer a fotografia escolhida da pessoa atraente. Além disso, se a imagem da foto por acaso voltasse à mente, eles deveriam fazer uma marca na margem do papel. Pedir que as pessoas não pensem sobre algo normalmente faz com que fiquem obcecadas com aquilo. Foi isso, sem dúvida, que aconteceu com o grupo de controle, que inseriu a marca na margem do texto numa taxa média de quatro por página. Porém, as pessoas que escreveram sobre o amor acharam muito mais fácil manter a cabeça livre da imagem da pessoa atraente, resultando numa média de apenas uma marca a cada duas páginas.

Posteriormente nesse experimento, pediu-se a todos que lembrassem o melhor possível da foto escolhida. Aqueles que estavam no grupo do "amor" lembraram mais dos aspectos gerais da imagem, como a cor da roupa da pessoa ou o lugar da foto, e esqueciam os traços relacionados com a atratividade física, como olhos sedutores ou um lindo sorriso. Aliás, os apaixonados lembraram, em média, de apenas dois terços dos traços atraentes quando comparados com o grupo de controle.

Essas descobertas indicam que até mesmo alguns minutos pensando sobre o amor que sentimos por nosso parceiro reduz drasticamente o apelo da atração exercida por pessoas do sexo oposto. Segundo a equipe de pesquisa, isso pode ser um mecanismo que evoluiu no decorrer de milhares de anos para ajudar os casais a ficarem juntos. Num nível mais prático, isso indica que todo objeto que nos ajude a nos lembrar de nosso parceiro pode exercer importante efeito psicológico. De fotos a uma aliança, passando por um colar comprado naquela divertida viagem para outro país, tudo serve para nos ajudar a preferir nosso parceiro diante da concorrência.

Em 59 segundos ou menos

Cercar-se de objetos que façam você se lembrar de seu parceiro faz bem para o relacionamento. Pode ser algo que você veste ou usa, como um anel ou um colar. Você também pode deixar em casa ou no escritório um presente que seu parceiro tenha lhe dado; ou talvez deixar uma foto dos dois num local de destaque ou em sua carteira ou bolsa. Seja como for, lembre-se de que esses objetos não só são um lembrete do amor, mas também cumprem uma importante função psicológica. Não só evocam normalmente lembranças felizes e positivas, como também ativam um mecanismo evolutivo profundamente arraigado que ajuda a tornar a tentação menos tentadora.

8. Tomada de decisão

Por que duas cabeças não pensam melhor que uma, como nunca mais se arrepender de uma decisão, proteja-se de quem tenta convencê-lo disfarçadamente e saiba quando alguém está mentindo para você.

Quando as pessoas têm uma importante decisão a tomar no trabalho, é comum discutirem a questão com um grupo de colegas bem-informados e equilibrados. Diante da questão, parece um plano sensato. Afinal, para tomar sua decisão, é fácil imaginar que consultar pessoas com diversos históricos, experiências e conhecimentos pode ajudar a obter uma perspectiva mais ponderada e balanceada. Mas várias cabeças realmente pensam melhor que uma só? Psicólogos têm feito experimentos abordando esse tema, e suas descobertas surpreenderam até mesmo os mais ardorosos defensores da consulta ao grupo.

Talvez a linha mais bem-conhecida desse tipo de trabalho tenha começado no início dos anos 1960 com o estudante do MIT James Stoner, que investigou a importante questão da aceitação do risco.[1] Não será surpresa alguma descobrir que, segundo essa pesquisa, algumas pessoas gostam de viver a vida no limite, enquanto outras são mais avessas ao risco. Entretanto, Stoner se perguntou se as pessoas tendiam a tomar decisões mais ou menos arriscadas quando faziam parte de um grupo, e para descobrir desenvolveu um experimento simples mas brilhante.

Na primeira parte do estudo, o estudante pediu que as pessoas fizessem o papel de um instrutor para assuntos da vida. Foram apresentadas aos participantes diversas situações nas quais alguém enfrentava um dilema, e eles foram instruídos a escolher qual opção, dentre inúmeras, garantiria a melhor forma de seguir em frente. As opções foram cuidadosamente concebidas para garantir que cada uma representasse um nível diferente de risco. Por exemplo, uma situação envolvia uma escritora chamada Helen que ganhava a vida escrevendo livros baratos de suspense. Ela havia tido recentemente uma ideia para um romance, mas para concretizá-la teria de deixar seus suspenses baratos em segundo plano e enfrentar uma redução de sua renda. O lado positivo é que o romance poderia ser seu grande sucesso e, assim, ela poderia ganhar muito dinheiro. O negativo é que poderia ser um completo fracasso, e ela teria desperdiçado muito tempo e esforço. Então, pediu-se que os participantes pensassem no dilema de Helen e, então, indicassem o quão certa ela deveria estar de que o romance seria um sucesso antes de abrir mão de sua renda fixa conseguida com os suspenses baratos.

Se um participante fosse muito conservador, poderia indicar que Helen precisava estar quase 100% certa. Se o participante encarasse o risco de forma muito mais positiva, poderia indicar que até mesmo 10% de probabilidade de sucesso já seriam aceitáveis.

Stoner formou pequenos grupos com cerca de cinco pessoas. Os grupos foram instruídos a conversar sobre as situações para chegar a um consenso. Os resultados mostraram claramente que as decisões tomadas pelos grupos tenderam a ser bem mais arriscadas do que as tidas pelas pessoas isoladamente. Vez após outra, os grupos aconselhavam Helen a largar tudo e começar a trabalhar no romance, enquanto as pessoas sozinhas chegavam à conclusão de que ela devia manter a produção dos livros de suspense. Centenas de estudos posteriores mostraram que esse efeito não tem tanto a ver com tomar decisões mais arriscadas, mas com polarização. Nos clássicos estudos de Stoner, diversos fatores fizeram com que os grupos tomassem decisões mais conservadoras do que as pessoas isoladamente. Em resumo, estar num grupo exacerba a opinião das pessoas, fazendo com que tomem decisões mais extremas do que tomariam se estivessem sozinhas. Dependendo das inclinações iniciais de cada pessoa no grupo, a decisão final pode ser extremamente arriscada ou extremamente conservadora.

Esse curioso fenômeno se manifesta em várias situações diferentes, muitas vezes com consequências preocupantes. Reúna um grupo de pessoas que sofrem preconceito racial e elas tomarão decisões ainda mais extremas sobre questões de cunho racial;[2] convoque uma reunião com executivos dispostos a investir em projetos falhos e é ainda mais provável que eles continuem investindo e desperdiçando dinheiro;[3] faça adolescentes agressivos saírem juntos e é muito mais provável que eles ajam violentamente em grupo; observe pessoas com fortes convicções religiosas ou políticas convivendo e você verá que elas passam a ter pontos de vista ainda mais radicais, muitas vezes até violentos. O efeito se manifesta até mesmo na internet, onde pessoas que participam de listas de discussão e de salas de bate-papo defendem opiniões e atitudes muito mais extremas do que as que defenderiam normalmente.

O que provoca esse fenômeno estranho, mas muito comum? Juntar-se com pessoas que partilham de sua postura e de sua opinião reforça as convicções já existentes de várias maneiras. Você ouve novos argumentos e se vê exprimindo abertamente uma posição que poderia ter cogitado apenas de forma vaga antes. Pode ser que viesse guardando intimamente certas ideias porque acreditava serem pouco comuns, radicais ou socialmente inaceitáveis. Mas, cercado por pessoas com pensamentos semelhantes, essas ideias secretas muitas vezes chegam à tona, o que, por sua vez, encoraja os outros a partilhar seus sentimentos mais radicais com você.

A polarização não é o único fenômeno do "pensamento de grupo" que pode influenciar corações e mentes quando as pessoas estão reunidas.[4] Outros estudos mostraram que, comparados com pessoas isoladas, grupos tendem a ser mais dogmáticos, mais capazes de justificar atitudes irracionais e de considerar as próprias atitudes como dotadas de uma moral elevada, além de apresentarem a tendência a formar visões estereotipadas de desconhecidos. No mais, quando pessoas convictas lideram discussões em grupo, são capazes de pressionar os outros a se alinhar com elas, induzir a autocensura e criar uma ilusão de unanimidade.

Duas cabeças não pensam necessariamente melhor que uma. Mais de cinquenta anos de pesquisas indicam que ideias irracionais surgem quando pessoas tentam chegar a decisões em grupo, e isso pode levar a uma polarização de opiniões e a uma avaliação profundamente tendenciosa da situação em pauta.

Se os grupos não são uma boa escolha, qual a melhor forma de tomar uma decisão? Segundo as pesquisas, é uma questão de evitar diversos erros e armadilhas que muitas vezes obscurecem nosso entendimento. A dificuldade é que muitas das técnicas que são a base da tomada de decisão racional exigem uma compreensão meticulosa de probabilidade e lógica. Porém, algumas dessas técnicas podem ser aprendidas em questão de minutos. Veja, por exemplo, como se proteger dos truques mais comuns usados pelos vendedores, como saber se alguém está mentindo e como garantir que você nunca, jamais, se arrependa novamente de uma decisão.

Como conseguir pôr o pé na porta, e a porta em sua cara

Vamos começar com uma hipótese: imagine que oferecem dois empregos a você. Em termos de horas trabalhadas, deveres, lugar e plano de carreira, o emprego A é absolutamente idêntico ao emprego B. Na verdade, a única diferença é a que existe entre o seu salário e o de seus futuros colegas de trabalho. No emprego A, seu salário anual é de 50 mil libras, e o de seus colegas, 30 mil. No emprego B, você ganhará 60 mil libras, e seus colegas, 80 mil. Você se sentiria tentado a aceitar o emprego A ou o B? Pesquisas mostram que a maioria das pessoas opta pelo emprego A.[5]

Vista em termos puramente financeiros, a decisão é completamente irracional porque o emprego B paga 10 mil libras a mais. Porém, se o estudo científico da natureza humana nos revela alguma coisa, é que estamos longe de ser criaturas racionais. Somos, isso sim, animais sociais facilmente influenciados por enorme gama de fatores, incluindo o modo como nos sentimos, como vemos a nós mesmos e como aparecemos diante dos outros. Embora, objetivamente falando, o emprego B pague mais do que o emprego A, no emprego A ganhamos 20 mil libras a mais que nossos colegas, e a sensação de superioridade evocada pela diferença de valores é mais que suficiente para compensar os ganhos extras oferecidos pelo emprego B.

Esse efeito sutil, muitas vezes inconsciente, também pode influenciar nosso comportamento de consumo.

Ainda me lembro da primeira vez que vi um vendedor trabalhando numa grande loja de departamentos. Eu tinha 8 anos e meus pais me levaram para Londres. Entramos na loja, e fiquei hipnotizado pelo homem que mostrava, entusiasticamente, os mais recentes avanços na tecnologia relativos a facas de cozinha. Esse fantástico aparato era capaz de fazer tudo que você esperasse de uma faca e muitas outras coisas que você provavelmente não fazia ideia ser possível, incluindo a capacidade de cortar uma latinha vazia ao meio. Ao final da demonstração, o simpático sujeito nos informava que a faca saía por dez libras.

Mas, então, algo estranho acontecia. Bem diante de nossos olhos, ele subitamente se transformava num homem que não conseguia parar de nos oferecer uma oferta extraordinária. Na verdade, a faca sairia por apenas 8 libras... não... 5 libras. Então, como tínhamos sido uma plateia sensacional, ele estava pronto para nos vender a faca por apenas 3 libras. Exatamente quando não conseguíamos mais acreditar em nossa sorte, como ao final de uma exibição de fogos de artifício cuidadosamente coreografada, começavam as verdadeiras explosões. Ele nos daria uma segunda faca totalmente de graça, incluiria no pacote cinco facas menores sem custo adicional e tudo isso viria numa bolsinha de couro que normalmente sairia a 10 libras. Cada etapa com tão impressionante generosidade surpreendia e encantava a plateia. Mais importante, convencia a maioria das pessoas, incluindo meus pais, a comprar facas que eles não tinham nenhuma intenção de obter quando puseram os pés na loja aquele dia. Contudo, a lição foi aprendida: quando chegamos em casa, tentei usar a faca milagrosa para cortar uma lata vazia de refrigerante e o cabo dela caiu.

Meus pais e eu fomos enganados por uma técnica que os pesquisadores chamam de "e não é só isso". Sem insistir, o vendedor vai tornando a compra cada vez mais atraente, até torná-la completamente irresistível. Até mesmo a maior das reduções ou o mais minúsculo bônus são eficientes nesse sentido. Num estudo, 40% das pessoas compraram um bolinho e dois cookies, tudo junto, por 75 centavos, mas 73% puseram suas mãos no bolso quando o bolinho foi anunciado por 75 centavos e os dois cookies repentinamente acrescentados "de graça" ao pacote.[6]

Além de investigar esses princípios de persuasão tão comumente utilizados, psicólogos também já examinaram outras técnicas menos comuns, mas, mesmo assim, muito eficazes. Há, por exemplo, a técnica do "pique", por meio da qual um pedido estranho faz as pessoas prestarem mais atenção, aumentando a probabilidade de consentimento. Em um estudo, realizado por Michael Santos e seus colaboradores, da University of California, um mendigo (na verdade, um pesquisador) perguntava a transeuntes se eles tinham 25 ou 37 centavos.[7] Um número significativamente maior de pessoas deu o dinheiro quando ouviu o pedido inusitado.

Relacionada à técnica anterior, é a de "desestabilizar para reformular", na qual você momentaneamente surpreende a pessoa a fim de que ela saia do piloto automático para, então, fazer um pedido normal. Numa série de estudos, pesquisadores foram de porta em porta vendendo blocos de papel, para caridade.[8] Numa situação, eles disseram: "Eles custam 3 libras. Está muito barato." Na situação de "desestabilizar para reformular", eles disseram: "Eles custam 300 centavos... isso dá 3 libras. É muito barato." Essa mudança estranha e surpreendente quase dobrou as vendas.

Porém, a maior parte do trabalho sobre técnicas rápidas porém eficazes tem se concentrado em dois princípios: "pôr o pé na porta" e "porta na cara".

No início dos anos 1960, Jonathan Freedman e Scott Fraser, psicólogos de Stanford, realizaram um experimento inovador sobre persuasão.[9] A equipe de pesquisa começou telefonando aleatoriamente para mais de 150 mulheres fingindo ser do California Consumers Group. O pesquisador perguntava se elas se importariam de participar de uma pesquisa pouco comum sobre seu uso de produtos domésticos para uma publicação chamada *The Guide*. Diferente de suas concorrentes, *The Guide* gostava de se aprofundar o máximo possível nas questões. Portanto, seria possível, perguntavam os pesquisadores, que uma equipe de seis homens fosse até a residência e ficasse duas horas fuçando a despensa e os armários da casa? A busca seria meticulosa: eles olhariam cada local de armazenamento para catalogar cada sabão, detergente e alvejante que conseguissem encontrar. Não deve surpreender que menos de um quarto das mulheres tenha concordado com essa revista de estilo investigativo. Mas isso tudo era apenas parte de um experimento. Outro grupo de mulheres recebeu uma ligação semelhante; porém, em vez de pedir acesso a todas as áreas, o pesquisador perguntou se elas se importariam de participar de uma rápida pesquisa por telefone sobre seus produtos domésticos preferidos. Quase todas concordaram. No entanto, três dias depois, receberam um segundo telefonema, e perguntaram se elas se importariam caso uma equipe de seis homens olhasse seus armários e sua despensa. Em tais circunstâncias, mais da metade das mulheres concordou.

Numa sequência do experimento, a mesma equipe queria ver se conseguia convencer pessoas a pôr um cartaz enorme, com a mensagem "Dirija com Atenção", no jardim da frente de casa. Embora o cartaz fosse evidentemente para ajudar a reduzir o nível de velocidade nas redondezas, praticamente nenhum morador concordou com isso. Os pesquisadores então abordaram um segundo grupo de moradores e pediram que afixassem um cartaz bem menor, que tinha apenas 20 centímetros quadrados, e quase todos aceitaram. Duas semanas depois, os pesquisadores voltaram e perguntaram se haveria algum problema em trocar o cartaz pequeno pelo cartaz grande. Impressionantes 76% não fizeram objeções e aceitaram a proposta.

Esses experimentos demonstram o poder da técnica do "pé na porta". É muito mais provável que as pessoas concordem com um pedido maior se já tiverem concordado com um pedido menor.

Mais de quarenta anos de pesquisas demonstraram que essa técnica funciona em muitas situações diferentes.[10] Consiga que as pessoas façam doações modestas para caridade e a seguir elas farão doações maiores; consiga que os empregados concordem com pequenas mudanças nas condições de trabalho e mudanças maiores serão aceitas mais facilmente; consiga que troquem lâmpadas incandescentes por lâmpadas de baixo consumo e a probabilidade de que haja mudanças muito mais importantes no sentido do consumo eficiente de energia aumentará.

Finalmente, quando os pesquisadores não estão pondo o pé na porta, estão encorajando as pessoas a batê-la na cara deles. Embora o "pé na porta" tenha a ver com começar de baixo para ir gradualmente aumentando, a técnica da porta na cara envolve começar com um pedido absurdo, receber um definitivo "não" e, então, fazer com que as pessoas concordem com uma oferta muito mais modesta. Talvez o trabalho mais bem-conhecido sobre esse princípio tenha sido realizado por Robert Cialdini e seus colaboradores da Arizona State University.[11] Em seu clássico estudo, membros de uma equipe de pesquisa se fizeram passar por integrantes do Country Youth Counseling Program e perguntaram se os estudantes se incomodariam de levar um grupo de delinquentes juvenis para passar o dia num zoológico. Não se surpreenderam ao constatar que menos de 20% dos estudantes aceitaram essa oferta de passar um dia com os bichos.

Inabalada, a equipe de pesquisa adotou uma tática diferente. Dessa vez, abordaram outro grupo de pessoas com um pedido muito mais complicado, perguntando se, nos dois anos seguintes, eles se importariam de doar duas horas de seu tempo a cada semana para ajudar na orientação de delinquentes juvenis. Mais uma vez, o pedido foi amplamente recusado. Então, uma vez que as pessoas davam uma resposta negativa, a equipe de pesquisa voltava com um pedido bem mais simples. Sim, vocês adivinharam: e se tivessem apenas de levar os delinquentes juvenis para passar um dia no zoológico? Em tais circunstâncias, mais da metade dos estudantes concordou.

Em outro exemplo, pesquisadores franceses providenciaram para que uma jovem se visse sem dinheiro algum num restaurante e, portanto, tivesse de pedir a outros clientes que a ajudassem a pagar a conta.[12] Quando ela pedia somente alguns francos, apenas 10% das pessoas ofereciam o dinheiro. Porém, quando ela começava pedindo para que eles pagassem a conta inteira, depois diminuindo para alguns francos, 75% das pessoas punham as mãos no bolso. Mais uma vez, essa técnica é eficaz em muitas situações diferentes. De negociar o preço de uma casa até horas de trabalho, salários e saques a descoberto, se você estiver vendendo, compensa começar jogando alto.

Persuasão tem tudo a ver com pôr o pé na porta, receber a porta na cara, surpreender as pessoas com um pedido inusitado e oferecer uma interminável lista de vantagens. Mais importante, pesquisas mostram que essas técnicas podem ser aprendidas em exatamente 47 segundos. Na verdade, trinta segundos já bastam. E isso inclui um conjunto grátis de facas menores.

Em 59 segundos ou menos

Não somos as criaturas racionais que gostamos de pensar que somos e podemos ser facilmente persuadidos por uma série de técnicas rápidas e eficazes. Cuidado com pessoas que usam o princípio "e não é só isso", oferecendo descontos e vantagens para fazê-lo gastar dinheiro. Do mesmo modo, desconfie de quem começa pedindo pouco e vai pedindo mais, ou que começa pedindo muito e rapidamente recua para uma oferta mais "razoável". É claro, também é possível usar exatamente essas técnicas para influenciar as pessoas. Tudo bem, mas Obi-Wan Kenobi disse certa vez que o poder que você acaba de conquistar pode ter forte influência sobre as mentes fracas. Por isso, tenha cuidado para usá-lo apenas para o bem.

Nunca mais se arrependa de uma decisão

> Ao tomar uma decisão de menor importância sempre achei vantajoso considerar todos os prós e os contras. Porém, nas questões fundamentais... a decisão deve vir do inconsciente, de algo interno.
>
> Sigmund Freud

Imagine seu chefe dizendo que acha que o escritório está parecendo um pouco desprovido de cultura e perguntando se você faria a gentileza de comprar uma tela de arte moderna, aparentemente cara, para dar vida à parede. Você põe seu paletó e vai para uma galeria próxima, descobrindo que lá eles só têm quatro opções em estoque.

Como decidir? Uma possibilidade é pensar nos prós e nos contras de cada opção em termos de personalidade do chefe, imagem da empresa e decoração já existente no escritório. Como alternativa, você pode apenas confiar em seu instinto e escolher a tela que você "sente" ser o certo. Ou pode recorrer a uma técnica diferente que, segundo pesquisas recentes, apresenta probabilidade significativamente maior de conduzir a uma boa decisão.

Há alguns anos, os psicólogos Ap Dijksterhuis e Zeger van Olden realizaram um experimento extraordinário usando o mesmo tipo de procedimento de escolha de quadro.[13] Em tal estudo, os participantes foram convidados para ir até o laboratório, olhar cinco telas e aplicar uma de três técnicas para auxiliar na escolha que gostavam mais. Um grupo foi instruído a estudar cada tela por cerca de um minuto e meio; fazer uma lista dos motivos principais pelos quais gostavam ou não de cada uma; analisar cuidadosamente o que pensavam a respeito e, então, escolher a tela vencedora. Um segundo grupo olhava rapidamente para todas as cinco opções e escolhia aquela da qual tinham gostado mais. Os do terceiro grupo viam as telas rapidamente, eram instruídos a ficar cinco minutos resolvendo anagramas, viam as telas rapidamente de novo para só então tomar sua decisão. Feitas todas as etapas, os participantes davam uma nota para a intensidade com que gostavam de cada uma das cinco telas.

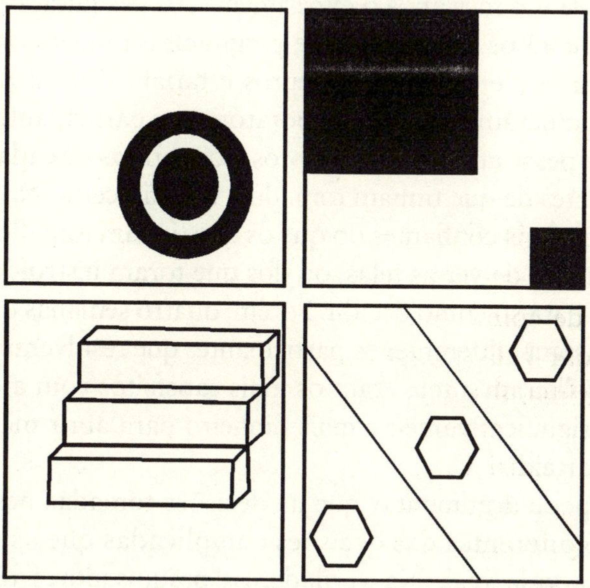

Logo depois disso, os pesquisadores praticavam um ato de generosidade sem precedentes, dando a tela favorita para os participantes como um presente por terem feito parte da experiência. Finalmente, na hora em que a pessoa estava indo embora do laboratório levando seu rolo com o presente, o pesquisador comentava casualmente que seria bom ter o telefone dela, caso houvesse algum problema com os dados armazenados e o estudo precisasse ser repetido.

Ora, se você participa de um estudo e um pesquisador explica que precisa de seu número caso haja um problema no disco rígido, é porque tem alguma coisa aí. O mais provável é que o experimento esteja longe de terminar e que os pesquisadores pretendam telefonar para você. A ligação pode vir de diversas formas: o telefone pode tocar no meio da noite, e um pesquisador de mercado pode perguntar se você se importa de participar de uma pesquisa sobre sabão; ou você pode receber uma ligação de um suposto amigo de longa data perguntando se você não gostaria de encontrá-lo; ou, como aconteceu aqui, alguém da equipe pode ligar para dizer olá e perguntar o que você está achando da tela.

Cerca de um mês após o experimento, os pesquisadores entraram em contato com os participantes e perguntaram se eles estavam satisfeitos com a tela e por quantos euros estariam dispostos a vendê-la. Quando escolheram tal arte no laboratório, os participantes que foram instruídos a pesar atentamente os prós e os contras de cada opção estavam confiantes de que tinham tomado a decisão certa. Na verdade, estavam muito mais confiantes do que os que tinham tomado sua decisão instantes depois de ver as telas, ou dos que foram instruídos a resolver anagramas para só então decidir. Porém, quatro semanas depois, a situação era bastante diferente: os participantes que resolveram anagramas e então escolheram a tela eram os mais satisfeitos com a escolha feita e queriam significativamente mais dinheiro para abrir mão de seu tão estimado cartaz.

Você pode argumentar que as decisões tomadas nesses tipos de estudo são diferentes das decisões complicadas que as pessoas têm de fazer na vida real. Na verdade, os pesquisadores têm obtido o mesmo efeito curioso seguidamente.[14] Seja ao decidir que apartamento alugar, que carro comprar ou em que ações investir, as pessoas que veem as opções mas em seguida se mantêm ocupadas numa atividade mental complicada tomam decisões melhores do que as outras pessoas.

Por que isso acontece? Dijksterhuis e van Olden propõem que isso tem a ver com uma forma de tirar proveito do poder de nosso inconsciente. Quando temos de decidir entre opções que são diferentes por um ou dois fatores, nossa mente consciente é muito boa para estudar a situação de um modo racional e equilibrado, e para decidir a melhor atitude a ser tomada; porém, a capacidade dela é limitada a lidar com um pequeno número de fatos e números de cada vez, e por isso não é recomendada quando o assunto fica mais complexo. Portanto, em vez de olhar para a situação como um todo, a mente consciente tende a se concentrar nos elementos mais óbvios, e ao fazer isso pode perder de vista o plano geral. Por outro lado, nosso inconsciente é muito melhor para lidar com decisões complexas que permeiam muitos aspectos de nossa vida. Tendo algum tempo, ele lentamente pesa todos os fatores e por fim oferece uma decisão mais ponderada. A explicação de Dijksterhuis e van Olden para esse efeito, chamado de Teoria da Reflexão Inconsciente, defende uma espécie de meio-termo para se tomar decisões complexas. Pensar demais em um assunto é, sob muitos aspectos, tão ruim quanto tomar uma decisão precipitada. Em vez disso, tudo é uma questão de saber o que precisa ser decidido, distrair o consciente e permitir que o inconsciente faça o próprio trabalho. E como podemos fazer com que nosso inconsciente trabalhe num problema? Bem, exatamente como vimos na seção sobre como melhorar a criatividade, uma técnica recomenda deixar a mente consciente ocupada com uma tarefa que a absorva e que seja difícil, como resolver anagramas ou contar de trás para a frente de três em três unidades.

Mas, claro, resolver anagramas antes de uma decisão importante não é a única forma de ajudar a assegurar que você não se arrependerá de uma decisão. Na verdade, de acordo com outra pesquisa, existe uma forma ainda mais rápida de maximizar a chance de não se arrepender de *nada*.

Na Cornell University, Thomas Gilovich vem estudando a psicologia do arrependimento por mais de uma década. As descobertas dele compõem uma leitura fascinante.[15] Grande parte de seu trabalho era pedir que pessoas olhassem para o próprio passado e dissessem qual era seu maior arrependimento. Cerca de 75% dos entrevistados responderam que se arrependiam de não ter feito algo, sendo que os três primeiros lugares eram não ter se esforçado o suficiente na escola, não ter aproveitado uma oportunidade importante e ter deixado de usar o tempo com amigos e com a família. Por outro lado, 25% se arrependem de ter feito algo, como escolher mal a carreira profissional, casar com alguém que não amavam ou ter tido um filho num momento inadequado.

Parece que parte do problema é que é relativamente fácil perceber as consequências negativas de algo que já aconteceu. Você tomou uma decisão profissional ruim e, portanto, está num emprego do qual não gosta; teve filhos quando era muito jovem e, portanto, não pôde sair com os amigos; se casou com a pessoa errada, e vocês discutem o tempo inteiro. As consequências negativas são conhecidas, e embora o potencial para arrependimento continue sendo considerável, é limitado. Porém, a situação é completamente diferente quando se trata de coisas que não aconteceram. De uma hora para outra, os possíveis benefícios parecem quase ilimitados. O que teria acontecido se você tivesse aceitado aquele emprego, tivesse tido coragem de convidar o amor de sua vida para sair ou tivesse estudado mais na escola? Em tais circunstâncias, você só está limitado pelo poder da própria imaginação.

O fascinante trabalho de Gilovich oferece apoio científico para as palavras de um poeta americano do século XVII, John Greenleaf Whittier, que certa vez observou: "Pois de todas as palavras tristes da boca ou da pena, as mais tristes são: poderia ter sido."

Em 59 segundos ou menos

Anagramas e o Inconsciente. Ao tomar decisões simples, atenha-se à mente consciente pensando nos prós e nos contras, e avaliando a situação de uma forma racional e equilibrada. Porém, para decisões mais complexas, tente dar um descanso ao consciente e deixar que o inconsciente trabalhe. O exercício a seguir se baseia nas pesquisas de Dijksterhuis e van Olden, e foi concebido para ajudar no processo de tomada de decisão.

A Que decisões você tem de tomar?

B Resolva o maior número possível desses anagramas em cinco minutos. Se você empacar, não se esforce por muito tempo e passe para o próximo.

Anagrama		Dica	Sua resposta
1	Amor	Cidade europeia	....
2	Poder	Imperador brasileiro	....
3	Animal	Objeto cortante	....
4	Aroma	Nome de uma fruta	....
5	Socorram	País africano	....
6	Íris	Nome de um crustáceo	....
7	Papo lua	Nome de uma flor	....
8	Darci	Bebida alcoólica	....

9	Assam	Popular na Itália	....
10	Alvo	Da forma do ovo	....
11	Careta	Arte marcial	....
12	Pedra	Encontra-se numa igreja	....
13	Lampreia	Nome de uma árvore	....
14	América	Romance brasileiro	....
15	Socapa	Festa judaico-cristã	....

C Agora, sem pensar demais sobre o problema, escreva aqui sua decisão...

Resposta dos anagramas

1 Roma 2 Pedro 3 Lâmina 4 Amora 5 Marrocos 6 Siri 7 Papoula 8 Cidra 9 Massa 10 Oval 11 Caratê 12 Padre 13 Palmeira 14 Iracema 15 Páscoa

Barreira em Volta do Arrependimento. Pesquisas mostram que muitas pessoas, quando olham para o próprio passado, tendem a se arrepender de não ter feito algumas coisas. Porém, uma vez tendo isso compreendido, existem técnicas rápidas e eficazes que podem ser usadas para evitar a sensação de arrependimento.

Primeiro, para que o arrependimento sequer se instale, adote uma postura de aproveitar as oportunidades, do tipo "eu farei". Conforme recomendado pelo escritor Max Lucado: "Faça o esforço. Invista o tempo. Escreva a carta. Peça desculpas. Faça a viagem. Compre o presente. Faça. A oportunidade aproveitada proporciona alegrias; a negligenciada, arrependimento." Segundo, se você já estiver arrependido por não ter feito algo, veja se existe algo que possa ser feito para consertar a situação. Escreva a carta, dê o telefonema, passe mais tempo com a família, reate relações rompidas, volte para a faculdade e tire boas notas. Use o arrependimento como alerta para despertar e como forma de se motivar. Finalmente, se realmente for impossível fazer algo para remediar as coisas, faça a imagem mental de uma cerca em volta das vantagens imaginárias "que poderiam ter sido aproveitadas" e que poderiam estar no centro de suas atenções. Em vez de ficar pensando obcecadamente nas coisas positivas que poderiam ter acontecido, passe algum tempo refletindo sobre três vantagens de sua situação atual e sobre três consequências negativas que poderiam ter ocorrido se você tivesse tomado a decisão que está causando o arrependimento.

Você é um maximizador ou busca a satisfação?

Reserve alguns momentos para ler as dez afirmações a seguir e atribua a cada uma delas uma nota que indique até que ponto ela descreve você.[16] Não demore tempo demais pensando em cada frase e responda honestamente.

		Notas 1 = discordo veementemente a 5 = concordo veementemente
1	Quando assisto à tevê, costumo ficar mudando de canal em vez de me ater a apenas um programa.	1 2 3 4 5
2	Costumo achar difícil fazer compras porque só compro algo quando é exatamente o que eu quero.	1 2 3 4 5
3	Demoro bastante para escolher um DVD para alugar porque gosto de levar em conta muitos filmes possíveis.	1 2 3 4 5
4	Às vezes, penso nas oportunidades que já passaram por mim.	1 2 3 4 5
5	Gosto de pensar em todas as opções antes de tomar uma decisão.	1 2 3 4 5
6	Não gosto de tomar decisões que sejam irreversíveis.	1 2 3 4 5
7	Quando tomo uma decisão, é comum que eu fique pensando em como seriam as coisas se eu tivesse feito uma escolha diferente.	1 2 3 4 5
8	Tenho dificuldade para me contentar com algo que não seja o melhor.	1 2 3 4 5

9	Quando estou na internet, costumo navegar a esmo, indo rapidamente de uma página para outra.	1 2 3 4 5
10	Raramente me sinto feliz com o que tenho porque para mim é fácil imaginar que consigo algo melhor.	1 2 3 4 5

Para calcular a pontuação do questionário, some suas notas. Notas baixas vão de 10 a 20, notas médias ficam entre 21 e 39 e notas altas, entre 40 e 50.

Pesquisas indicam que as pessoas costumam encarar muitos aspectos de sua vida usando uma de duas estratégias básicas: maximização ou satisfação. Maximizadores extremos tendem a verificar todas as opções disponíveis sem parar e garantir que escolheram a melhor. Por outro lado, os que buscam a satisfação, e possuem esse perfil no grau máximo, procuram apenas até encontrarem algo que satisfaça sua necessidade. Assim, os maximizadores, objetivamente falando, conseguem mais, porém demoram mais para encontrar o que querem e costumam ser menos felizes em função da tendência a ficar pensando obcecadamente em como as coisas poderiam ter sido.

Por exemplo, num estudo que investigou a procura de emprego, pesquisadores classificaram mais de quinhentos estudantes de 11 universidades como maximizadores ou como pessoas que buscam a satisfação, e eles foram acompanhados enquanto tentavam arranjar um emprego.[17] Os maximizadores acabaram com salários que eram, em média, 20% mais altos do que os que buscam a satisfação, mas também estavam menos satisfeitos com sua busca de emprego e tinham maior tendência a se arrepender, a ser pessimistas e a sofrer de ansiedade e depressão.

Se você for um maximizador e se pegar gastando tempo demais procurando pelo produto perfeito, pode ser útil limitar os recursos que põe em algumas atividades (p.ex.: dê a si mesmo apenas trinta minutos para encontrar um cartão de aniversário para seu amigo) ou tornar certas decisões irreversíveis (p.ex.: jogando recibos fora).[18]

Existe um velho ditado que diz que a felicidade está em querer o que você tem, e não em ter o que você quer. Parece que, no caso do maximizador, até mesmo quando conseguem o que querem nem sempre querem o que conseguiram.

Como saber se alguém está dizendo a verdade, somente a verdade, nada mais que a verdade

Como você acha que as pessoas costumam se comportar quando mentem para você? Veja a lista de comportamentos na tabela abaixo e faça uma marca na coluna "Verdadeiro" ou na "Falso", diante de cada frase.

Quando as pessoas mentem, elas costumam...	Verdadeiro	Falso
evitar contato visual	❑	❑
sorrir mais	❑	❑
se mexer na cadeira ou, se estão de pé, ficar alternando o pé de apoio	❑	❑
ficar com as mãos e o rosto suados	❑	❑
cobrir a boca com as mãos	❑	❑
dar respostas longas e evasivas às perguntas	❑	❑
dar respostas que soam indefinidas e confusas	❑	❑
assentir com a cabeça mais que o normal	❑	❑
gesticular mais	❑	❑
ficar com o nariz mais comprido	❑	❑

As pessoas costumam ser surpreendentemente econômicas com a verdade. Numa pesquisa que conduzi para o *Daily Telegraph*, um quarto dos que responderam disse ter contado uma mentira nas últimas 24 horas. Outros trabalhos indicam que impressionantes 90% das pessoas dizem que mentiram num encontro romântico e que cerca de 40% da população mente descaradamente para os amigos. A falsidade também é um problema sério no trabalho, e as pesquisas indicam que 80% das pessoas já mentiram em uma entrevista de emprego e quase

50% dos empregados já contaram pelo menos uma "lorota" para o chefe.[19]

Diante da ampla disseminação da mentira, não é de surpreender que todos os tipos de técnicas já tenham sido desenvolvidos na tentativa de detectar os embustes. Antigamente havia, por exemplo, o teste do atiçador em brasa, bastante popular. Num procedimento que pode ser descrito como o inferno na Terra, um atiçador de metal era posto no fogo e daí retirado, e o acusado era obrigado a lambê-lo três vezes. A teoria era que o inocente teria saliva na língua suficiente para evitar a queimadura, enquanto o culpado teria uma língua bem mais seca, que ficaria, portanto, grudada no atiçador.

Segundo os livros de história, uma técnica similar, porém menos brutal, foi usada no período da Inquisição espanhola. Nessas ocasiões, um acusado era obrigado a comer pão de cevada com queijo, enquanto as pessoas em volta rezavam para que o anjo Gabriel a impedisse de engolir o alimento — caso tivesse mentido. Até onde sei, nenhuma dessas técnicas foi submetida a testes científicos, em parte, presumo, porque seria difícil obter a autorização adequada dos participantes e do arcanjo Gabriel. Porém, se tais estudos fossem realizados, quaisquer descobertas positivas confirmariam uma das teorias mais aceitas sobre a mentira: a Hipótese da Ansiedade.

De acordo com essa ideia, as pessoas ficam muito nervosas quando mentem e, portanto, desenvolvem uma série de sintomas relacionados com a ansiedade, incluindo boca seca, o que faria com que ficassem grudadas num atiçador em brasa ou tivessem dificuldade para engolir pão de cevada. Embora intuitivamente atraente, tem sido bastante difícil obter provas confiáveis dessa teoria, com algumas pesquisas indicando que os mentirosos não ficam mais estressados do que quem fala a verdade. Por exemplo, em um estudo recente, conduzido por Richard Gramzow, da University of Southampton, e seus colaboradores, estudantes foram, primeiramente, ligados a equipamentos que mediam os batimentos cardíacos, sendo então entrevistados sobre o desempenho que tiveram numa prova recente.[20] A entrevista pedia que falassem das notas tiradas por eles ao longo dos anos e que comparassem seu conhecimento e sua competência aos dos colegas de sala. O que os estudantes não sabiam era que, após a entrevista, os pesquisadores teriam acesso aos reais resultados e, portanto, seriam capazes de saber quem tinha dito a verdade e quem havia exagerado. O interessante é que os resultados revelaram que quase metade dos estudantes exagerou seus feitos escolares. E ainda mais interessante que isso: os dados sobre os batimentos cardíacos mostraram que quem tinha aumentado as próprias notas não estava mais estressado do que os colegas honestos. Inclusive, estavam ligeiramente mais relaxados.

Os resultados obtidos com estudos que utilizaram equipamentos de alta tecnologia para mensuração de ansiedade são, na melhor das hipóteses, mistos. Porém, isso não impediu a população de aceitar a ideia de que as pessoas ficam terrivelmente mais tensas quando economizam a verdade. Talvez influenciada por uma infinidade de filmes e programas de televisão mostrando mentirosos de mãos suadas e coração disparado, a maioria acredita que os melhores sinais de que se está mentindo são aqueles associados a um grau maior de ansiedade.

Equipes de pesquisadores já dedicaram horas para comparar atentamente filmes de mentirosos conhecidos e de gente que diz a verdade, com observadores codificando atentamente cada sorriso, piscadela e gesto. Cada minuto de imagens leva cerca de uma hora para ser analisado, mas os dados resultantes permitem que os pesquisadores comparem comportamentos associados a uma mentira e uma verdade, revelando, assim, as diferenças mais sutis. As descobertas são fascinantes. Honestamente.

Olhe o questionário no início desta parte do livro. Quantos marcas você pôs na coluna “Verdadeiro”? Todos os comportamentos listados no questionário são percebidos em pessoas que ficam nervosas: evitam contato visual, se mexem na cadeira, suam e começam a tropeçar nas palavras. Segundo os pesquisadores que passaram horas codificando o comportamento de mentirosos e de gente que diz a verdade, nenhum dos itens da tabela tem ligação confiável com a mentira. Na verdade, a probabilidade de que mentirosos nos encarem é igual para quem diz a verdade, eles não esfregam as mãos de nervoso nem ficam inquietos no lugar em que estão sentados.

Entretanto, como muitas pessoas abrigam esses mitos na cabeça, elas são péssimas para saber se alguém está mentindo. Apresente a uma delas vídeos de pessoas mentindo e dizendo a verdade e peça que identifique o mentiroso; o desempenho dela será um pouco melhor que o acaso. Mostre para adultos filmes de crianças falando sobre algo que realmente aconteceu e sobre algo fictício e os adultos serão incapazes de distinguir um do outro.[21] Peça para alguém convencer o parceiro de longa data que não achou bonita a fotografia de uma pessoa atraente e ele terá um surpreendente sucesso.[22] Até mesmo grupos de advogados, policiais, psicólogos e assistentes sociais têm se mostrado incapazes de detectar mentiras de modo seguro.[23]

Sendo assim, o que realmente denuncia um mentiroso? Embora mentir nem sempre deixe as pessoas estressadas, normalmente exige muito da mente. Para mentir é necessário pensar no que as pessoas já sabem ou poderiam descobrir, no que é plausível e no que está em conformidade com o que você já falou antes. Por isso, os mentirosos tendem a fazer coisas que correspondem a pensar profundamente num problema ou numa questão delicada e a não mover muito braços e pernas; eles também reduzem o gestual, repetem expressões, dão respostas mais curtas e menos detalhadas, demoram mais antes de começar a responder, fazem pausas e hesitam mais. Além disso, também há provas de que eles se distanciam da mentira, o que faz com que a linguagem fique mais impessoal. Com isso, os mentirosos costumam diminuir o número de vezes que usam as palavras "eu", "me" e "mim" e costumam usar mais "ele" e "ela" em vez de o nome das pessoas. Finalmente, a pessoa fica mais evasiva, e os mentirosos tendem a evitar responder as perguntas completamente, talvez mudando de assunto ou fazendo outras perguntas.

Para detectar uma mentira, pare de procurar por sinais de tensão, nervosismo e ansiedade. O mentiroso, na verdade, costuma dar mostras de que está, sem motivo aparente, muito concentrado, pensando; conversa num tom estranhamente impessoal e escapa pela tangente de um modo que faria corar até um político ou um vendedor de carros usados.

Em 59 segundos ou menos

Linguagem Corporal. Para detectar uma mentira livre-se dos mitos comportamentais que cercam a Hipótese da Ansiedade e procure os sinais mais comumente associados com precisar se concentrar para pensar. Esqueça a ideia de que mentirosos têm as palmas das mãos suadas, ficam inquietos e evitam encarar. Em vez disso, busque pistas de alguém que ficou mais parado de repente, evitando gesticular muito. Além disso, aprenda a ouvir. Fique atento a uma súbita diminuição dos detalhes, a um aumento nas pausas e hesitações e à menor ocorrência dos pronomes "eu", "me" e "mim", ao lado de um aumento do uso de "ele" e "ela". Se alguém ficar subitamente evasivo, pressione-o por uma resposta direta.[24]

Para ajudar a detectar possíveis mudanças, tente estabelecer o que os pesquisadores têm chamado de "parâmetros de honestidade". Antes de fazer perguntas que certamente suscitarão respostas desonestas, comece por aquelas que mais provavelmente fariam a pessoa responder de forma honesta. No decorrer dessas respostas iniciais, perceba como a pessoa se comporta quando está dizendo a verdade, observando sua linguagem corporal e ouvindo as palavras que usa. Então, quando for a vez das respostas para perguntas mais capciosas, observe as mudanças comportamentais que ressaltamos anteriormente.

Além disso, lembre-se de que mesmo que você perceba esses sinais, eles não são garantia absoluta de uma mentira. Diferentemente dos impostos e da morte, nada é tão garantido quando falamos de mentiras. Tais sinais são, na verdade, indícios de que pode ser que nem tudo seja o que deveria ser, além de ser um bom motivo para investigar melhor.

Mande-me um E-mail. O especialista em comunicações Jeff Hancock e seus colaboradores da Cornell University pediram que estudantes passassem uma semana anotando por escrito todas as suas conversas mais relevantes, fossem cara a cara, ao telefone, por texto ou por e-mail, e então repassassem a lista indicando onde havia mentiras.[25] Os resultados revelaram que as pessoas mentiam em 14% dos e-mails, 21% dos textos, 27% das conversas cara a cara e em 37% das conversas telefônicas. Segundo o pesquisador, as pessoas evitam mentir nos e-mails porque eles ficam registrados, e, assim, as palavras poderiam voltar para assombrá-la. Portanto, se você quer ajudar a minimizar o risco de uma mentira, peça que lhe mandem um e-mail.

Como saber quanto tempo é necessário para fazer algo

Num inspirado estudo sobre gerenciamento de tempo Roger Buehler, da Wilfrid Laurier University, pediu que os estudantes dissessem quando pretendiam terminar um importante ensaio.[26] Os estudantes acreditavam que entregariam o trabalho, em média, dez dias antes do prazo final. Porém, estavam sendo otimistas demais, e na realidade só terminaram, em geral, apenas um dia antes do prazo final. Esse efeito, conhecido como Falácia do Planejamento, não se limita a estudantes tentando terminar trabalhos a tempo. Pesquisas mostram que as pessoas têm forte tendência a subestimar o tempo que um projeto vai levar e que aquelas trabalhando em grupos apresentam probabilidade especialmente maior de alimentar expectativas irreais.[27] Mesmo quando tentam ser realistas, as pessoas costumam imaginar que tudo sairá conforme o planejado, e não pensam nos inevitáveis atrasos inesperados e nos problemas imprevistos.

Porém, o trabalho de Buehler também indica uma forma rápida e eficaz de superar o problema. Quando seus alunos foram instruídos a pensar em quando já tinham conseguido terminar tarefas similares, as respostas que deram sobre prazos futuros se mostraram muito mais precisas. Parece que para conseguir uma estimativa realista do tempo necessário para completar um projeto você precisa ver quanto tempo foi gasto para terminar projetos semelhantes realizados antes.

Se isso não funcionar, você pode tentar a técnica investigada por Justin Kruger e Matt Evans, na University of Illinois, em Urbana-Champaign.[28] No estudo deles, os participantes estimaram quanto tempo levariam para realizar uma atividade relativamente complicada, como se preparar para um encontro. Um grupo foi instruído a fazer estimativas, enquanto o outro foi incentivado a "dividir" a tarefa em suas partes integrantes (tomar banho, mudar de roupa, entrar em pânico) antes de estipular o tempo. Os que fizeram o desdobramento mental deram estimativas que se mostraram muito mais precisas do que as dos outros participantes. Portanto, para saber quanto tempo você realmente levará para fazer algo, isole cada etapa necessária antes de fazer sua estimativa.

9. Como criar seus filhos

O mito de Mozart, como escolher o melhor nome para o bebê, adivinhe instantaneamente o destino de uma criança usando apenas três marshmallows e elogie jovens cabecinhas de forma eficaz.

Wolfgang Amadeus Mozart nasceu em 1756, compôs algumas das mais extraordinárias peças de música clássica de todo o mundo e morreu, provavelmente de febre reumática, em 1791. Foi um gênio. Algumas pessoas acreditam que a música dele é capaz de alcançar certas regiões do cérebro que outras composições não conseguem, e que pode nos tornar mais inteligentes. Além disso, as mesmas pessoas parecem convencidas de que esse efeito é especialmente poderoso com jovens mentes impressionáveis, recomendando que os bebês ouçam Mozart todos os dias para maximizar esse efeito. Essa ideia se espalhou amplamente, mas será de fato possível desenvolver a capacidade cerebral das crianças usando a magia de Mozart?

Em 1993, o pesquisador Frances Rauscher e seus colaboradores da University of California publicaram um estudo científico que mudou o mundo.[1] Eles reuniram um grupo de 36 colegas estudantes, distribuindo-os aleatoriamente em três grupos e pedindo que cada grupo realizasse um exercício diferente, com duração de dez minutos. Um grupo foi instruído a ouvir a *Sonata para Dois Pianos* em Ré Maior, de Mozart; outro, ouviu uma fita comum de relaxamento, e o terceiro ficou sentado em silêncio absoluto. Dando prosseguimento ao exercício, todos se submeteram a um teste-padrão projetado para avaliar um aspecto da inteligência, a saber, a capacidade de manipular informações espaciais mentalmente (ver a ilustração a seguir). Os resultados revelaram que aqueles que ouviram Mozart tiveram notas significativamente mais altas do que os submetidos à fita de relaxamento ou ao silêncio absoluto.

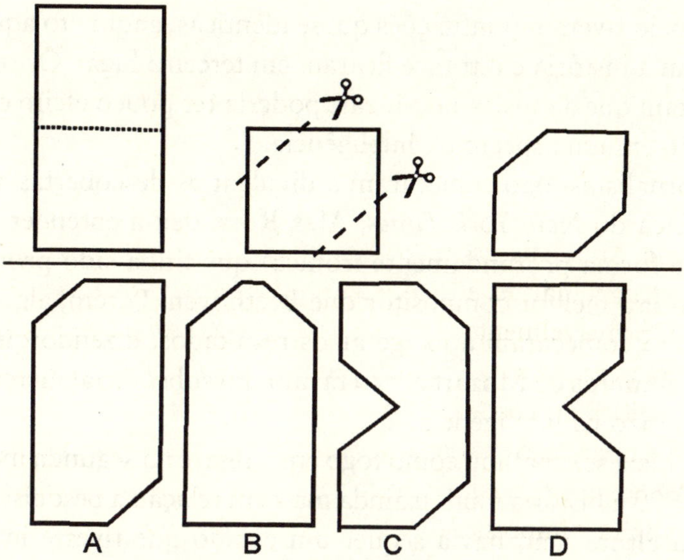

O tipo de exercício que pode aparecer num teste para medir a capacidade de manipular mentalmente informações espaciais. A fileira de cima mostra um pedaço de papel sendo dobrado na metade e tendo dois pedaços cortados. Os participantes são instruídos a observar os quatro formatos na fileira de baixo e a escolher o formato que o papel cortado teria quando fosse desdobrado.

Os autores também observaram que o efeito era temporário, durando entre dez e 15 minutos.

Dois anos depois, o mesmo grupo deu seguimento ao estudo inicial com uma segunda experiência, envolvendo um grupo maior de estudantes, a qual durou vários dias.[2] Os estudantes, mais uma vez, foram aleatoriamente divididos em três grupos. Na primeira parte da experiência, um grupo ouviu Mozart, outro grupo ficou sentado em silêncio e um terceiro ouviu uma música de Philip Glass (*Music in changing parts*). Mais uma vez, muitas diferenças apareceram, com aqueles que ouviram Mozart tendo desempenho superior aos outros dois grupos em novos testes de dobradura mental de pedaços de papel. Alguns dias depois, a música de Philip Glass foi trocada por uma história gravada em fita e por trance music. Os grupos de Mozart e do silêncio tiveram pontuações quase idênticas, enquanto aqueles que ouviram a história e o trance ficaram em terceiro lugar. Os resultados indicaram que a música de Mozart poderia ter pouco efeito e de curta duração em um aspecto da inteligência.

Jornalistas logo começaram a divulgar as descobertas. O crítico de música do *New York Times*, Alex Ross, deu a entender (sem dúvida de forma profundamente irônica) que tinha sido provado que Mozart era melhor compositor que Beethoven. Porém, algumas pessoas logo começaram a exagerar os resultados, dizendo que apenas alguns minutos de Mozart acarretavam um substancial incremento de longo prazo na inteligência.

A ideia se espalhou como fogo em palha, e na segunda metade dos anos 1990 a história mudou ainda mais em relação à pesquisa original. Àquela altura, não havia sequer um estudo que tivesse investigado o efeito da música de Mozart sobre bebês. Porém, sem querer deixar que os fatos atrapalhassem uma boa manchete, alguns jornalistas publicaram que os bebês ficavam mais inteligentes depois de ouvir Mozart. Esses artigos não foram exemplos isolados de mau jornalismo. Cerca de 40% das publicações do fim dos anos 1990 mencionavam esse suposto benefício para os bebês.[3] A cobertura ininterrupta por parte da mídia popular daquilo que, a essa altura, era chamado de "efeito Mozart" chegou a causar impacto sobre as políticas sociais: em 1998, o estado da Geórgia apoiou a distribuição de CDs gratuitos contendo música clássica para mães de recém-nascidos e o estado da Flórida aprovou uma lei exigindo que as creches mantidas pelo estado tocassem música clássica diariamente.

O suposto efeito Mozart havia se convertido numa lenda urbana, e uma parcela significativa da população acreditava, equivocadamente, que ouvir Mozart melhoraria todos os aspectos da inteligência, que os efeitos eram duradouros e que até mesmo bebês poderiam se beneficiar dessas vantagens. Porém, à medida que os anos 1990 iam se transformando no século XXI, a situação ia piorando bastante. Primeiro, Christopher Chabris, da Harvard University, reuniu todas as descobertas de todos os estudos que tentaram repetir os resultados originais de Rauscher, e concluiu que o efeito, se é que existia, era muito menor do que o que havia sido pensado inicialmente.[4] Posteriormente, outros trabalhos indicaram que, mesmo que o efeito existisse, ele podia não ter nada a ver com as propriedades específicas da *Sonata para Dois Pianos em Ré maior*, de Mozart, e poderia, na verdade, estar associado à sensação geral de satisfação produzida por música erudita. Por exemplo, num estudo, pesquisadores compararam os efeitos da música de Mozart com uma peça bem mais triste (*Adágio em Sol menor para Órgão e Cordas*, de Albinoni) e encontraram indícios de que, mais uma vez, Mozart gerava mais efeito do que a alternativa.[5] Porém, quando a equipe de pesquisa realizou um experimento de controle sobre o grau de alegria e entusiasmo que a música despertava em participantes, o suposto efeito Mozart subitamente desapareceu. Em outro estudo, psicólogos compararam os efeitos de se ouvir Mozart com o efeito de ouvir uma fita de áudio com o conto *O último degrau da escada*, de Stephen King.[6] Quando os participantes preferiam Mozart, seu desempenho na tarefa de manipulação mental era melhor do que quando ouviam a música tocada ao piano. Porém, quando preferiam King, seu desempenho era melhor depois de terem ouvido a história.

A crença generalizada por parte da população no suposto efeito Mozart foi gerada por um mito. Praticamente, não existe prova científica convincente que nos faça acreditar que pôr bebês para ouvir piano terá qualquer impacto duradouro ou significativo sobre a inteligência deles. Seria justo concluir que não existe jeito algum de utilizar a música para aprimorar a inteligência das crianças? Na verdade, não. Na verdade, existem indícios dos benefícios da música, mas é preciso jogar fora os CDs de Mozart e adotar uma atitude mais direta.

Algumas pesquisas já demonstraram que crianças que têm aulas de música tendem a ser mais inteligentes que as que não têm. Porém, é difícil separar correlação de causa. Pode ser que ter aulas de música as torne mais inteligentes, ou que crianças mais inteligentes ou mais privilegiadas apresentem maior probabilidade de estudar música. Há alguns anos o psicólogo Glenn Schellenberg decidiu fazer um estudo para ajudar a resolver a questão.[7]

Schellenberg começou pondo um anúncio num jornal local oferecendo aulas de arte semanais e gratuitas para crianças de 6 anos. Os pais de mais de 140 crianças responderam, e cada uma delas foi aleatoriamente designada para um de quatro grupos. Três dos grupos tiveram aula ao longo de vários meses no Royal Conservatory of Music, em Toronto, enquanto o quarto grupo funcionou como controle e não frequentou aulas até que o estudo estivesse concluído. Daqueles que tiveram aulas, um terço aprendeu teclado, outro terço canto e o terço final, teatro. Antes e depois das aulas, todas as crianças fizeram um teste-padrão de inteligência.

Os resultados mostraram clara melhoria de QI nas crianças que aprenderam teclado e nas que estudaram canto, enquanto as que aprenderam teatro ficavam na mesma em relação às do grupo de controle. O que explica isso? Bom, Schellenberg acredita que aprender música envolve diversas competências que ajudam na autodisciplina e nos processos mentais das crianças, incluindo períodos prolongados de concentração, prática e memorização.

Seja qual for a explicação, se a ideia é melhorar a capacidade intelectual de seu filho, talvez esteja na hora de tirar aquele CD de Mozart do player e fazer seus pequenos dedilharem um piano.

A escolha do nome

Os pais costumam achar surpreendentemente difícil decidir o nome do bebê porque sabem que o filho passará o resto da vida enfrentando as consequências dessa escolha. Pesquisas indicam que é certo pensar cuidadosamente nisso, já que uma vasta literatura científica mostra que o nome das pessoas pode ter um efeito estranho e, às vezes, extremamente poderoso.

Por exemplo, em meu livro anterior, *Esquisitologia*, falei de trabalhos que indicavam que, quando se trata do lugar que as pessoas escolham para viver, há uma presença maior de pessoas chamadas Florence na Flórida, George na Geórgia, Kenneth em Kentucky e Virgil na Virgínia.[8] Além disso, em termos de parceiros de casamento, pesquisas revelaram que mais casais partilham a mesma letra de seu sobrenome do que seria previsto pelo mero acaso. É até mesmo possível que a visão política das pessoas seja, até certo ponto, determinada pelo próprio nome. Pesquisas sobre a campanha presidencial americana de 2000 indicam que as pessoas cujo sobrenome começa com a letra "B" apresentavam especial probabilidade de contribuir com a campanha de Bush, enquanto tendiam a contribuir mais com a campanha de Gore se o sobrenome começasse por "G".

De lá para cá, dirigi um estudo adicional que desvendou outras formas pelas quais o sobrenome pode influenciar nossa vida. Recentemente, formei uma equipe com Roger Highfield, então editor do *Daily Telegraph*, para descobrir se as pessoas cujo sobrenome começa com uma das letras iniciais do alfabeto eram mais bem-sucedidas na vida do que aquelas com sobrenomes iniciados por uma das letras finais. Em outras palavras, os Abbot e os Adam do mundo têm maior probabilidade de ser bem-sucedidos do que os Young e os York?

Havia uma boa razão para acreditar que de fato haveria uma ligação. Em 2006, os economistas americanos Liran Einav e Leeat Yariv analisaram o sobrenome de professores que trabalhavam nos departamentos de economia de universidades norte-americanas e descobriram que aqueles cujas iniciais pertenciam ao início do alfabeto tendiam a pertencer aos departamentos mais bem-conceituados, a ser sócios da Econometric Society e a ganhar prêmios Nobel.[9] Quando publicaram sua extraordinária descoberta no *Journal of Economic Perspectives*, argumentaram que "a discriminação alfabética" provavelmente se devia ao fato de a lista de autores nos periódicos científicos muitas vezes ser organizada pela ordem alfabética, fazendo com que os estudiosos com iniciais pertencentes ao início do alfabeto aparecessem com mais destaque do que seus colegas portadores de deficiência alfabética.

Cogitei se o mesmo tipo de efeito não se aplicaria fora do mundo da economia. Afinal, seja num documento acadêmico, numa entrevista de emprego ou numa sala durante uma prova, pessoas cujo sobrenome estão alfabeticamente no início estão acostumadas a aparecer em primeiro lugar. É comum associarmos o topo de uma lista aos vencedores e o final, aos perdedores; portanto, será que essas pequenas experiências poderiam se acumular e causar um impacto duradouro?

Todos que participaram do experimento informaram seu sexo, sua idade, seu sobrenome, e deram uma nota que refletisse o quanto tinham sido bem-sucedidos em diversos aspectos da vida. Os resultados revelaram que aqueles cujo sobrenome começava por letras do início do alfabeto se consideravam mais bem-sucedidos do que os do final do alfabeto. O efeito era especialmente pronunciado no sucesso profissional, indicando que a discriminação alfabética existe e é palpável no local trabalho.

O que poderia explicar esse estranho efeito? Algo que havia em comum entre os dados forneceu uma importante pista. O efeito do sobrenome aumentava com a idade, dando a impressão de que o efeito não se devia a experiências da infância, crescendo gradualmente com o passar dos anos. Parece que o fato de estar o tempo inteiro no início ou no final do alfabeto aos poucos vai fazendo uma diferença no modo como as pessoas se veem. Então, será que esses resultados são motivo para as pessoas cujo sobrenome começa por uma letra final do alfabeto ficarem preocupadas? Na condição de um Wiseman, portanto, alguém com a vida inteira de experiência com finais de listas alfabéticas, me consolo em saber que o efeito é teoricamente fascinante, mas, em termos práticos, muito reduzido.

Mesmo depois de fazer uma pequena lista de possíveis nomes para seu filho e de pedir conselho para amigos e familiares, algumas pessoas continuam tendo dificuldade. É melhor ficar com um nome tradicional ou com um mais moderno? Dar a uma criança o nome de uma celebridade é bom? É mais importante ter um nome fácil de pronunciar ou um que chame a atenção de todos? A psicologia pode ajudar a responder.

Trabalhos anteriores já mostraram que pessoas cujos nomes possuem uma associação positiva se dão especialmente bem na vida. Por exemplo, professores tendem a dar notas mais altas para trabalhos de crianças cujos nomes são considerados mais agradáveis (Rose [rosa, em inglês], por exemplo),[10] enquanto universitários cujos nomes possuem associações indesejáveis sofrem um nível mais alto de isolamento social e cujos sobrenomes têm conotações negativas (como "Short", "Little" ou "Bent" — curto, pequeno e torto, respectivamente) apresentam maior tendência a experimentar sensações de inferioridade.[11]

Participei do Edinburgh International Science Festival para ajudar a descobrir quais nomes eram vistos como especialmente bem-sucedidos e atraentes no século XXI. Esse estudo envolveu mais de 6 mil pessoas que entraram na internet e disseram se achavam que alguns dos nomes mais populares no Reino Unido pareciam bem-sucedidos e atraentes. Surgiram fortes tendências. Nomes tradicionais associados à realeza (como James e Elizabeth) foram vistos como extremamente bem-sucedidos e inteligentes. Por outro lado, os nomes femininos mais atraentes tendiam a ter sonoridade suave e a terminar com o som de "i" (como Lucy e Sophie), enquanto os nomes masculinos mais sexy eram curtos e normalmente tinham um som mais áspero (como Jack e Ryan). Na outra extremidade do espectro, Lisa e Brian foram vistos como os nomes menos bem-sucedidos e Ann e George como os menos atraentes.

Também existe a questão das iniciais. Conforme observado em *Esquisitologia*, a pesquisa realizada por Nicholas Christenfeld e seus colaboradores da University of California indica que as iniciais da pessoa podem se tornar um problema de vida ou morte.[12] Depois de analisar um enorme banco de dados computadorizado contendo milhões de atestados de óbito, eles descobriram que os homens com iniciais positivas (como ACE, HUG e JOY — ás, abraço e alegria, respectivamente) viviam por volta de quatro anos e meio mais do que a média, enquanto os que tinham iniciais negativas (como PIG, BUM e DIE — porco, mendigo e morrer, respectivamente) morriam quase três anos antes. As mulheres com iniciais positivas viviam três anos a mais, e não houve efeito desvantajoso para aquelas que possuíam iniciais negativas.

Novas pesquisas conduzidas em 2007 por Leif Nelson e Joseph Simmons indicam que esses efeitos não se limitam ao número relativamente pequeno de pessoas cujas iniciais acabam compondo palavras especialmente positivas ou negativas.[13] De acordo com o trabalho deles, até mesmo um leve sinal de positividade ou de negatividade nas iniciais é suficiente para exercer uma influência importante na vida das pessoas.

Em certas situações, letras isoladas estão associadas a sucesso ou a fracasso. Talvez o exemplo mais bem-conhecido e, sob muitos aspectos, mais importante disso aconteça durante a correção de muitas provas. Na maior parte delas, quem se saiu bem recebe A ou B, enquanto aqueles que se saem pior recebem C ou D. Nelson e Simmons se perguntaram se pessoas cujas iniciais ou últimas letras fossem A ou B poderiam se sentir inconscientemente motivadas a ter bom rendimento na prova, enquanto aquelas cujos nomes começavam com C ou D possivelmente não tentariam atingir essas notas altas. Para descobrir se essa ousada hipótese era verdadeira, a dupla analisou as médias obtidas ao longo de 15 anos referentes a estudantes de uma grande universidade norte-americana. Por incrível que pareça, os resultados revelaram que os estudantes cujo nome ou sobrenome começava com A ou B tinham médias significativamente mais altas do que aqueles que começavam com C ou D.

Empolgados com esse êxito inicial, os pesquisadores voltaram sua atenção para o impacto que esse efeito poderia ter na vida das pessoas. Eles pensaram que se os estudantes cujo nome começava com A ou B tiravam notas mais altas nas provas do que aqueles cujo nome começava com C ou D, o primeiro grupo teria mais facilidade para ingressar em melhores universidades e, portanto, ter uma carreira profissional mais bem-sucedida. Porém, para testar essa hipótese, eles precisavam encontrar um banco de dados enorme e pesquisável contendo as iniciais e as instituições que os estudantes tinham frequentado. Depois de muito buscar, acabaram achando a fonte perfeita: o banco de dados on-line da American Bar Association. A equipe de pesquisa criou um programa de computador capaz de escanear as informações on-line em busca do número de pessoas com as iniciais pertinentes em cada uma das 170 faculdades de direito listadas. Após identificar a qualidade das instituições usando as informações do *U.S. News and World Report*, e compará-la com os dados de quase 400 mil advogados, Nelson e Simmons tiveram seu resultado. À medida que a qualidade das faculdades de direito caía, caía junto a proporção de advogados com as iniciais A e B. Conforme eles observam ao final do relatório, "parece que pessoas que se chamam Adlai e Bill tendem a ir para faculdades de direito melhores do que aquelas para onde vão os que se chamam Chester ou Dwight".

Em 59 segundos ou menos

As pesquisas mostram que as pessoas com sobrenome iniciados por uma das primeiras letras do alfabeto são mais bem-sucedidas do que aquelas cuja inicial está mais para o final do alfabeto. Obviamente, o potencial para escolher um sobrenome bem-sucedido é limitado, a não ser que você esteja disposto a mudar seu sobrenome judicialmente, ou, sendo mulher, se casando com um homem com sobrenome iniciado por alguma das primeiras letras do alfabeto. Porém, ao escolher o nome de seu filho, outras pesquisas podem ajudá-lo. Por exemplo, nomes tradicionais associados à realeza são vistos como especialmente bem-sucedidos e inteligentes. Finalmente, não subestime o poder das iniciais. Evite criar uma sequência de iniciais que forme uma palavra com carga negativa, e ajude seu filho a ter bom desempenho nas provas escolhendo nomes que comecem com a letra A ou B, evitando os que começam com as letras C ou D.

Haja elogio!

Praticamente, todos os manuais sobre como criar um filho enaltecem o poder dos elogios, com alguns gurus da autoajuda afirmando que a melhor coisa a ser feita por um filho é fortalecer sua autoestima fazendo elogios constantes. Diga a seus filhos como eles são inteligentes quando vão bem numa prova; parabenize-os por seu talento artístico quando fizerem um belo desenho; comemore seu desempenho esportivo quando marcarem um gol ou vencerem uma corrida. De acordo com essa técnica, a negatividade deve ser banida quando o foco está firmemente posicionado até mesmo nos menores êxitos.

A ideia tem enorme apelo intuitivo: dizer sempre aos pequeninos como eles são maravilhosos e que, sem dúvida, crescerão e se tornarão adultos confiantes e felizes. Até aqui, tudo bem. Há, porém, apenas um pequeno problema com essa visão razoavelmente utópica da psique humana. Pesquisas indicam que dizer a uma criança que ela é brilhante e talentosa é algo terrível.

No final dos anos 1990, Claudia Mueller e Carol Dweck, da Columbia University, conduziram um programa de pesquisa de grande escala sobre a psicologia do elogio.[14] Seus experimentos envolveram mais de quatrocentas crianças, com idade entre dez e 12 anos, extraídas de uma série de origens étnicas e socioeconômicas. Num estudo típico, as crianças recebiam um teste de inteligência no qual se pedia que olhassem para sequências de figuras e, baseando-se apenas na lógica, descobrissem qual deveria ser a forma seguinte naquela sequência. Depois que elas resolviam os problemas, os pesquisadores levavam as folhas de teste, calculavam a nota, mas davam a cada criança um resultado falso; explicavam que todos tinham se saído muito bem e resolvido 80% dos problemas corretamente.

Além desse feedback, um grupo de crianças ouvia que deviam ser muito inteligentes para ter conseguido resolver tantos problemas, enquanto o outro grupo era contemplado com um silêncio absoluto. Segundo os gurus da autoajuda que preconizam o poder positivo dos elogios, apenas alguns segundos de elogios feitos a uma criança podem ter um efeito profundo. Os resultados revelaram que estavam certos, mas talvez não exatamente do modo que haviam previsto.

Na fase seguinte do experimento, os pesquisadores disseram às crianças que elas podiam escolher uma entre duas tarefas. Explicaram que uma das tarefas era muito difícil e que elas possivelmente não teriam êxito, mas seriam desafiadas e aprenderiam mesmo que falhassem. Por sua vez, a outra tarefa era muito mais fácil, e elas provavelmente iriam executá-la bem, mas aprenderiam pouco. Cerca de 65% das crianças que ouviram que eram inteligentes optaram pela tarefa fácil, comparadas a somente 45% daquelas que não ouviram o mesmo. As crianças elogiadas tenderam a evitar situações de desafio, escolhendo coisas fáceis. Isso não é exatamente uma boa notícia para o estilo "Haja elogio" de criação. Contudo, o pior está por vir.

Na etapa seguinte do experimento, os pesquisadores deram às crianças mais alguns desafios. Dessa vez os problemas estavam muito mais difíceis, e com isso a maioria das crianças não se saiu tão bem. Em seguida, perguntou-se a elas o quanto tinham gostado dos problemas e se continuariam trabalhando sobre eles em casa. Foram verificadas enormes diferenças entre os grupos. As crianças que haviam recebido apenas uma frase de elogio à sua inteligência acharam os problemas difíceis bem menos agradáveis do que seus colegas, e a probabilidade maior era de que não trabalhassem sobre eles em seu tempo livre.

Uma notícia ainda pior para os defensores dos elogios surgiu na terceira e última parte do estudo. Depois de se esforçar para resolver os problemas difíceis, os pesquisadores pediram que as crianças se submetessem a um teste final. Este seria tão fácil quanto aquele que as crianças resolveram ao início do estudo. Embora os dois grupos de crianças tenham tirado basicamente a mesma nota ao início da experiência, o desempenho delas no teste final foi bastante diferente. A distribuição dos resultados foi exatamente o oposto do previsto por muitos gurus da autoajuda. As crianças que ouviram que eram inteligentes tiraram notas muito menores do que as outras.

Por que o elogio produziria efeitos contraintuitivos e contraproducentes? Segundo Mueller e Dweck, há diversos fatores em jogo. Dizer que crianças são inteligentes pode fazer com que elas se sintam bem, mas também pode induzi-las a temer o fracasso, fazendo com que evitem situações de desafio porque poderia pegar mal se não se saíssem bem. Além disso, dizer a uma criança que ela é inteligente dá a entender que ela não precisa se esforçar para ter bom desempenho. Com isso, as crianças podem ficar menos motivadas a fazer o esforço necessário, o que aumenta a probabilidade de mau desempenho. Infelizmente, se elas, depois disso, tiram uma nota baixa, é muito mais provável que sua motivação se esgote, instalando-se uma sensação de impotência. Afinal, notas baixas significam que elas não são tão inteligentes quanto lhes disseram que seriam e que não há o que possa ser feito para mudar isso. O impacto psicológico dos maus resultados não deve ser subestimado. A certa altura no estudo de Mueller e Dweck pediu-se que todas as crianças dissessem a seus colegas como elas tinham se saído bem no teste com problemas difíceis. Quase 40% das crianças que foram elogiadas mentiram sobre sua nota, comparados com cerca de 10% daquelas que não foram elogiadas.

Isso significa que todo elogio é ruim? Até aqui falei apenas dos resultados de dois entre os três grupos de crianças envolvidas no experimento. Depois de receber o feedback de "muito bem, você acertou 80%", um terceiro grupo também recebeu apenas uma frase de elogio. Porém, dessa vez, os pesquisadores elogiaram o esforço, não a capacidade, observando que elas deviam ter se esforçado bastante para ter conseguido uma nota tão alta. Essas crianças se comportaram de forma muito diferente daquelas dos outros dois grupos. Quando chegou o momento de escolher entre uma tarefa difícil e uma fácil, apenas por volta de 10% optaram pela fácil. Comparadas com as crianças que ouviram que eram inteligentes, ou que não receberam elogio nenhum, as do grupo "você deve ter se esforçado muito" acharam os problemas difíceis mais agradáveis, e foi maior a probabilidade de continuarem trabalhando sobre eles em casa. Finalmente, quando receberam mais uma leva de problemas fáceis ao final do experimento, as do terceiro grupo resolveram significativamente mais do que tinham conseguido da primeira vez.

Os resultados mostraram claramente que ser elogiado pelo esforço é muito diferente de ser elogiado pela capacidade. Segundo Mueller e Dweck, as crianças elogiadas pelo esforço foram estimuladas a tentar independentemente das consequências, desse modo afastando o medo do fracasso. Com isso, a possibilidade de aprender se sobrepõe ao medo de tirar nota baixa, e elas preferem a tarefa desafiadora à opção mais fácil. Além disso, por definição, essas crianças ficam mais motivadas a se esforçar bastante em testes futuros, e sua probabilidade de êxito é maior. E, mesmo que fracassem futuramente, podem facilmente atribuir suas notas baixas a não ter se esforçado o suficiente, o que evita a sensação de impotência que pode se instalar quando os resultados ruins são vistos como um indício de inata incapacidade de pensar.

Embora o estudo tenha sido conduzido em escolas do ensino médio, outras pesquisas obtiveram o mesmo tipo de resultado entre crianças mais jovens e adolescentes.[15] Todos concordam que nem todo elogio é igual. Alguns elogios podem ter efeitos devastadores sobre a motivação de uma criança, enquanto outros podem ajudá-la a ter rendimento máximo. Dizer que uma criança possui determinado traço, como ser inteligente ou talentosa, não é bom para a saúde psicológica dela, porque a estimula a evitar situações desafiadoras, a não se esforçar e a ficar rapidamente desmotivada quando as coisas complicam. Por outro lado, elogiar o esforço encoraja as pessoas a se desdobrar, a se esforçar bastante e a persistir diante das dificuldades.

Em 59 segundos ou menos

É fácil cair na armadilha de tentar fazer as crianças se sentirem bem elogiando suas habilidades e seus talentos. Porém, as pesquisas mostram que isso pode ter efeito nocivo, e que é muito melhor focar no esforço, na concentração e na organização. Assim, por exemplo, quando sua filha tirar uma boa nota reconheça o quanto ela deve ter estudado, como foi eficiente em administrar o tempo usado para revisar a matéria e como deve ter feito um belo trabalho ao ter tido esse desempenho estando sob pressão. Do mesmo modo, quando seu filho conquistar uma vaga no time de futebol da escola, elogie a capacidade dele de treinar com afinco e de trabalhar bem com os demais. Esse elogio encoraja o esforço, a resistência e a persistência diante do fracasso. Para ajudá-lo a focar ainda mais, você também pode fazer perguntas sobre as técnicas e estratégias que o time usou ("De quais partes você gostou mais?" ou "Como você lidou com os problemas que apareceram?"), e tente tornar qualquer elogio o mais específico possível ("Você jogou bem hoje" em vez de "Você é bom no futebol").[16]

A ciência secreta da autodisciplina

Vamos começar com uma rápida experiência mental. Imagine que você decidiu passar cerca de uma hora num sofisticado café. Você entra e lhe mostram uma longa e tentadora lista de bolos e tortas. As porções são muito pequenas, mas a qualidade é incrível. Em sua imaginação, visualize a lista inteira e escolha o seu item favorito — talvez um maravilhoso cheesecake, um fantástico gâteau ou uma deliciosa torta. Agora, imagine-se fazendo o pedido e o garçom trazendo uma porção minúscula mas perfeita de sua sobremesa dos sonhos. Visualize a sobremesa posta à sua frente neste momento, com uma aparência irresistível, de dar água na boca. Então, quando você está prestes a atacá-la, o garçom explica que hoje está sendo oferecido algo especial. Você pode comer uma porção individual da sobremesa agora ou pode esperar trinta minutos e ganhar uma porção em dobro pelo mesmo preço. O que você faria? Conseguiria esperar para comer mais ou atacaria o doce antes mesmo de o garçom terminar de explicar a oferta?

No final dos anos 1960, um psicólogo da Stanford University, Walter Mischel, realizou um experimento impressionante que envolvia uma versão da vida real da situação que acabamos de descrever.[17] Mischel e sua equipe se muniram de um grande saco de marshmallows e de uma sineta, foram para uma escola e apresentaram um dilema para crianças de 4 anos. Um pesquisador convidou uma criança de cada vez a entrar numa sala e mostrou a elas uma mesa em que havia apenas um marshmallow, uma sineta e, depois, mais dois marshmallows. Foi explicado para cada criança que o pesquisador sairia da sala por alguns minutos mas que, se ela conseguisse manter o doce intocado sobre a mesa até ele voltar, ela poderia comer dois marshmallows. Também foi explicado que a criança poderia tocar a sineta a qualquer momento para que o pesquisador voltasse, mas que se isso acontecesse a criança só poderia comer apenas um marshmallow.

Cada criança ficou diante de uma versão um pouco menos glamourosa do dilema da sobremesa, que você conheceu momentos atrás: tocar a sineta logo e ficar com apenas um marshmallow ou esperar algum tempo e conseguir esse prêmio em dobro. Esse teste enganosamente simples propiciou uma mensuração precisa do grau de autodisciplina de cada criança, com cerca de um terço delas pegando o marshmallow imediatamente, outro terço demorando um pouco mais antes de tocar a sineta e o terço final esperando a volta do pesquisador e obtendo, portanto, o direito de saborear dois marshmallows.

Porém, Mischel não estava interessado apenas em descobrir a porcentagem de crianças capazes de resistir à tentação. Na verdade, assim como no caso das que conseguiram os dois doces por esperar, ele estava ansioso para realizar um trabalho verdadeiramente impressionante ao pensar no longo prazo. Dez anos depois, Mischel entrou em contato com os pais do máximo de crianças possível perguntando sobre seus filhos, que a essa altura eram adolescentes. Como estavam indo na vida? Tinham tendência a planejar o futuro? Costumavam desistir quando a situação ficava muito complicada? Os poucos momentos gastos diante de três marshmallows e uma sineta muitos anos antes mostraram um extraordinário poder de previsão. As crianças que esperaram pela volta do pesquisador antes de comer os dois marshmallows se tornaram, em geral, adultos motivados e organizados, com boa capacidade de lidar com as dificuldades e demonstrando persistência diante do fracasso. Por outro lado, aqueles que pegaram o marshmallow imediatamente se distraíam facilmente, eram menos motivados e bastante desorganizados.

A capacidade de adiar a satisfação imediata e de se concentrar mais num êxito de longo prazo é fundamental para se conquistar metas e ambições importantes. Por exemplo, pesquisas mostram que o nível de autodisciplina de alunos dos ensinos fundamental e médio funciona melhor como fator de previsão de seu êxito acadêmico do que notas obtidas em testes de inteligência.[18] Fora da sala de aula, pessoas em dieta capazes de resistir a fatias de torta de dar água na boca perdem peso rapidamente, estudantes que toleram a dificuldade da revisão da matéria conseguem melhores notas e esportistas dispostos a passar horas treinando ganham mais medalhas. Os resultados obtidos por Mischel indicam que essa capacidade se forma bem cedo e permanece inalterada na fase adulta. O trabalho também mostra que uma porcentagem elevada de crianças prefere devorar apenas um marshmallow de imediato em vez de dois após alguns minutos e que enfrenta enorme dificuldade para conseguir o que quer na vida.

Se você, por acaso, vive com uma criança do tipo que devoraria o marshmallow imediatamente, qual a melhor forma de ajudá-la a controlar os impulsos e se comportar? Seria melhor, por exemplo, fazer o papel do policial bonzinho ("Você pode ser uma mocinha e ficar só mais meia hora no computador?") ou adotar uma abordagem mais ameaçadora ("Se você não sair agora desse computador, esse mouse será conectado direto em sua entrada USB"). Em meados dos anos 1960, Jonathan Freedman, da Stanford University, realizou um experimento relativo a essa questão com resultados surpreendentes.[19] O estudo dele reuniu um grupo de cerca de quarenta meninos, entre sete e dez anos de idade, matriculados em uma de duas escolas próximas, na Califórnia. Um de cada vez, os meninos foram convidados a entrar numa sala e instruídos a dar uma nota para o quanto gostavam de cinco brinquedos, sendo 0 para "brinquedo muito, muito chato" e 100 para "brinquedo muito, muito legal". Quatro dos brinquedos eram bastante triviais: um submarino de plástico barato; uma luva de beisebol para crianças; um trator em miniatura e uma arma de Dick Tracy. Por outro lado, o quinto era muito mais caro e interessante. Era o melhor dos brinquedos, um robô movido a bateria que representava o máximo da tecnologia nos anos 1960.

Após a atribuição das notas, o pesquisador explicava que tinha de fazer algo e se ausentaria da sala por alguns minutos, dizia ao menino que ele podia brincar com os quatro brinquedos, mas não devia encostar no robô. Metade dos meninos ouvia claramente que coisas ruins aconteceriam se desobedecessem ao pesquisador ("Se você brincar com o robô, ficarei muito aborrecido e terei de tomar providências"), enquanto a outra metade foi submetida a uma abordagem mais "branda" ("Não brinque com o robô. Não seria certo brincar com ele"). O pesquisador então saía, e o menino ficava olhando desejosamente para o robô com seus olhos que diziam "venha brincar comigo". Cerca de cinco minutos depois o pesquisador voltava, agradecia à criança por participar e a deixava ir.

Os meninos sucumbiam à tentação? Para descobrir, foi posto no robô um dispositivo secreto que mostrava se o brinquedo havia sido ligado. Os dados revelaram que apenas dois meninos tiveram o autocontrole de deixar o robô quieto. Um deles pertencia ao grupo que recebeu instruções para não brincar com o robô, enquanto o outro, ao que foi submetido à abordagem "branda". Quando o pesquisador não estava presente a fim de garantir o cumprimento da ordem para não brincarem com o robô, as duas abordagens se mostraram ineficazes em igual proporção.

Porém, Freedman não esperava nenhuma diferença no curto prazo, e estava muito mais interessado nas diferenças que poderiam aparecer no decorrer de um período de tempo mais longo. Cerca de seis semanas depois ele enviou uma pesquisadora de volta às escolas, para supostamente realizar um estudo diferente com os mesmos meninos. Cada um deles foi convidado a entrar numa sala e a fazer um desenho. A mesma seleção de brinquedos foi posta no canto da sala, e quando as crianças terminaram o desenho, a pesquisadora explicou que elas podiam ficar alguns minutos brincando com quaisquer dos brinquedos. Dessa vez, nenhum deles foi apontado como proibido, portanto todos podiam ser usados. Houve uma grande diferença entre os grupos. Do grupo anterior, que ouviu "Se você brincar com o robô, ficarei muito aborrecido e terei de tomar providências", 77% brincaram com o robô, comparados com apenas 33% daqueles que pertenciam ao grupo mais permissivo. Foi extraordinário notar que uma pequena mudança nas instruções dadas pelos pesquisadores várias semanas antes tenha tido um impacto significativo no comportamento subsequente dos meninos, com a abordagem mais branda obtendo muito mais obediência.

Por que essa diferença tão grande? Existem diversas explicações possíveis. Segundo alguns pesquisadores, trata-se da forma como os indivíduos reagem a ameaças. Normalmente, as pessoas só precisam ser ameaçadas quando alguém não quer que elas façam algo que desejam fazer. E quanto mais querem fazer algo, maior precisa ser a ameaça para evitar que realizem aquilo. De acordo com essa perspectiva, as crianças que ouviram as ameaças mais fortes teriam pensado inconscientemente: "Uau, as pessoas só fazem grandes ameaças quando quero muito fazer algo que não querem que eu faça; por isso, devo querer muito brincar com esse robô." Aplicando a mesma lógica, pedir calmamente que os outros meninos não brincassem com o robô fez com que eles convencessem a si mesmos de que não queriam usar aquele brinquedo tanto assim.

Outros pesquisadores argumentam que a ameaça alçou o robô instantaneamente ao status de fruto proibido e despertou a tendência ancestral a querer algo por ser proibido. Embora os argumentos científicos se alternem entre essa tendência ser motivada por curiosidade, temperamento "do contra" ou rebeldia, todos concordam que o efeito é poderoso e confiável, e explica por que tentativas de proibir que adolescentes fumem, bebam e dirijam perigosamente costumam sair pela culatra.[20]

Na ciência secreta da autodisciplina a verdade é que algumas crianças têm uma capacidade quase inata de controlar os impulsos, enquanto outras acham difícil resistir à satisfação imediata. E para incutir autodisciplina naqueles que pegam o marshmallow, em vez de esperar para ter dois depois, está claro que quanto mais branda a ameaça, maior o impacto.

Em 59 segundos ou menos

O Teste do Marshmallow. É fácil realizar o teste do marshmallow com seus filhos e amigos. Use algo de comer que eles adorem e ofereça a opção de uma porção pequena no momento ou uma porção maior se esperarem dez minutos. Se você for realizar essa avaliação rápida e divertida, faça com que suas cobaias possam ver as porções grande e pequena no decorrer de todo o tempo do teste. A pesquisa de Mischel indica que o experimento é mais eficaz quando as pessoas são continuamente tentadas pela visão da guloseima!

Cabeças e Pés. Enquanto o teste do marshmallow mede a impulsividade, outros pesquisadores têm focado no tipo de autodisciplina de que as crianças precisam para ouvir instruções, prestar atenção e fazer o que precisam em vez da primeira coisa que lhes vem à cabeça. Parte desse trabalho, conduzido por Megan McClelland e seus colaboradores da Oregon State University, envolveu um pedido para que centenas de crianças, entre quatro e cinco anos, brincassem de um jogo chamado "Da cabeça aos pés".[21] Ao longo do jogo, o pesquisador dizia a frase "Toque sua cabeça" ou "Toque seus pés". As crianças têm de tocar os dedos dos pés quando ouvem "Toque sua cabeça" e tocar a cabeça quando ouvem "Toque seus pés". Pesquisas indicam que o desempenho de crianças pequenas nesse jogo prevê a capacidade de leitura e sua habilidade matemática. Para jogar, explique as regras para as crianças e faça um treino com elas. Então, dê, de forma aleatória, os comandos "Toque sua cabeça" e "Toque seus pés", atribuindo 2 pontos se a criança reagir corretamente, sem hesitação, 1 ponto quando começar a reagir de forma errada, mas em seguida se corrigir, e 0 para uma reação errada. Experimente uma sequência de dez comandos e veja quanto ela pontua. Em média, crianças de três anos tendem a tirar três pontos; as de quatro anos, perto de dez; e as de cinco anos, perto de 14. Se seu filho não pontuar dentro dessa faixa, não se preocupe! É perfeitamente normal que as crianças se situem em diversas pontuações diferentes, mas uma pontuação baixa pode indicar que alguns dos jogos abaixo podem ser interessantes para ela.

Focar-se no Foco. Pesquisas indicam que certos jogos podem ajudar as crianças a aprender a prestar atenção, a obedecer normas e a desenvolver o autocontrole.[22] Na brincadeira "Estátua", diga para a criança dançar acompanhando uma música e congelar o movimento quando houver silêncio. Na primeira parte do jogo, a criança tem de dançar devagar acompanhando músicas lentas e rapidamente acompanhando as músicas mais agitadas. Porém, uma vez que estejam boas nessa etapa, peça que façam o contrário. Num exercício similar, chamado "Regendo a orquestra", dê a uma criança qualquer instrumento musical e passe a reger a música usando uma batuta improvisada. Na primeira parte do jogo, peça que ela toque quando você mover a batuta e que pare quando a abaixar. Depois, peça que toque no mesmo ritmo com que você estiver movendo a batuta. Por fim, peça que faça o contrário. Além disso, existem muitas outras técnicas que podem ajudar as crianças a compreender, valorizar e desenvolver o poder da autodisciplina. Experimente pedir que escrevam o nome delas com a mão que não costumam usar, recitar os meses do ano ou os dias da semana de trás para a frente ou dar o nome do máximo de coisas que forem capazes dentro de certa categoria (p.ex.: verduras e legumes, animais de estimação, países) em trinta segundos. Além disso, quando você vir a criança profundamente concentrada em algo, incentive-a a pensar sobre seu comportamento perguntando, por exemplo, por quanto tempo ela acha que ficou concentrada (ressalte que o tempo voa quando estamos concentrados) ou como se sentiu quando alguém a interrompeu (ressalte o valor de ser capaz de retomar uma tarefa quando alguém o interrompe).

Evitando Ameaças. Ameaças funcionam bem no curto prazo, mas podem se mostrar contraproducentes em períodos de tempo mais longos. Ao discorrer sobre todas as coisas terríveis que podem acontecer se o seu filho fizer alguma coisa, você pode estar tornando tal coisa mais atraente na cabeça dele. Em vez disso, experimente a técnica "branda" usada no experimento com o robô. Fale que não quer que ele mexa em algo e deixe-o ali. Se seu filho fizer questão de saber o porquê da proibição, experimente fazer com que ele presuma as razões.

10. Personalidade

Por que não confiar na grafologia, como ter uma visão aparentemente mágica da personalidade das pessoas olhando para seus dedos, animais de estimação e a hora em que vão dormir.

Em 2005, líderes mundiais se reuniram num grande fórum econômico na Suíça para discutir alguns dos maiores problemas do planeta. Da pobreza à privatização, do capitalismo às mudanças climáticas, nada escapou a seus olhos de águia e a suas mentes influentes. Porém, apesar da grandiosidade dos temas, grande parte da cobertura da mídia se concentrou numa simples folha de papel deixada por um dos integrantes de uma coletiva de imprensa.

Os jornais conseguiram uma página de anotações e rabiscos feitos por Tony Blair durante o evento. Pediram que vários grafólogos fizessem uma avaliação psicológica do então primeiro-ministro britânico baseados na caligrafia e nos desenhos dele. Os grafólogos se prontificaram a encarar esse desafio, observando, por exemplo, a separação das letras, a inclinação delas para a direita, e o modo estranho de escrever o D mostrava o "discernimento de Blair em ação" e revelavam que ele estava se esforçando para manter um mundo confuso sob controle, que era um sonhador esperando o melhor, incapaz de finalizar tarefas e com um desejo inconsciente de morte em relação a sua carreira política.

Nessa época, Blair tentava lidar com vários problemas e escândalos políticos, o que incluía uma eleição iminente com a menor margem possível de vantagem; por isso, as observações pareciam oferecer uma visão precisa sobre sua personalidade. Porém, alguns dias depois, as coisas não pareciam tão bem, pois a Downing Street observou que a folha não pertencia ao político britânico, mas tinha sido escrita por um outro participante, Bill Gates, fundador da Microsoft e um dos homens de negócios mais bem-sucedidos do mundo.

Segundo os proponentes da grafologia, a confusão do caso Blair-Gates é apenas uma pequena mancha em seu livro de caligrafia, e, em geral, a escrita cursiva de uma pessoa pode revelar fatos extraordinariamente precisos sobre personalidade, inteligência, saúde e até intenções criminosas.[1] Essas alegações são levadas a sério por muitos órgãos oficiais, com pesquisas revelando que entre 5 e 10% das empresas do Reino Unido e dos Estados Unidos fazem uso regular da grafologia para eliminar candidatos inadequados de seus processos de recrutamento.

Mas existe algo de verídico aí ou a grafologia é apenas outro mito? O pesquisador Geoffrey Dean dedicou grande quantidade de tempo ao exame do assunto, reunindo centenas de estudos científicos sobre grafologia e usando-os para examinar as afirmações feitas pelos defensores dessa antiga forma de arte. Os resultados revelam uma leitura de dar calafrios.

Em uma de suas análises, Dean reuniu as descobertas de 16 trabalhos acadêmicos que examinaram a grafologia no ambiente de trabalho. Ele relacionou as previsões dos grafólogos com o desempenho do empregado por meio da avaliação de êxito realizada pelos supervisores no decorrer do treinamento profissional. Os resultados revelaram que havia pouca relação entre as previsões dos grafólogos e os parâmetros de sucesso profissional. Aliás, os grafólogos foram tão precisos quanto um grupo de controle de leigos não treinados que não possuem qualquer experiência com grafologia.

Em outra análise, Dean examinou estudos nos quais os pesquisadores compararam as tentativas que grafólogos fizeram de identificar o caráter de uma pessoa com as notas obtidas por ela em testes de personalidade cientificamente validados. Dean reuniu os artigos publicados (dessa vez, 53) e analisou os resultados. Não só a exatidão dos grafólogos era baixa, como os grupos de controle compostos por pessoas com absolutamente nenhum treinamento ou nenhuma formação na avaliação da personalidade com base na escrita cursiva pontuaram tão bem quanto os especialistas.

Quando se trata de obter uma visão da personalidade das pessoas baseando-se na grafologia, fique alerta. A gafe Blair-Gates não representa um deslize momentâneo da caneta, mas simboliza as descobertas feitas por estudos científicos que já investigaram a grafologia. Ao contrário do que dizem seus defensores, as pesquisas indicam que ela não oferece uma visão extraordinariamente precisa e confiável sobre a personalidade e não deve ser vista como uma forma útil de prever o desempenho de funcionários.

Ora, se não podemos conhecer a personalidade de alguém com base em sua escrita cursiva, como verificar sua verdadeira natureza? A resposta envolve um conceito conhecido como os Grandes Cinco, o mulherengo Casanova, do século XVIII, e os adesivos que as pessoas colam no carro.

Os grandes cinco

Alguns dos maiores pensadores do mundo já tentaram compreender as complexidades da personalidade humana. Freud acreditava que a melhor maneira de categorizar as pessoas era tendo por base os orifícios corporais dos quais extraíam o maior prazer; o cientista vitoriano e livre-pensador Sir Francis Galton examinava protuberâncias no crânio e Jung estava convencido de que a personalidade era determinada pela posição das estrelas no momento do nascimento.

Enquanto Freud, Galton e Jung ocupavam seu tempo investigando sonhos, a forma dos crânios ou a abóbada celeste em busca de inspiração, outros cientistas adotavam uma abordagem mais criteriosa e, no final das contas, produtiva.[2] Esses pesquisadores acreditavam que a estrutura secreta da psique humana estava profundamente incrustada no interior da linguagem; especularam que as palavras usadas pelas pessoas para descrever a si mesmas e aos outros são utilizadas porque refletem com precisão dimensões fundamentais da personalidade; eles acreditaram que, se era assim, deveria ser possível descobrir essa estrutura fundamental ao coletar e reunir atentamente todas as palavras que poderiam ser usadas para descrever uma pessoa.

Esse projeto começou nos anos 1930, com um grupo de dedicados pesquisadores examinando com total atenção cada página de um dicionário de grande porte. Selecionaram toda e cada palavra que poderia ser usada para descrever uma personalidade. De “divertido”, passando por “abominável”, “bondoso”, até “beligerante”, a equipe compilou, por fim, uma lista de mais de 18 mil palavras. Então, repassaram todas e identificaram quatro mil que descreviam traços relativamente estáveis e centrais. Nos anos 1940, outro grupo de pesquisadores continuou os esforços e submeteu essa lista mais curta a uma forma inicial de análise computadorizada que a reduziu a um grupo de cerca de duzentas palavras. Nos quarenta anos que se seguiram desde então, pediu-se que milhares de pessoas dessem notas a si mesmas e a outras pessoas, em diversos subconjuntos desses adjetivos, e os pesquisadores empregaram técnicas estatísticas cada vez mais sofisticadas para analisar os dados numa tentativa de identificar as dimensões-chave nas quais as pessoas diferiam. Finalmente houve um consenso no início dos anos 1990, quando diversos estudos de larga escala feitos em muitos países e culturas diferentes confirmaram a presença de cinco dimensões fundamentais da personalidade.[3]

Juntos, esses fatores representam o Santo Graal da pesquisa sobre personalidade, e são chamados de os Grandes Cinco. As cinco dimensões têm recebido diferentes rótulos ao longo dos anos, mas são comumente chamadas de "Abertura", "Consciência", "Extroversão", "Afabilidade" e "Neurose". Cada dimensão é vista como uma escala contínua que vai do grau alto ao baixo, e todos podem ser descritos por cinco notas que indicam onde se situam em cada escala. Outros trabalhos já demonstraram que as dimensões são determinadas por uma combinação de genes e experiências de infância, que tendem a permanecer inalterados ao longo da vida da pessoa e a influenciar quase todo aspecto de seu comportamento, incluindo relacionamentos, desempenho no trabalho, atividades de lazer, decisões de consumo, convicções políticas e religiosas, criatividade, senso de humor e saúde.

Sendo assim, o que existe no cerne dessas cinco dimensões e o que significa obter uma nota alta ou baixa em cada uma delas?

A "Abertura" representa o grau em que a pessoa busca e aprecia experiências novas, interessantes e pouco comuns. As pessoas que possuem alta pontuação nesse quesito são curiosas e têm a mente aberta. Ficam entediadas facilmente, mas são especialmente boas em tolerar a ambiguidade e têm habilidade para encarar as situações e os problemas de muitas perspectivas diferentes. São criativas, originais, sábias, engraçadas, imaginativas e não convencionais. Possuem uma vida interior rica, gostam de novas ideias, tendem a lembrar de seus sonhos e a serem boas em hipnotizar. Por outro lado, quem pontua baixo tende a ser mais convencional, pé no chão, e mais capaz de se concentrar no lado prático das coisas. Sente-se mais à vontade com lugares e alimentos conhecidos e gosta de resolver problemas por meio de um processo passo a passo.

A "Consciência" reflete o grau de organização, persistência e autodisciplina empregado para atingir metas. Quem pontua alto nesse fator é muito organizado, confiável, trabalhador, perseverante e capaz de abrir mão de recompensas de curto prazo por êxitos de longo prazo; tende a ser bem-sucedido no trabalho, manter suas resoluções de ano-novo e ser muito pontual. Também vive consideravelmente mais que os outros, porque não costuma se dedicar a comportamentos de alto risco, como dirigir perigosamente, e a probabilidade de praticar exercícios, fazer uma dieta balanceada e checapes médicos regulares é muito maior. Quem pontua baixo tende a ser menos confiável, mais preguiçoso e hedonista. É mais difícil motivá-lo e muito fácil distraí-lo, mas essa pessoa é capaz de ter muito mais flexibilidade diante de circunstâncias em constante mudança.

A "Extroversão" reflete a necessidade de estímulo do mundo exterior e das outras pessoas. Quem pontua alto nessa dimensão é uma pessoa divertida, impulsiva, otimista, feliz, gosta de estar acompanhada e tem um grande círculo de amigos e conhecidos. Prefere liderar a ser liderado, gosta de humor agressivo e sexualmente explícito, bebe mais, é bom para se desdobrar em diversas tarefas, busca satisfação imediata, tem mais parceiros sexuais que os outros e é maior a probabilidade de trair seus parceiros. Quem pontua baixo tende a ter bem mais consideração, ser mais controlado e reservado. Sua vida social gira em torno de um número relativamente pequeno de amigos bem próximos, e prefere ler um bom livro a passar a noite fora. É mais sensível à dor, concentra-se bem em apenas uma tarefa, prefere formas mais intelectualizadas de humor — como trocadilhos —, assim como trabalhar em escritórios fechados com pouca coisa para distraí-los.

A "Afabilidade" é o grau em que uma pessoa se preocupa com outra. Quem pontua alto nesse fator é digno de confiança, altruísta, bom, afetuoso e, talvez mais importante que tudo, amável. É menor a probabilidade de que se divorcie, é visto como mais favorável em entrevistas de emprego e costuma ser promovido no trabalho. Quem pontua baixo tende a ser muito mais agressivo, hostil e a cooperar bem pouco. Costuma ver as coisas de seu próprio ponto de vista, prefere estar certo a se preocupar com o que as outras pessoas pensam ou sentem, tem melhor desempenho em situações que exigem pragmatismo e é menor a probabilidade de que tirem vantagem deles.

A quinta e última dimensão, "Neurose", reflete o grau em que uma pessoa é emocionalmente estável e capaz de lidar com situações potencialmente estressantes. Os altos pontuadores nesse quesito são muito mais propensos a se preocupar, têm baixa autoestima, alimentam aspirações irreais e frequentemente experimentam uma série de emoções negativas, incluindo angústia, hostilidade e inveja. Sua forte necessidade de serem amados, junto com a baixa autoestima, pode fazer com que formem relacionamentos excessivamente possessivos e dependentes. Quem pontua baixo tende a ser calmo, relaxado, resistente diante do fracasso e emocionalmente seguro. Inabalado pelos acontecimentos negativos da vida, hábil para usar o humor a fim de diminuir a própria ansiedade e a alheia, lida bem com os infortúnios e às vezes até avança bem no estresse.

A maioria dos psicólogos hoje acredita que a aparente complexidade da personalidade humana é uma ilusão. Na realidade, as pessoas variam em apenas cinco dimensões fundamentais. Compreenda essas dimensões e você conseguirá uma importante visão sobre seu comportamento e seu modo de pensar. Da mesma maneira, ser capaz de compreender rapidamente a personalidade das pessoas à sua volta ajudará você a compreender suas atitudes e a se comunicar melhor com elas. As pesquisas atuais indicam que Freud, Galton e Jung estavam errados, e que o segredo para compreender a personalidade está nos cinco fatores fundamentais que estão profundamente incrustados em nossa linguagem e em nossa vida.

Em 59 segundos ou menos

Psicólogos formularam diversos questionários para medir cuidadosamente a reação das pessoas a cada uma das Grandes Cinco dimensões. Infelizmente, eles em geral têm um número enorme de perguntas e levam um tempo considerável para ser preenchidos. Porém, alguns pesquisadores criaram uma versão rápida e fácil que o ajudará a descobrir sua posição em cada uma das cinco dimensões.[4] Ela não fornece uma descrição perfeita, mas é útil para apontar as forças fundamentais que compõem sua personalidade.

Para completar o questionário, por favor, use a escala de pontos a seguir para descrever até que ponto cada frase o descreve. Pense em como você é hoje, de um modo geral, não em como gostaria de ser um dia. Descreva honestamente como você vê a si mesmo, em relação a outras pessoas que conhece, do mesmo sexo e com mais ou menos a mesma idade. Nessa etapa, ignore os números do alto, no canto direito de cada quadrado.

Pontuação

Olhe os números, no canto direito superior, dos quadrados que marcou nas frases 5 ("tendo excelentes ideias") e 10 ("tendo dificuldade para entender ideias abstratas"). Some esses dois números para saber a pontuação de sua dimensão Abertura. Se sua pontuação for 10 ou menos, então você deve se considerar alguém de pontuação baixa nesse quesito; se for acima, deve se considerar de pontuação alta. Veja seus pontos na p. 289: escreva seu total na linha e então marque o quadrado de Baixo ou Alto escore.

	Eu me vejo...	Discordo veementemente	Discordo moderadamente	Discordo um pouco	Não discordo nem concordo	Concordo um pouco	Concordo moderadamente	Concordo veementemente
1	como o que dá vida à festa	1	2	3	4	5	6	7
2	me importando pouco com as pessoas	7	6	5	4	3	2	1
3	sempre preparado	1	2	3	4	5	6	7
4	como alguém que se estressa facilmente	1	2	3	4	5	6	7
5	tendo excelentes ideias	1	2	3	4	5	6	7
6	como alguém que fala pouco	7	6	5	4	3	2	1
7	interessado nas pessoas	1	2	3	4	5	6	7
8	como alguém que esquece de pôr as coisas de volta no lugar	7	6	5	4	3	2	1
9	tranquilo a maior parte do tempo	7	6	5	4	3	2	1
10	tendo dificuldade para entender ideias abstratas	7	6	5	4	3	2	1

Abertura
Total das afirmações 5 e 10: ___
☐ Baixo (10 ou menos) ☐ Alto (acima de 10)

Agora, repita esse processo para as outras quatro dimensões:

Consciência
Total das afirmações 3 e 8: ___
☐ Baixo (11 ou menos) ☐ Alto (acima de 11)

Extroversão
☐ Total das afirmações 1 e 6: ___
Baixo (9 ou menos) ☐ Alto (Acima de 9)

Afabilidade
☐ Total das afirmações 2 e 7: ___
Baixo (10 ou menos) ☐ Alto (acima de 10)

Neurose
Total das afirmações 4 e 9: ___
☐ Baixo (9 ou menos) ☐ Alto (acima de 9)

Uma Análise Rápida e Algumas Dicas Úteis Baseadas em sua Pontuação

Abertura. Quem faz alta pontuação nesse quesito tende a ser imaginativo e criativo, mas também tem propensão a ficar entediado e procura alimentar sua mente o tempo inteiro com novas ideias e experiências. Quem pontua baixo é mais pragmático e tende a buscar situações em que tenha de transformar uma ideia que já existe em realidade, dar pequenos passos em vez de implementar uma mudança radical e seguir padrões e regras bem-estabelecidos.

Consciência. Quem marca muitos pontos nesse fator é metódico, bem-organizado e responsável. Tem melhor desempenho em ambientes altamente estruturados e previsíveis onde há um lugar para tudo e tudo está no seu lugar. Quem pontua baixo é bem mais preguiçoso, tem facilidade para aproveitar a vida, mas pode precisar de ajuda em se tratando de autodisciplina.

Extroversão. Quem faz alta pontuação nesse quesito se sente energizado pela companhia dos outros, gosta da noite e se sente mais motivado por prêmios do que por pressão. Por outro lado, quem pontua baixo tende a ficar mais satisfeito trabalhando sozinho e em ambientes tranquilos, sente-se mais ativo de manhã e é mais motivado pelo medo de um castigo do que pela promessa de uma recompensa.

Afabilidade. Quem faz alta pontuação nesse quesito tende a confiar nos outros, ser simpático e cooperar, mas precisa tomar cuidado para evitar situações nas quais os outros possam tirar vantagem de sua natureza excessivamente generosa. Quem pontua baixo tende a ser mais agressivo e competitivo, e prospera em situações que exijam pragmatismo e linguagem direta.

Neurose. Quem marca muitos pontos nesse fator tende a ser inseguro e a sentir angústias emocionais, evitando situações que os aborrecem, uma vez que essas sensações negativas demoram para se dissipar. Quem pontua baixo tende a ser mais relaxado, menos emotivo, menos propenso a se angustiar e funciona bem em situações que os outros consideram estressantes.

Por trás dos grandes cinco

Pesquisas indicam que diferenças no funcionamento cerebral e a criação podem explicar as diferenças entre as dimensões fundamentais da personalidade.

Por exemplo, existe uma relação entre a extroversão e a ativação do cérebro. Se pudéssemos abrir o topo do crânio de alguém e olhar ali, veríamos uma massa de tecido enrugado que é o córtex. Esse grande monte de carne compõe cerca de 80% do peso do cérebro e contém impressionantes 100 bilhões de neurônios. Todo córtex tem um nível preestabelecido de estímulo, muito parecido com o volume predeterminado da tevê quando a ligamos. Tomografias cerebrais revelaram que pessoas com baixa pontuação em extroversão têm um nível preestabelecido de estímulo alto. Assim, elas evitam situações que possam estimular ainda mais seu cérebro, e se sentem mais à vontade quando se dedicam a atividades tranquilas, previsíveis. O exato oposto acontece no caso de quem é muito extrovertido. O cérebro dessas pessoas tem um nível de estímulo predeterminado muito mais baixo, e por isso necessita de estímulos constantes. Por causa disso, gostam dos estímulos constantes que resultam de estar com outras pessoas, do enfrentamento de riscos e de comportamentos impulsivos.

Outros trabalhos focaram na relação entre personalidade e criação. Por exemplo, Frank Sulloway, um psicólogo da University of California, acredita que os níveis de abertura são determinados, pelo menos até certo ponto, pelo fato de a pessoa ser o filho mais novo ou o mais velho.[5] Segundo a teoria de Sulloway, como os caçulas não desenvolveram as capacidades e habilidades de seus irmãos, exploram novas formas de conseguir o amor e a atenção de seus pais; isso, por sua vez, faz com que os mais novos se tornem pessoas mais abertas, criativas, não convencionais, aventureiras e rebeldes. Para testar essa teoria, Sulloway analisou a biografia de mais de 6 mil pessoas famosas das mais diferentes camadas sociais e áreas de atuação, e alega que as evidências são esmagadoras. Ele observa que a grande maioria dos presidentes americanos (incluindo Jimmy Carter, George W. Bush e Bill Clinton) foram primogênitos, enquanto líderes de revoluções, como Jefferson, Marx e Castro, nasceram depois dos irmãos. Do mesmo modo, em se tratando de ciência, primogênitos costumam fazer parte da comunidade científica, enquanto quem nasceu depois dos irmãos, como Darwin e Copérnico, são os que propõem ideias radicalmente novas. Se estiver correto, trata-se de um marcante exemplo de como sutis diferenças nas experiências da infância podem ter um efeito surpreendentemente acentuado sobre a personalidade.

O efeito Casanova

Imagine-se decidindo abandonar seu emprego e abraçar uma nova carreira de quiromante profissional. Você investe na necessária túnica púrpura, arma uma tenda num calçadão movimentado da cidade costeira mais próxima e espera nervosamente por seu primeiro cliente. Alguns momentos depois, um homem entra, se senta e lhe dá moedas. Você olha atentamente para as mãos do desconhecido e tenta identificar pistas que possam lhe dar alguma visão mágica sobre a vida dele. A pele macia é sinal de que trabalha em escritório? As unhas roídas são sinal de que perdeu o emprego recentemente? Os calos na palma indicam que passa tempo demais na academia ou são um sinal de que precisa muito encontrar logo uma namorada? Segundo alguns psicólogos, você se sairia bem melhor ignorando a pele macia, as unhas roídas e os calos na palma da mão e voltando sua atenção para o comprimento dos dedos indicador e do anular. O argumento deles é curioso e faz uma conexão entre o famoso conquistador do século XVIII, Giacomo Casanova, com alguns dos mais famosos jogadores britânicos de futebol.

De acordo com sua autobiografia, Casanova desfrutou a companhia de muitos reis, cardeais, poetas e artistas europeus.[6] A certa altura ele fala do período em que conviveu com o importante pintor alemão Anton Raphael Mengs. Depois de algum tempo, eles começaram a ter discussões, com Mengs censurando Casanova por não observar seus deveres religiosos, e Casanova acusando Mengs de ser um alcoólatra. Quando a situação estava começando a fugir ao controle, Casanova resolveu criticar uma das pinturas de Meng. Ele observou que o indicador de um personagem masculino importante era mais longo que o anular e que, portanto, estava anatomicamente incorreto, pois o anular dos homens é mais comprido do que o indicador. O

Alemão defendeu sua obra mostrando que a própria mão era como na pintura. Casanova manteve seu argumento, mostrando que o anular *dele* era mais longo que o indicador, alegando que isso valia para a maioria dos homens e que as mãos dele eram, por isso, "como as de todos os descendentes de Adão". Afrontado, Mengs perguntou a Casanova: "Então, de quem você acha que sou descendente?", ao que Casanova respondeu: "Não faço ideia; mas o certo é que não pertence à minha espécie." À medida que a discussão ficava mais acalorada, eles fizeram uma aposta valendo cem moedas de ouro sobre a questão e reuniram os criados do pintor imediatamente para descobrir quem estava certo. Uma rápida passagem pelas mãos dos criados revelou que Casanova estava certo, e Mengs salvou a própria pele rejubilando-se por agora poder se gabar de ser único em alguma coisa.

O psicólogo evolutivo e professor universitário John Manning, da University of Central Lancashire, dedicou a maior parte de sua vida profissional ao estudo da diferença entre o comprimento dos dedos descrita por Casanova e defende que ela revela algo fascinante, e importante, sobre a psique humana.[7] Manning e seus colaboradores medem o comprimento do indicador e do anular das pessoas e então dividem o comprimento do primeiro pelo do segundo para obter o que se chama, normalmente, de índice "2D:4D" (segundo dedo: quarto dedo). Se o anular e o indicador têm exatamente o mesmo comprimento, então o índice 2D:4D é igual a 1; se, porém, o anular é mais longo que o indicador, então o índice é menor que 1; se, em vez disso, o indicador for mais longo, será maior que 1.

A pesquisa mostrou de forma conclusiva que o padrão de comprimentos de dedos descrito por Casanova tende a estar associado muito mais a homens do que a mulheres, com um índice médio 2D:4D entre homens de cerca de 0,98; enquanto o número correspondente entre mulheres gira em torno de 1. Em resumo, o anular dos homens tende a ser mais longo que o indicador, enquanto os dedos das mulheres costumam ter basicamente o mesmo comprimento.

Por que isso acontece? Segundo Manning, a explicação remonta ao início da vida da pessoa, e está intimamente relacionada com os níveis de testosterona no útero. Durante as primeiras semanas de desenvolvimento, todo feto tem a capacidade de se tornar homem ou mulher. Após quase seis semanas, o nível de testosterona no útero muda, e o feto que é exposto a uma quantidade grande desse hormônio se desenvolve como sendo do sexo masculino, enquanto o que é exposto a níveis muito menores se desenvolve como sendo do sexo feminino. Manning argumenta que a testosterona também desempenha papel fundamental na determinação do comprimento dos dedos anular e indicador das pessoas. Se sua teoria estiver correta, o índice 2D:4D de uma pessoa está relacionado com a quantidade de testosterona a que ela foi exposta no útero e deve fornecer uma boa indicação do grau em que essa pessoa possui traços psicológicos e físicos comumente associados com a masculinidade ou com a feminilidade. Segundo essa teoria, pessoas com índice 2D:4D baixo deverão apresentar maior probabilidade que as demais de exibir características masculinas, enquanto aquelas que possuem o mesmo índice elevado apresentarão probabilidade bem maior de estar mais próximas do seu lado feminino.

Trata-se de uma ideia polêmica e que tem atraído muitas críticas.[8] Porém, seus defensores argumentam que inúmeras pesquisas hoje corroboram a teoria, incluindo trabalhos que examinam a força física e o sucesso na prática esportiva. Num estudo, um grupo de homens teve o comprimento de seus dedos medido para então realizar diversos testes de força, incluindo exercícios com halteres.[9] Os resultados revelaram as relações esperadas. Homens que tinham índice 2D:4D mais baixos eram capazes de levantar mais peso do que aqueles que tinham um índice elevado. Muitas vezes, as diferenças foram bem diferentes de desprezíveis. Por exemplo, nos halteres acima da cabeça, quem tinha 2D:4D de 0,91 erguia 11 quilos a mais do que quem tinha um índice maior que 1. Em outro estudo, pesquisadores voltaram sua atenção para estudantes velocistas e descobriram que o tempo para completar 100 metros, 800 metros e 1.500 metros tinha relação com os índices 2D:4D, sendo que os mais velozes tinham os índices mais baixos.[10] Em outro experimento notável, Manning e sua equipe conseguiram medir o comprimento dos dedos de alguns dos mais conhecidos e talentosos jogadores de futebol da Grã-Bretanha.[11] Tendo comparecido à festa de comemoração do centenário do campeonato inglês, os pesquisadores convenceram mais de trezentos jogadores a deixar que suas mãos fossem fotocopiadas e então compararam os comprimentos de seus dedos com os de um grupo de controle com mais de quinhentos homens que nunca tinham entrado num campo de futebol. O índice 2D:4D dos jogadores era significativamente mais baixo do que o do controle. Fortes diferenças também foram percebidas entre os diferentes grupos de jogadores, com "lendas da federação" de alto desempenho (incluindo Kenny Dalglish, Trevor Francis e Paul Gascoigne) e jogadores de nível internacional tendo índices especialmente baixos.

Outros trabalhos indicam que o efeito 2D:4D também se estende a certos traços psicológicos, demonstrando que os homens costumam ter desempenho superior ao das mulheres em testes que exigem a manipulação mental de informações espaciais (o que talvez explique a suposta tendência de as mulheres virarem mapas de cabeça para baixo para dar orientações de trajeto). Em conformidade com essa descoberta, Manning acredita que sua pesquisa indica que homens com índice 2D:4D baixo (e, portanto, segundo sua teoria, com cérebro mais "masculino") tendem a ter desempenho melhor que os demais nessas tarefas.[12] Do mesmo modo, ele cita outros trabalhos que indicam que, em se tratando de personalidade, mulheres com 2D:4D baixo tendem a exibir traços que os pesquisadores acreditam ser mais masculinos, incluindo o fato de serem mais assertivas e propensas a correr riscos.[13]

De acordo com Manning, o efeito chega a se estender à música. Tendo observado que existem cerca de dez vezes mais professores de música homens do que mulheres, o psicólogo argumenta que a capacidade musical está mais associada ao cérebro masculino do que ao feminino, e, portanto, músicos especialmente hábeis devem ter um índice 2D:4D particularmente baixo. Para testar essa ideia, ele mediu o índice de 54 homens de uma conhecida orquestra sinfônica britânica.

Diversas seções da orquestra foram organizadas de modo hierárquico, com músicos de maior talento assumindo posições-chave. O pesquisador descobriu que os músicos que ocupavam essas posições de fato tinham um índice 2D:4D significativamente menor que o de seus colegas.[14]

Para obter um misterioso insight sobre si mesmo e sobre os outros, pode ser melhor esquecer a tradicional leitura de mãos e concentrar sua atenção na aparentemente importante relação de comprimento entre os dedos anular e indicador.

Em 59 segundos ou menos

Alguns pesquisadores acreditam que o comprimento relativo de nossos primeiro e terceiro dedos oferece uma visão considerável sobre nossas capacidades psicológicas e físicas. Para avaliar a si mesmo rapidamente, ponha a palma de sua mão direita diante de si e olhe para o comprimento do primeiro (indicador) e do terceiro (anular) dedos. Veja onde o primeiro dedo se une à palma da mão. Haverá diversas rugas ali. Ponha o zero da régua no meio da ruga mais baixa e meça até a ponta do dedo (sem contar com a unha) em milímetros. Agora, faça exatamente a mesma coisa no terceiro dedo da mão direita. Para descobrir o índice 2D:4D, divida o comprimento do primeiro dedo pelo comprimento do terceiro.

Pesquisas mostram que um índice masculino médio é de cerca de 0,98 — e um índice de 0,94 seria visto como especialmente masculino —, enquanto um índice 1 seria visto como mais feminino. Para as mulheres, o índice médio é de cerca de 1, e um valor de 0,98 seria visto como mais masculino, enquanto um índice de 1,02 seria visto como mais feminino.

Dedos de celebridades

Quando deparei pela primeira vez com pesquisas indicando que o índice 2D:4D previa excelência esportiva e musical, me perguntei se o mesmo efeito não se manifestaria entre pessoas que tivessem se destacado em outras atividades. Porém, como medir os dedos de ricos e famosos parecia bastante problemático, arquivei a ideia no escaninho mental chamado "provavelmente nunca acontecerá", já um pouco atulhado. Então, por volta de 2008, eu estava assistindo a um programa de tevê sobre uma viagem pelas estradas dos Estados Unidos e subitamente tive uma ideia. Uma das cenas foi filmada em Los Angeles, e ela envolvia conversas com pessoas que passavam pela calçada da fama, em Hollywood. Ao fundo, pude ver o famoso teatro chinês Grauman, e, de repente, caiu a ficha.

Desde os anos 1920, muitas das mais conhecidas celebridades deixaram sua assinatura — pegadas e mãos marcadas em blocos de concreto em frente ao teatro. Seria possível, me perguntei, medir com precisão o comprimento dos dedos a partir desses moldes e, assim, descobrir os índices 2D:4D de algumas das figuras mais conhecidas do show business? Minha cabeça começou a divagar. Será que protagonistas teriam níveis especialmente altos de testosterona e, portanto, um índice 2D:4D particularmente baixo? E os comediantes? O sucesso deles normalmente depende de terem grande habilidade verbal e criatividade, mais do que de serem másculos — será que isso se refletiria num índice 2D:4D elevado?

Havia apenas um pequeno problema: eu estava em Londres e os moldes, em Los Angeles. Não sendo o tipo de pessoa que deixa alguns milhares de quilômetros atrapalharem suas pesquisas, entrei em contato com um colega meu chamado Jim Underdown. Jim é ex-comediante de stand-up em Chicago e hoje trabalha para a Centre for Inquiry — uma organização americana que faz as investigações céticas e científicas de supostos fenômenos paranormais. Ele dirige uma filial da organização em Los Angeles e tem participado de todo tipo de projeto estranho, incluindo a investigação de avistamentos de supostos OVNIs e o teste de pessoas que dizem ter poderes psíquicos.

Mandei um e-mail para Jim perguntando se ele poderia ajudar. Mais especificamente, se ele conseguiria alguns compassos de calibre digital e pedir que um colega (que não soubesse da teoria sobre a 2D:4D) medisse o máximo de marcas de mãos possível. Jim aceitou o desafio. Algumas semanas depois, ele me mandou um e-mail explicando que os compassos tinham sido comprados e que ele tinha se unido a outro pesquisador chamado Spencer Marks e passado vários dias evitando poças e seguranças, tendo coletado dados iniciais de 37 dos mais famosos protagonistas homens e de nove comediantes.

A lista de protagonistas parecia mais um *Quem É Quem* da indústria cinematográfica, e incluía Paul Newman, Bruce Willis, Johnny Depp, John Travolta, Warren Beatty e Jack Nicholson. Trabalhos anteriores indicavam que o índice médio 2D:4D masculino ficava em torno de 0,98. O índice médio das mãos direita e esquerda dos protagonistas homens era de 0,96, indicando que são parte de um grupo especialmente bem-dotado do ponto de vista da testosterona. Os comediantes incluídos também formaram um grupo impressionante, e entre eles havia algumas das pessoas mais engraçadas de todos os tempos, como George Burns, Peter Sellers, Bob Hope e Robin Williams. O índice médio 2D:4D da mão direita deles era um surpreendente 1,01.

O trabalho ainda está no início, mas os resultados iniciais parecem tão intrigantes quanto promissores. Se o fenômeno for autêntico, pode ser de fato possível descobrir se alguém tem certo talento especial simplesmente olhando suas mãos.

Dicas rápidas para identificar a personalidade de alguém em 60 segundos ou menos

Pergunte às pessoas sobre seus animais de estimação. Há alguns anos, dirigi um estudo on-line de grande escala que investigou a possível relação entre os donos e seus animais de estimação. Mais de 2 mil donos classificaram a própria personalidade e a de seus bichinhos com relação a diversos fatores (p.ex. sociabilidade, estabilidade emocional e senso de humor). Além disso, disseram há quanto tempo tinham os animais. Os donos de peixes acabaram se revelando os mais felizes; os donos de cães, os mais divertidos para se ter por perto; os donos de gatos, os mais confiáveis e emocionalmente sensíveis; e os donos de répteis, os mais independentes. Por estranho que pareça, os resultados também mostraram diferenças esclarecedoras na classificação do senso de humor dos animais. De acordo com os donos, 62% dos cães têm um bom senso de humor, comparados com 57% dos peixes, 48% dos gatos, 42% dos cavalos, 38% das aves e 0% dos répteis.

As descobertas também revelaram semelhanças significativas entre a personalidade dos donos e a de seus animais de estimação. É interessante notar que essa semelhança aumentava com o passar do tempo, indicando que os bichos podem, gradualmente, ir adotando a personalidade do dono ou vice-versa. Há anos os donos vêm sustentando que seus animais de estimação possuem uma personalidade única — não só os resultados que colhi indicam que podem estar certos como também revelam que os bichos são um reflexo das pessoas. Portanto, se você conhece alguém que tem um cão e quer ter uma visão legítima sobre a personalidade dessa pessoa em questão de segundos, peça para descreverem a personalidade de seu amiguinho canino.

Adesivos de carro. William Szlemko e seus colaboradores especularam que muitas pessoas que personalizam o carro pondo adesivos na lataria ou nas janelas podem estar dando sinais poderosos de territorialidade, e ficaram curiosos para descobrir se precisar dividir as ruas com os outros poderia aumentar a chance de que esses motoristas surtassem no trânsito.[15] Para investigar, perguntaram a centenas de participantes quantos adesivos eles tinham, e também pediram que dessem uma nota para seu nível de agressividade no trânsito. Os resultados revelaram que motoristas com mais adesivos admitiam conduzir o carro de forma mais agressiva, incluindo o hábito de dirigir colado ao carro da frente e de protagonizar batidas. Portanto, se você vir um carro cheio de adesivos na lataria ou na janela, e estiver dirigindo, provavelmente é melhor dar uma distância extra.

Polegar. Podemos considerar que o cérebro trabalha de dois modos gerais. Num desses modos (comumente chamado de "atividade cerebral do lado direito"), ele é considerado mais intuitivo, visual e criativo. No outro, (comumente chamado de "atividade cerebral do lado esquerdo"), ele é mais lógico, sequencial e ditado pela linguagem. Sob muitos aspectos, é como ter um artista e um contador discutindo em sua cabeça e ficar alternando entre os dois. Todos trabalhamos com ambos os modos, mas cada um tende naturalmente para um ou outro. Os destros podem experimentar o teste rápido a seguir para descobrir se tendem a ter mais atividade do lado esquerdo ou do direito. Cruze os dedos das mãos e ponha um polegar em cima do outro. Pessoas que põem o polegar direito por cima do esquerdo tendem a ter o lado esquerdo do cérebro como o dominante, e, assim, são mais verbais e analíticas.[16] Aquelas que põem o dedão esquerdo sobre o dedão direito costumam ter o lado direito como dominante, e são boas em tarefas visuais, criativas e intuitivas.

Manhã ou Noite? Se você quisesse se sentir em sua melhor forma e pudesse levantar da cama em qualquer hora do dia, que hora você escolheria? Às 7h, 8h, 9h ou até mesmo 10h da manhã? E quanto à parte oposta do dia: se pudesse fazer o que quisesse e estivesse livre de quaisquer pressões ou exigências, quando decidiria ir dormir?

Dez horas da noite, meia-noite, 1h? O modo pelo qual acaba de responder a essas duas perguntas ajuda a revelar se você é do tipo matutino (que vai para a cama e sai dela cedo) ou do tipo noturno (que vai dormir tarde e levanta tarde). Pesquisas recentes também indicam que sua resposta revela muito sobre sua personalidade e seu modo de pensar.[17] Resultados de questionários de mais de 350 pessoas mostraram que os tipos matutinos são atraídos por informações concretas mais do que por pensamento abstrato, e gostam de se basear mais na lógica do que na intuição. Tendem a ser introvertidos, ter autocontrole e ficar ansiosos para causar boa impressão em terceiros. Por outro lado, os tipos noturnos têm uma perspectiva bem mais criativa da vida, são mais dispostos a assumir riscos, são mais independentes e um pouco impulsivos.

Conclusão

A resposta de Sophie: dez técnicas em 59 segundos.

No início deste livro falei de um almoço com minha amiga Sophie há alguns anos. Em nossa conversa, ela falou que tinha comprado um livro sobre como aumentar a felicidade, e expressei considerável ceticismo a respeito da indústria da autoajuda. Quando comecei a discursar animadamente sobre a enorme quantidade de trabalhos acadêmicos sobre felicidade, Sophie me interrompeu educadamente e, basicamente, fez a pergunta que funcionou como agente catalisador deste livro: existem técnicas cientificamente comprovadas que possam ajudar a melhorar a vida das pessoas em menos de um minuto? Eu não sabia a resposta, mas a pergunta atiçou minha curiosidade. Depois de investigar milhares de estudos em incontáveis periódicos, me dei conta de que pesquisadores comportamentais trabalhando em muitas áreas diferentes tinham, de fato, desenvolvido tais técnicas.

Sophie, aqui estão dez dos estudos mais interessantes que eu gostaria de já conhecer quando você me perguntou. Num dia favorável, acho que sou capaz de falar de todos eles em menos de um minuto.

Desenvolva a atitude de gratidão

Fazer as pessoas listarem três coisas pelas quais são gratas na vida ou três acontecimentos que transcorreram de modo especialmente positivo na última semana pode aumentar consideravelmente o nível de felicidade por cerca de um mês. Isso, por sua vez, pode fazer com que as pessoas fiquem mais otimistas quanto ao futuro e melhorem sua saúde física.

Coloque uma foto de bebê em sua carteira

Colocar uma foto de bebê sorridente em sua carteira aumenta a chance de que ela seja devolvida em caso de perda em 30%. Os olhos e o narizinho do bebê ativam um mecanismo evolutivo profundamente arraigado que faz com que as pessoas fiquem mais atenciosas, e isso aumenta a probabilidade de devolução.

Pendurar um espelho na cozinha

Pôr um espelho diante das pessoas quando elas têm diante de si diferentes opções de alimentos resulta numa redução de extraordinários 32% no consumo de alimentos não saudáveis. Ver o próprio reflexo as deixa mais cientes do próprio corpo e aumenta a probabilidade de comerem coisas que fazem bem.

Compre um vaso de planta para o escritório

Pôr plantas num escritório resulta num aumento de 15% no número de ideias criativas apresentadas por empregados homens, e ajuda as mulheres a produzir soluções mais originais para os problemas. As plantas ajudam a reduzir o estresse e induzem um bom humor, o qual, por sua vez, promove a criatividade.

Toque as pessoas levemente na parte de cima do braço

Tocar alguém suavemente na parte de cima do braço aumenta a probabilidade de que concordem com alguma solicitação porque o toque é percebido inconscientemente como sinal de status elevado. Num estudo sobre encontros, o toque foi responsável por um aumento de 20% no número de pessoas que aceitaram o convite para dançar numa boate e por um aumento de 10% nas pessoas que deram seu número de telefone para estranhos na rua.

Escreva sobre seu relacionamento

Parceiros que dedicam alguns momentos a cada semana para passar seus pensamentos e sentimentos mais profundos sobre o relacionamento para o papel aumentam em 20% a chance de permanecer juntos. Esse tipo de "texto expressivo" faz com que os parceiros usem uma linguagem mais positiva quando falam um com o outro, levando a um relacionamento mais saudável e feliz.

Lide com possíveis mentirosos fechando seus olhos e pedindo um e-mail

As pistas mais confiáveis para se detectar uma mentira estão nas palavras que as pessoas usam, com os mentirosos tendendo a omitir detalhes, a usar mais "hum" e "ah" e evitando autorreferências ("eu", "me", "mim"). Além disso, as pessoas têm cerca de 20% menos chance de mentir num e-mail do que num telefonema, porque suas palavras ficarão registradas e, portanto, é maior a probabilidade de voltarem para assombrá-las.

Elogie o esforço das crianças, em vez de sua habilidade

Elogiar o esforço de uma criança em vez de sua habilidade ("Muito bem, você deve ter se esforçado muito") as encoraja a tentar independentemente das consequências, e, portanto, contorna qualquer medo de fracasso. Isso, por sua vez, aumenta a probabilidade de que enfrentem problemas desafiadores, achem esses problemas interessantes e procurem resolvê-los por iniciativa própria.

Visualize-se fazendo em vez de conseguindo

As pessoas que se visualizam tomando as medidas práticas necessárias para atingir suas metas têm probabilidade muito maior de ter êxito do que aquelas que simplesmente fantasiam sobre seus sonhos se tornarem realidade. Uma técnica especialmente eficaz envolve a perspectiva de uma terceira pessoa: quem visualiza a si mesmo como os outros o veem é cerca de 20% mais bem-sucedido do que aqueles que adotam uma visão de primeira pessoa.

Considere seu legado

Pedir que as pessoas dediquem apenas um minuto para imaginar um amigo íntimo em seu enterro e que reflitam sobre o próprio legado pessoal e profissional as ajuda a identificar suas metas de longo prazo e a analisar em que medida estão progredindo na direção de tornar essas metas realidade.

Notas

Introdução

1 Este trabalho está descrito no capítulo sobre Motivação, página 85.
2 L. Tabuk (2007). "If Your Goal is Success, Don't Consult the Gurus". *Fast Company*, 18 de dezembro.
3 J. Rodin e J. E. Langer (1997). "Long-term Effects of a Control-Relevant Intervention with the Institutionalized Aged." *Journal of Personality and Social Psychology*, 35 (12), páginas 897-902.

FELICIDADE

1 S. Lyubomirsky, L. A. King e E. Diener (2005). "The Benefits of Frequent Positive Affect: Does Happiness Lead to Success?" *Psychological Bulletin*, 131, páginas 803-55.
2 Ver, por exemplo, D. G. Myers (2000). "The Funds, Friends, and Faith of Happy People." *American Psychologist*, 55, páginas 56-67.
3 P. Brickman, D. Coates e R. Janoff-Bulman (1978). "Lottery Winners and Accident Victims: Is Happiness Relative?" *Journal of Personality and Social Psychology*, 36, páginas 917-27.
4 Citado em D. G. Myers (2007). O trabalho relacionado à relação entre PIB e felicidade envolveu o exame de dados do Banco Mundial e as escalas de "felicidade" e "satisfação na vida" da World Values Survey de 1990-1991.
5 Ibid.
6 S. Lyubomirsky, K. M. Sheldon e D. Schkade (2005). "Pursuing Happiness: The Architecture of Sustainable Change." *Review of General Psychology*, 9, páginas 111-31. Uma das coisas que foram feitas para investigar o componente genético da felicidade foi pedir que gêmeos idênticos e não idênticos dessem uma nota

para o quanto eram felizes. Gêmeos idênticos têm a mesma composição genética, enquanto os não univitelinos não têm, e, com isso, é possível calcular a base genética da felicidade ao comparar atentamente os resultados fornecidos pelos dois grupos.

7 J. L. S. Borton e E. C. Casey (2006). "Suppression of Negative Self-Referential Thoughts: A Field Study." *Self and Identity*, 5, páginas 230-46.

8 Para uma visão geral desse trabalho, ver D. M. Wegner (1989). *White Bears and Other Unwanted Thoughts: Suppression, Obsession, and the Psychology of Mental Control*. Nova York: Viking.

O estudo sobre chocolate encontra-se descrito em J. A. K. Erskine (2007). "Resistance Can Be Futile: Investigating Behavioural Rebound." *Appetite*, 50, páginas 415-21.

Inventei o final sobre George Bush.

9 E. Zech (1999). "Is it Really Helpful to Verbalize One's Emotions?" Gedraf en Gezondheid, 27, páginas 42-7.

10 E. Zech e B. Rimé (2005). "Is Talking About an Emotional Experience Helpful? Effects on Emotional Recovery and Perceived Benefits." *Clinical Psychology and Psychotherapy*, 12, páginas 270-87.

11 S. Lyubomirsky e C. Tkach (2003). "The Consequences of Dysphoric Rumination." C. Papageorgiou e A. Wells (orgs.) *Rumination: Nature, Theory, and Treatment of Negative Thinking in Depression*, páginas 21-41. Chichester, Inglaterra: John Wiley & Sons.

12 Para uma revisão deste trabalho, ver S. J. Lepore e J. M. Smyth (orgs.). *The Writing Cure: How Expressive Writing Promotes Health and Emotional Well-Being*. Washington, DC: American Psychological Association.

13 S. Spera, E. Buhrfeind e J. W. Pennebaker (1994). "Expressive Writing and Coping with Job Loss." *Academy of Management Journal*, 3, páginas 722-33.

14 R. A. Emmons e M. E. McCullough (2003). "Counting Blessings Versus Burdens: An Experimental Investigation of Gratitude and Subjective Well-Being in Daily Life." *Journal of Personality and Social Psychology*, 84, páginas 377-89.

15 L. A. King (2001). "The Health Benefits of Writing About Life Goals." *Personality and Social Psychology Bulletin*, 27, páginas 798-807.

16 C. M. Burton e L. A. King (2004). "The Health Benefits of Writing About Intensely Positive Experiences." *Journal of Research in Personality*, 38, páginas 150-63.

17 K. Floyd, A. C. Mikkelson, C. Hesse e P. M. Pauley (2007). "Affectionate Writing Reduces Total Cholesterol: Two Randomized, Controlled Trials." *Human Communication Research*, 33, páginas 119-42.

18 M. E. P. Seligman, T. Steen, N. Park e C. Peterson (2005). "Positive Psychology Progress: Empirical Validation of Interventions." *American Psychologist*, 60, páginas 410-21.

19 L. Van Boven e T. Gilovich (2003). "To Do or to Have: That Is the Question." *Journal of Personality and Social Psychology*, 85, páginas 1193-202.

20 Este questionário é baseado no trabalho descrito em M. L. Richins e S. Dawson (1992). "A Consumer Values Orientation for Materialism and Its Measurement: Scale Development and Validation." *Journal of Consumer Research*, 19 (3), páginas 303-16.

21 Ibid.

22 E. W. Dunn, L. Aknin e M. I. Norton (2008). "Spending Money on Others Promotes Happiness." *Science*, 319, páginas 1687-88.

23 B. T. Harbaugh, U. Mayr e D. Burghart (2007). "Neural Responses to Taxation and Voluntary Giving Reveal Motives for Charitable Donations." *Science*, 316 (5831), páginas 1622-5.

24 S. Lyubomirsky, K. M. Sheldon e D. Schkade (2005). "Pursuing Happiness: The Architecture of Sustainable Change." *Review of General Psychology*, 9, páginas 111-31.

25 L. N. Chaplin e D. R. John (2007). "Growing up in a Material World: Age Differences in Materialism in Children and Adolescents." *Journal of Consumer Research*, 34 (4), páginas 480-94.

26 Para uma revisão deste trabalho, ver J. D. Laird (2007). *Feelings: The Perception of Self*. New York: Oxford University Press.

27 J. Föster (2004). "How Body Feedback Influences Consumer's Evaluation of Products." *Journal of Consumer Psychology*, 14, páginas 415-25.

28 F. Strack, L. L. Martin e S. Stepper (1988). "Inhibiting and Facilitating Conditions of the Human Smile: A Nonobstrusive Test of the Facial Feedback Hypothesis." *Journal of Personality and Social Psychology*, 54, páginas 768-77.

29 S. Schnall e J. D. Laird (2003). "Keep Smiling: Enduring Effects of Facial Expressions and Postures on Emotional Experience." *Cognition and Emotion*, 17, páginas 787-97.

30 T. A. Roberts e Y. Arefi-Afsha (2007). "Not All Who Stand Tall Are Proud: Gender Differences in the Propioceptive Effects of Upright Posture." *Cognition and Emotion*, 21, páginas 714-27.

31 Para uma fascinante revisão deste trabalho, ver S. Gosling (2008). *Snoop: What Your Stuff Says About You*. Londres: Profile Books. As descobertas apresentadas nesta seção são baseadas em tipos de movimentos, atributos e traços que os extrovertidos costumam exibir, enquanto outras pesquisas mostram forte ligação entre extroversão e felicidade.

32 K. M. Sheldon e S. Lyubomirsky (2007). "Is it Possible to Become Happier? (And if so, How?)" *Social and Personality Psychology Compass*, 1, páginas 129-45. E também K. M. Sheldon e S. Lyubomirsky (2006). "Achieving Sustainable Happiness: Change Your Actions, Not Your Circumstances." *Journal of Happiness Studies*, 7, páginas 55-86.

PERSUASÃO

1 M. R. Lepper, D. Greene e R. E. Nisbett (1973). "Undermining Children's Intrinsic Interest With Extrinsic Reward: A Test of the 'Overjustification' Hypothesis." *Journal of Personality and Social Psychology*, 28, páginas 129-37.

2 Este experimento foi feito como parte de um programa de televisão da BBC, *The People Watchers*. Baseia-se em estudos semelhantes sobre "dissonância cognitiva", expressão que se refere àquela sensação desconfortável que acomete as pessoas quando elas têm duas ideias contraditórias ao mesmo tempo.

3 Para uma revisão deste trabalho, ver A. Kohn (1993). *Punished by Rewards: The Trouble With Gold Stars, Incentive Plans, A's, Praise and Other Bribes*. Boston: Houghton Miflin Company.

4 C. A. Higgins e T. A. Judge (2004). "The Effect of Applicant Influence Tactics on Recruiter Perceptions of Fit and Hiring Recommendations: A Field Study." *Journal of Applied Psychology*, 89, páginas 622-32.

5 E. Jones e E. Gordon (1972). "Timing of Self-Disclosure and its Effects on Personal Attraction." *Journal of Personality and Social Psychology*, 24, páginas 358-65.

6 K. D. Williams, M. J. Bourgeois e R. T. Croyle (1993). "The Effects of Stealing Thunder in Criminal and Civil Trials." *Law and Human Behavior*, 17, páginas 597-609.

7 T. Gilovich, V. H. Medvec e K. Savitsky (2000). "The Spotlight Effect in Social Judgment: An Egocentric Bias in Estimates of the Salience of One's Own Actions and Appearance." *Journal of Personality and Social Psychology*, 78, páginas 211-22.

8 P. Raghubi e A. Valenzuela (2006). "Centre-of-Inattention: Position Biases in Decision-Making." *Organisational Behaviour and Human Decision Processes*, 99, páginas 66-80.

9 A. Alter e D. M. Oppenheimer (2006). "Predicting Short-Term Stock Fluctuations by Using Processing Fluency." *Proceedings of the National Academy of Sciences, USA*, 103, páginas 9369-72.

10 D. M. Oppenheimer (2005). "Consequences of Erudite Vernacular Utilized Irrespective of Necessity: Problems With Using Long Words Needlessly." *Journal of Applied Cognitive Psychology*, 20, páginas 139-56.

11 Para uma revisão da pesquisa que investiga o impacto da amabilidade sobre os políticos, os relacionamentos, a saúde e o local de trabalho, ver T. Sanders (2005). *The Likeability Factor.* New York: Crown Publishers.

12 J. Jecker e D. Landy (1969). "Liking a Person as Function of Doing Him a Favor." *Human Relations*, 22, páginas 371-78.

13 E. Aronson, B. Willerman e J. Floyd (1966). "The Effect of a Pratfall on Increasing Interpersonal Attractiveness." *Psychonomic Science*, 4, páginas 227-8.

14 Este estudo foi conduzido como parte da série da BBC *The People Watchers*.

15 J. J. Skowronski, D. E. Carlston, L. Mae e M. T. Crawford (1998). "Spontaneous Trait Transference: Communicators Take on the Qualities they Describe in Others." *Journal of Personality and Social Psychology*, 74, páginas 837-48.

16 D. A. Small, G. Loewenstein e P. Slovic (2007). "Sympathy and Callousness: The Impact of Deliberative Thought on Donations to Identifiable and Statistical Victims." *Organisational Behaviour and Human Decision Processes*, 102, páginas 143-53.

17 D. J. Howard (1990). "The Influence of Verbal Responses to Common Greetings on Compliance Behavior: The Foot-in-the-Mouth Effect." *Journal of Applied Social Psychology*, 20, páginas 1185-96.

18 Ver, por exemplo, G. H. S. Razran (1940). "Conditional Response Changes in Rating and Appraising Sociopolitical Slogans." *Psychological Bulletin*, 37, página 481.

19 G. V. Bodenhausen (1993). "Emotions, Arousal, and Stereotypic Judgments: A Heuristic Model of Affect and Stereotyping", em D. M. Mackie e D. L. Hamilton (orgs.). *Affect, Cognition, and Stereotyping*, páginas 13-37. San Diego, CA: Academic Press.

20 P. Y. Martin, J. Laing, R. Martin e M. Mitchell (2005). "Caffeine, Cognition, and Persuasion: Evidence for Caffeine Increasing the Systematic Processing of Persuasive Messages." *Journal of Applied Social Psychology*, 35, páginas 160-182.

21 M. S. McGlone e J. Tofighbakhsh (2000). "Birds of a Feather Flock Conjointly: Rhyme as Reason in Aphorisms." *Psychological Science*, 11, páginas 424-8.

22 Descrito em R. Garner (2005). "Post-It Note Persuasion: A Sticky Influence." *Journal of Consumer Psychology*, 15, páginas 230-7.

23 G. V. Caprara, M. Vecchione, C. Barbaranelli e R. C. Fraley (2007). "When Likeness Goes With Liking: The Case of Political Preference." *Political Psychology*, 28, páginas 609-32.

24 K. O'Quin e J. Aronoff (1981). "Humor as a Technique of Social Influence." *Social Psychology Quarterly*, 44, páginas 349-57.

25 Uma discussão meticulosa sobre as exatas circunstâncias que cercam um ataque, a falta de confiabilidade de muitas mídias e descrições de livros-texto sobre o

incidente podem ser encontradas em www.kewgardenshistory.com/kitty_genovese-001.html.

26 Para uma revisão deste trabalho, ver B. Latané e S. Nida (1981). "Ten Years of Research on Group Size and Helping." *Psychological Bulletin*, 89 (2), páginas 308-24.

27 B. Latané e J. M. Darley (1968). "Group Inhibition of Bystander Intervention in Emergencies." *Journal of Personality and Social Psychology*, 10, páginas 215-21.

28 B. Latané e J. M. Dabbs (1975). "Sex, Group Size and Helping in Three Cities." *Sociometry*, 38, páginas 180-94.

29 R. Manning, M. Levine e A. Collins (2007). "The Kitty Genovese Murder and the Social Psychology of Helping: the Parable of the 38 Witnesses." *American Psychologist*, 62 (6), páginas 555-62.

30 N. J. Goldstein, S. J. Martin e R. B. Cialdini (2007). *Yes! 50 Secrets From the Science of Persuasion*. Londres: Profile Books.

31 R. B. Cialdini e D. A. Schroeder (1976). "Increasing Compliance by Legitimizing Paltry Contributions: When Even a Penny Helps." *Journal of Personality and Social Psychology*, 34, páginas 599-604.

32 P. R. Kunz e M. Woolcott (1976). "Season's Greetings: From My Status to Yours." *Social Science Research*, 5, páginas 269-78.

33 D. T. Regan (1971). "Effects of a Favor and Liking on Compliance." *Journal of Experimental Social Psychology*, 7, páginas 627-39.

34 D. B. Strohmetz, B. Rind, R. Fisher e M. Lynn (2002). "Sweetening the Till: The Use of Candy to Increase Restaurant Tipping." *Journal of Applied Social Psychology*, 32, páginas 300-9.

35 M. E. Schneider, B. Major, R. Luhtanen e J. Crocker (1996). "When Help Hurts: Social Stigma and the Costs of Assumptive Help." *Personality and Social Psychology Bulletin*, 22, páginas 201-9.

36 R. Goei, A. J. Roberto, G. Meyer e K. E. Carlyle (2007). "The Effects of Favor and Apology on Compliance." *Communication Research*, 34, páginas 575-95.

37 M. W. Morris, J. Podolny e S. Ariel (2001). "Culture, Norms, and Obligations: Cross-National Differences in Patterns of Interpersonal Norms and Felt Obligations Toward Co-Workers" em W. Wosinska, R. B. Cialdini, D. W. Barrett e J. Reykowski (orgs.). *The Practice of Social Influence in Multiple Cultures*, Mahwah, New Jersey: Lawrence Erlbaum Associates, páginas 97-123.

38 F. J. Flynn (2003). "What Have You Done For Me Lately? Temporal Changes in Subjective Favor Evaluations." *Organizational Behavior and Human Decision Processes*, 91 (1), páginas 38-50.

39 H. A. Hornstein, E. Fisch e M. Holmes (1968). "Influence of a Model's Feeling About His Behavior and His Relevance As a Comparison on Other Observers'

Helping Behavior." *Journal of Personality and Social Psychology*, 10, 3, páginas 222-6.

40 M. L. Kringelbach, A. Lehtonen, S. Squire, A. G. Harvey, M. G. Craske *et al.* (2008). "A Specific and Rapid Neural Signature for Parental Instinct." PLoS ONE, 3(2):e1664doi:10.1371/journal.pone.0001664.

MOTIVAÇÃO

1 L. B. Pham e S. E. Taylor (1999). "From Thought to Action: Effects of Process-Versus Outcome-Based Mental Simulations on Performance." *Personality and Social Psychology Bulletin*, 25, páginas 250-60.

2 G. Oettingen e T. A. Wadden (1991). "Expectation, Fantasy, and Weight Loss: Is the Impact of Positive Thinking Always Positive?." *Cognitive Therapy and Research*, 1.5, páginas 167-75.

3 G. Oettingen e D. Mayer, D. (2002). "The Motivating Function of Thinking About the Future: Expectations Versus Fantasies." *Journal of Personality and Social Psychology*, 83, páginas 1198-212.

4 M. Deutsch e H. B. Gerard (1955). "A Study of Normative and Information Social Influences Upon Individual Judgement." *Journal of Abnormal and Social Psychology*, 51, páginas 629-36.

5 S. C. Hayes, I. Rosenfarb, E. Wolfert, E. Munt, Z. Korn e R. D. Zettle (1985). "Self-Reinforcement Effects: An Artifact of Social Setting?" *Journal of Applied Behavior Analysis*, 18 (3), páginas 201-14.

6 S. Schnall, K. D. Harber, J. K. Stefanucci e D. R. Proffitt (2008). "Social Support and the Perception of Geographical Slant," *Journal of Experimental Social Psychology*, no prelo.

7 B. V. Zeigarnik (1927). "Über das Behalten von erledigten und unerledigten Handlungen" ("The Retention of Completed and Uncompleted Activities"). *Psychologische Forschung*, 9, páginas 1-85.

8 B. A. Fritzsche, B. R. Young e K. C. Hickson (2003). "Individual Differences in Academic Procrastination Tendency and Writing Success." *Personality and Individuality Differences*, 35 (7), páginas 1549-57.

9 A. V. Zeigarnik (2007). "Bluma Zeigarnik: A Memoir." *Gestalt Theory*, 29 (3), páginas 256-68.

10 G. Oettingen, H. Pak e K. Schnetter (2001). "Self-Regulation of Goal Setting: Turning Free Fantasies About the Future into Binding Goals." *Journal of Personality and Social Psychology*, 80, páginas 736-53.

11 G. Oettingen (2000). "Expectancy Effects on Behavior Depend on Self-Regulatory Thought." *Social Cognition*, 18, páginas 101-29.
12 G. Oettingen e P. M. Gollwitzer (2002). "Self-Regulation of Goal Pursuit: Turning Hope Thoughts into Behavior." *Psychological Inquiry*, 13, páginas 304-7.
13 B. Wansink, J. E. Painter e J. North (2005). "Bottomless Bowls: Why Visual Cues of Portion Size May Influence Intake." *Obesity Research*, 13 (1), páginas 93-100.
14 Ver, por exemplo, R. B. Stuart (1967). "Behavioral Control of Overeating." *Behavior Research and Therapy*, 5, páginas 357-65.
15 C. K. Martin, S. D. Anton, H. Walden, C. Arnett, F. L. Greenway e D. A. Williamson (2007). "Slower Eating Rate Reduces the Food Intake of Men, but Not Women: Implications for Behavioural Weight Control." *Behaviour Research and Therapy*, 45, páginas 2349-59.
16 B. Wansink e K. van Ittersum (2005). "Shape of Glass and Amount of Alcohol Poured: Comparative Study of the Effect of Practice and Concentration." *British Medical Journal*, 331, páginas 1512-14.
17 J. E. Painter, B. Wansink e J. B. Hieggelke (2002). "How Visibility and Convenience Influence Candy Consumption." *Appetite*, 38 (3) páginas 237-8. B. Wansink, J. E. Painter e Y. K. Lee (2006). "The Office Candy Dish: Proximity's Influence on Estimated and Actual Candy Consumption." *International Journal of Obesity*, 30 (5), páginas 871-5.
18 P. Chandon e B. Wansink (2002). "When are Stockpiled Products Consumed Faster? A Convenience-salience Framework of Post-purchase Consumption Incidence and Quantity." *Journal of Marketing Research*, 39 (3), páginas 321-35.
19 B. Wansink e S. Park (2001). "At the Movies: How External Cues and Perceived Taste Impact Consumption Volume." *Food Quality and Preference*, 12 (1), páginas 69-74.
20 F. Bellisle e A. M. Dalix (2001). "Ecognitive Restraint Can Be Offset by Distraction, Leading to Increased Meal Intake in Women." *American Journal of Clinical Nutrition*, 74, páginas 197-200.
21 B. Wansink, K. van Ittersum e J. E. Painter (2006). "Ice Cream Illusions: Bowl Size, Spoon Size, and Self-served Portion Sizes." *American Journal of Preventive Medicine*, 31 (3), páginas 240-3.
22 A. B. Geier, P. Rozin e G. Doros (2006). "Unit Bias. A New Heuristic that Helps Explain the Effect of Portion Size on Food Intake." *Psychological Science*, 17, páginas 521-5.
23 J. F. Hollis, C. M. Gullion, V. J. Stevens *et al.* (2008). "Weight Loss During the Intensive Intervention Phase of the Weight-Loss Maintenance Trial." *American Journal of Preventative Medicine*, 35, páginas 118-26.

24 C. Abraham e P. Sheeran (2004). "Deciding to Exercise: The Role of Anticipated Regret." *British Journal of Health Psychology*, 9, páginas 269-78.

25 K. A. Martin Ginis, S. M. Burke e L. Gauvin (2007). "Exercising With Others Exacerbates the Negative Effects of Mirrored Environments on Sedentary Women's Feeling States." *Psychology and Health*, 22, páginas 945-62.

26 S. M. Sentyrz e B. J. Bushman (1998). "Mirror, Mirror on the Wall, Who's the Thinnest One of All? Effects of Self-Awareness on Consumption of Fatty, Reduced-Fat, and Fat-Free Products." *Journal of Applied Psychology*, 83, páginas 944-9.

27 R. Coelho do Vale, R. Pieters e M. Zeelenberg (2008). "Flying Under the Radar: Perverse Package Size Effects on Consumption Self-Regulation." *Journal of Consumer Research*, 35, 3, páginas 380-90.

28 E. Jonas, J. Schimel e J. Greenberg (2002). "The Scrooge Effect: Evidence that Mortality Salience Increases Prosocial Attitudes and Behavior." *Personality and Social Psychology Bulletin*, 28, páginas 1342-53.

29 C. Peterson (2006). *A Primer in Positive Psychology*, Oxford: Oxford University Press.

CRIATIVIDADE

1 A. F. Osborn (1957). *Applied Imagination*, New York: Scribner.

2 B. Mullen, C. Johnson e E. Salas (1991). "Productivity Loss in Brainstorming Groups: A Meta-Analytic Integration." *Basic and Applied Social Psychology*, 12, páginas 3-23.

3 M. Ringelmann (1913). "Recherches sur les moteurs animés: Travail de l'homme." *Annales de l'Institut National Argonomique*, 12, páginas 1-40.

4 S. J. Karau e K. D. Williams (1993). "Social Loafing: A Meta-Analytic Review and Theoretical Integration." *Journal of Personality and Social Psychology*, 65, páginas 681-706.

5 S. M. Smith (2002). "Getting Into and Out of Mental Ruts: A Theory of Fixation, Incubation and Insight" em R. J. Sternberg e J. E. Davidson (orgs.). *The Nature of Insight*, Cambridge, Massachusetts: MIT Press, páginas 229-51.

6 A. Dijksterhuis e T. Meurs (2006). "Where Creativity Resides: The Generative Power of Unconscious Thought." *Consciousness and Cognition*, 15, páginas 135-46.

7 R. S. Ulrich (1984). "View Through a Window May Influence Recovery From Surgery." *Science*, 224, páginas 420-1.

8 E. O. Moore (1982). "A Prison Environment's Effect on Health Care Service Demands." *Journal of Environmental Systems*, 11 (1), Pages 17-34.

9 F. E. Kuo e W. C. Sullivan (2001). "Environment and Crime in the Inner City: Does Vegetation Reduce Crime?" *Environment and Behavior*, 33, páginas 343-65.

10 A. F. Taylor, A. Wiley, F. E. Kuo e W. C. Sullivan (1998). "Growing Up in the Inner City: Green Spaces As Places to Grow." *Environment and Behavior*, 30, páginas 3-27.

11 A. J. Elliot, M. A. Maier, A. C. Moller, R. Friedman e J. Meinhardt (2007). "Color and Psychological Functioning: The Effect of Red on Performance in Achievement Contexts." *Journal of Experimental Psychology: General*, 136, páginas 154-68.

12 P. Kahnjr, B. Friedman, B. Gill, J. Hagman, R. Severson, N. Freier, E. Feldman, S. Carrere e A. Stolyar (2008). "A Plasma Display Window: The Shifting Baseline Problem in a Technologically Mediated Natural World." *Journal of Environmental Psychology*, 28, páginas 192-9.

13 C. J. Nemeth e M. Ormiston (2007). "Creative Idea Generation: Harmony Versus Stimulation." *European Journal of Social Psychology*, 37 (3), páginas 524-35.

14 H. K. Choi e L. Thompson (2005). "Old Wine in a New Bottle: Impact of Membership Change on Group Creativity." *Organisational Behaviour and Human Decision Processes*, 98, páginas 121-32.

15 A. Dijksterhuis e A. van Knippenberg (1998). "The Relation Between Perception and Behavior, or How to Win a Game of Trivial Pursuit." *Journal of Personality and Social Psychology*, 74 (4), páginas 865-77.

16 K. D. Vohs, N. L. Mead e M. R. Goode (2006). "The Psychological Consequences of Money." *Science*, 314, páginas 1154-6.

17 Citado em B. Carey (2007). "Who's Minding the Mind?" *New York Times*, 31 de julho.

18 R. W. Holland, M. Hendriks e H. Aarts (2006). "Smells Like Clean Spirit: Nonconscious Effects of Scent on Cognition and Behavior." *Psychological Science*, 16 (9), 689-93.

19 A. C. Kay, S. C. Wheeler, J. A. Bargh e L. Ross (2004). "Material Priming: The Influence of Mundane Physical Objects on Situational Construal and Competitive Behavioral Choice." *Organizational Behavior and Human Decision Processes*, 95, páginas 83-96.

20 J. Förster, R. Friedman, E. M. Butterbach e K. Sassenberg (2005). "Automatic Effects of Deviancy Cues on Creative Cognition." *European Journal of Social Psychology*, 35, páginas 345-59.

21 A. Dijksterhuis, R. Spears, T. Postmes, D. A. Stapel, W. Koomen, A. van Knippenberg e D. Scheepers (1998). "Seeing One Thing and Doing Another: Contrast Effects in Automatic Behavior." *Journal of Personality and Social Psychology*, 75, páginas 862-71.

22 R. Friedman e J. Forster (2002). "The Influence of Approach and Avoidance Motor Actions on Creative Cognition." *Journal of Experimental Social Psychology*, 38, páginas 41-55.

23 R. Friedman e A. J. Elliot (2008). "The Effect of Arm Crossing on Persistence and Performance." *European Journal of Social Psychology*, 38, páginas 449-61.

24 D. M. Lipnicki e D. G. Byrne (2005). "Thinking on Your Back: Solving Anagrams Faster When Supine Than When Standing." *Cognitive Brain Research*, 24, páginas 719-22.

ATRAÇÃO

1 S. Worchel, J. Lee e A. Adewole (1975). "Effects of Supply and Demand on Ratings of Object Value." *Journal of Personality and Social Psychology*, 32, páginas 906-14.

2 E. Hatfield, G. W. Walster, J. Piliavin e L. Schmidt (1973). "Playing Hard to Get: Understanding an Elusive Phenomenon." *Journal of Personality and Social Psychology*, 26, páginas 113-21.

3 N. Guéguen (2007). "Woman's Bust Size and Men's Courtship Solicitation." *Body Image*, 4, páginas 386-90.

4 N. Guéguen (2007). "Bust Size and Hitchhiking: A Field Study." *Perceptual and Motor Skills*, 105, páginas 1294-8.

5 N. Guéguen (2007). "The Effect of a Man's Touch on Woman's Compliance to a Request in a Courtship Context." *Social Influence*, 2, páginas 81-97.

6 Ibid.

7 B. Major e R. Heslin (1982). "Perceptions of Cross-sex and Same-sex Nonreciprocal Touch: It Is Better to Give Than Receive." *Journal of Nonverbal Behavior*, 6, páginas 148-62. D. L. Summerhayes e R. W Suchner (1978). "Power Implications of Touch in Male-Female Relationships." *Sex Roles*, 4, páginas 103-10.

8 Baseado em trabalho descrito em C. Hendrick e S. S. Hendrick (1986). "A Theory and Method of Love." *Journal of Personality and Social Psychology*, 30, páginas 392-402.

9 R. van Baaren, R. Holland, B. Steenaert e A. van Knippenberg (2003). "Mimicry for Money: Behavioral Consequences of Imitation." *Journal of Experimental Social Psychology*, 39, páginas 393-98.

10 Citado em A. Dijksterhuis, P. K. Smith, R. B. van Baaren e D. H. Wigboldus (2005). "The Unconscious Consumer: Effects of Environment on Consumer Behavior." *Journal of Consumer Psychology*, 15, páginas 193-202.

11 P. W. Eastwick, E. J. Finkel, D. Mochon e D. Ariely (2007). "Selective Versus Unselective Romantic Desire: Not All Reciprocity is Created Equal." *Psychological Science*, 18, páginas 317-19.

12 S. Chu, R. Hardaker e J. E. Lycett (2007). "Too Good to Be 'True'? The Handicap of High Socio-Economic Status in Attractive Males." *Personality and Individual Differences*, 42, páginas 1291-1300.

13 S. Kelly e R. Dunbar (2001). "Who Dares Wins: Heroism Versus Altruism in Female Mate Choice." *Human Nature*, 12, páginas 89-105.

14 D. G. Dutton e A. P. Aron (1974). "Some Evidence for Heightened Sexual Attraction Under Conditions of High Anxiety." *Journal of Personality and Social Psychology*, 30, páginas 510-17.

15 C. M. Meston e P. F. Frohlich (2003). "Love at First Fright: Partner Salience Moderates Roller-coaster-induced Excitation Transfer." *Archives of Sexual Behavior*, 32, páginas 537-44.

16 B. Cohen, G. Waugh e K. Place (1989). "At the Movies: An Unobtrusive Study of Arousal-Attraction." *Journal of Social Psychology*, 129, páginas 691-3.

17 A. Aron, E. Melinat E. N. Aron, R. Vallone e R. Bator (1997). "The Experimental Generation of Interpersonal Closeness: A Procedure and Some Preliminary Findings." *Personality and Social Psychology Bulletin*, 23, páginas 363-77.

18 B. C. Jones, L. M. DeBruine, A. C. Little, R. P. Burriss e D. R. Feinburg (2007). "Social Transmission of Face Preferences Among Humans." *Proceedings of the Royal Society of London B*, 274 (1611), páginas 899-903.

19 V. Swami e M. J. Tovee (2005). "Does Hunger Influence Judgments of Female Physical Attractiveness." *British Journal of Psychology*, 97 (3), páginas 353-63.

20 E. Aronson (1999). *The Social Animal* (8ª ed.), Nova York: Worth Publishers. E. Aronson e D. Linder (1965). "Gain and Loss of Esteem as Determinants of Interpersonal Attractiveness." *Journal of Experimental Social Psychology*, 1, páginas 156-71.

21 J. K. Bosson, A. B. Johnson, K. Niederhoffer e W. B. Swann Jr. (2006). "Interpersonal Chemistry Through Negativity: Bonding by Sharing Negative Attitudes About Others." *Personal Relationships*, 13, páginas 135-50.

22 E. Krumhuber, A. S. R. Manstead e A. Kappas (2007). "Temporal Aspects of Facial Displays in Person and Expression Perception. The Effects of Smile Dynamics, Head-Tilt and Gender." *Journal of Nonverbal Behavior*, 31, páginas 39-56.

23 G. C. Gonzaga, R. A. Turner, D. Keltner, B. C. Campos e M. Altemus (2006). "Romantic Love and Sexual Desire in Close Bonds." *Emotion*, 6, páginas 163-79.

24 D. T. Kenrick, J. M. Sundie, L. D. Nicastle e G. O. Stone (2001). "Can One Ever Be Too Wealthy or Too Chaste? Searching for Nonlinearities in Mate Judgment." *Journal of Personality and Social Psychology*, 80, páginas 462-71.

ESTRESSE

1 B. J. Bushman (2002). "Does Venting Anger Feed or Extinguish the Flame? Catharsis, Rumination, Distraction, Anger, and Aggressive Responding." *Personality and Social Psychology Bulletin*, 28, páginas 724-31.

2 H. Tennen e G. Affleck (2001). "Benefit-Finding and Benefit-Reminding", em C. R. Snyder e S. J. Lopez (orgs.). *Handbook of Positive Psychology*. Oxford: Oxford University Press, páginas 584-97.

3 M. E. McCullough, L. M. Root e A. D. Cohen (2006). "Writing About the Benefits of an Interpersonal Transgression Facilitates Forgiveness." *Journal of Consulting and Clinical Psychology*, 74, páginas 887-97.

4 C. Peterson e M. E. P. Seligman (2003). "Character Strengths Before and After September 11." *Psychological Science*, 14, páginas 381-4.

5 C. Peterson, N. Park e M. E. P. Seligman (2006). "Greater Strengths of Character and Recovery from Illness." *Journal of Positive Psychology*, 1, páginas 17-26.

6 N. Krause (2003). "Praying for Others, Financial Strain, and Physical Health Status in Late Life." *Journal for the Scientific Study of Religion*, 42, páginas 377-91.

7 S. Chafin, M. Roy, W. Gerin e N. Christenfeld (2004). "Music Can Facilitate Blood Pressure Recovery from Stress." *British Journal of Health Psychology*, 9, páginas 393-403.

8 M. C. Keller, B. L. Fredrickson, O. Ybarra, S. Cote, K. Johnson, J. Mikels, A. Conway e T. Wager (2005). "A Warm Heart and a Clear Head. The Contingent Effects of Weather on Mood and Cognition." *Psychological Science*, 16, páginas 724-31.

9 H. M. Lefcourt (2005). "Humor" em C. R. Snyder e S. J. Lopez (orgs.). *Handbook of Positive Psychology*, Oxford: Oxford University Press, páginas 619-31.

10 E. Friedmann e S. A. Thomas (199.5). "Pet Ownership, Social Support, and One-Year Survival After Acute Myocardial Infarction in the Cardiac Arrhythmia Suppression Trial (CAST)." *American Journal of Cardiology*, 76, páginas 1213-17.

11 D. L. Wells (2007). "Domestic Dogs and Human Health: An Overview." *British Journal of Health Psychology*, 12, páginas 145-56.

12 K. Allen, J. Blascovich e W. B. Mendes (2002). "Cardiovascular Reactivity and the Presence of Pets, Friends, and Spouses: The Truth About Cats and Dogs." *Psychosomatic Medicine*, 64 (5), páginas 727-39.

13 Ver, por exemplo, D. C. Turner, G. Rieger e I. Gygax (2003). "Spouses and Cats and Their Effects on Human Mood." *Anthrozoös*, 16, páginas 213-28.

14 E. Friedmann e S. A. Thomas, op. cit.

15 K. Allen, B. Shykoff e J. Izzo (2001). "Pet Ownership, but not ACE Inhibitor Therapy, Blunts Home Blood Pressure Responses to Mental Stress." *Hypertension*, 38, páginas 815-20.

16 Ver, por exemplo, J. J. Lynch, S. A. Thomas, M. E. Mills *et al.* (1974). "The Effects of Human Contact on Cardiac Arrhythmia in Coronary Care Patients." *Journal of Nervous and Mental Disease*, 158, páginas 88-98.

17 D. L. Wells (2004). "The Facilitation of Social Interactions by Domestic Dogs." Anthrozoös, 17 (4), páginas 340-352.

18 S. J. Hunt, L. A. Hart e R. Gomulkiewicz (1992). "Role of Small Animals in Social Interactions Between Strangers." *Journal of Social Psychology*, 132, páginas 245-56.

19 M. R. Banks, L. M. Willoughby e W. A. Banks (2008). "Animal-Assisted Therapy and Loneliness in Nursing Homes: Use of Robotic Versus Living Dogs." *Journal of the American Medical Directors Association*, 9, páginas 173-7.

20 D. Wells (2005). "The Effect of Videotapes of Animals on Cardiovascular Responses to Stress." *Stress and Health*, 21, páginas 209-13.

21 Citado em A. J. Crum e E. J. Langer (2007). "Mind-set Matters. Exercise and the Placebo Effect." *Psychological Science*, 18, páginas 165-71.

22 Ibid.

RELACIONAMENTOS

1 J. M. Gottman, J. A. Coan, S. Carrere e C. Swanson (1998). "Predicting Marital Happiness and Stability from Newlywed Interactions." *Journal of Marriage and the Family*, 60, páginas 5-22.

2 Ver, por exemplo, K. Hahlweg, L. Schindler, D. Revensdorf e J. C. Brengelmann (1984). "The Munich Marital Therapy Study", em K. Hahlweg e N. S. Jacobson (orgs.). *Marital Interaction: Analysis and Modification*, New York: The Guilford Press. N. S. Jacobson, K. B. Schmaling e A. Holtzworth-Monroe (1987). "Component Analysis of Behavioral Marital Therapy: 2-Year Follow-up and Prediction of Relapse." *Journal of Marital and Family Therapy*, 13, páginas 187-195.

3 J. Kellerman, J. Lewis e J. D. Laird (1989). "Looking and Loving: The Effects of Mutual Gaze on Feelings of Romantic Love." *Journal of Research in Personality*, 23, páginas 145-61.

4 A. Aron, C. C. Norman, E. N. Aron, C. McKenna e R. Heyman (2000). "Couples Shared Participation in Novel and Arousing Activities and Experienced Relationship Quality." *Journal of Personality and Social Psychology*, 78, páginas 273-83.

5 R. F. Baumeister, E. Bratslavsky, C. Finkenauer e K. D. Vohs (2001). "Bad Is Stronger Than Good." *Review of General Psychology*, 5, páginas 323-70.

6 J. Gottman (1984). *Why Marriages Succeed or Fail*. New York: Simon and Schuster.

7 R. B. Slatcher e J. W Pennebaker (2006). "How Do I Love Thee? Let Me Count the Words. The Social Effects of Expressive Writing." *Psychological Science*, 17, páginas 660-4.

8 B. P. Buunk, F. L. Oldersma e C. K. W de Dreu (2001). "Enhancing Satisfaction Through Downward Comparison: The Role of Relational Discontent and Individual Differences in Social Comparison Orientation." *Journal of Experimental Social Psychology*, 37, páginas 452-67.

9 S. L. Murray e J. G. Holmes (1999). "The (Mental) Ties that Bind: Cognitive Structures that Predict Relationship Resilience." *Journal of Personality and Social Psychology*, 77, páginas 1228-44.

10 S. D. Gosling, S. J. Ko, T. Mannarelli e M. E. Morris (2002). "A Room with a Cue: Judgments of Personality Based on Offices and Bedrooms." *Journal of Personality and Social Psychology*, 82, páginas 379-98.

11 A. Lohmann, B. Ximena, X. B. Arriga e W. Goodfriend (2003). "Close Relationships and Placemaking. Do Objects in a Couple's Home Reflect Couplehood?" *Personal Relationships*, 10, páginas 437-49.

12 J. K. Maner, D. A. Rouby e G. Gonzaga (2008). "Automatic Inattention to Attractive Alternatives: The Evolved Psychology of Relationship Maintenance." *Evolution and Human Behavior*, 29, páginas 343-349.

TOMADA DE DECISÃO

1 J. A. F. Stoner (1961). "A Comparison of Individual and Group Decisions Involving Risk." Tese de mestrado não publicada, Massachusetts Institute of Technology.

2 D. G. Myers e G. D. Bishop (1971). "Enhancement of Dominant Attitudes in Group Discussion. *Journal of Personality and Social Psychology*, 20, páginas 386-91.

3 G. Whyte (1993). "Escalating Commitment in Individual and Group Decision-Making: A Prospect Theory Approach." *Organizational Behavior and Human Decision Processes*, 54, páginas 430-55.

4 Grande parte do trabalho discutido neste parágrafo encontra-se desenvolvida em I. Janis (1982). *Groupthink*, 2ª ed. Boston: Houghton-Mifflin.

5 S. J. Solnick e D. Hemenway (1998). "Is More Always Better? A Survey on Positional Concerns." *Journal of Economic Behavior and Organization*, 37, páginas 373-83.

6 J. M. Burger (1986). "Increasing Compliance by Improving the Deal: The That's Not All Technique." *Journal of Personality and Social Psychology.* 51, páginas 277-83.

7 M. Santos, C. Leve e A. Pratkanis (1994). "Hey, Buddy, Can You Spare Seventeen Cents? Mindful Persuasion and the Pique Technique." *Journal of Applied Social Psychology*, 19, páginas 755-64.

8 B. P. Davis e E. S. Knowles (1999). "A Disrupt-Then-Reframe Technique of Social Influence." *Journal of Personality and Social Psychology*, 76 (2), páginas 192-9.

9 J. Freedman e S. Fraser (1966). "Compliance Without Pressure: The Foot-in-the-Door Technique." *Journal of Personality and Social Psychology*, 4, páginas 195-202.

10 A. L. Beaman, C. M. Cole, B. Klentz e N. M. Steblay (1983). "Fifteen Years of the Foot-in-the-Door Research: A Meta-Analysis." *Personality and Social Psychology Bulletin*, 9, páginas 181-96.

11 R. Cialdini, J. Vincent, S. Lewis, J. Catalan, D. Wheeler e B. Darby (1975). "Reciprocal Concessions Procedure for Inducing Compliance: The Door-in-the-Face Technique." *Journal of Personality and Social Psychology*, 31, páginas 206-15.

12 A. Pascual e N. Guéguen (2006). "Door-in-the-Face Technique and Behavioral Compliance: An Evaluation in a Field Setting." *Psychological Reports*, 103, páginas 974-8.

13 A. Dijksterhuis e Z. van Olden (2006). "On the Benefits of Thinking Unconsciously: Unconscious Thought Increases Post-Choice Satisfaction." *Journal of Experimental Social Psychology*, 42, páginas 627-31.

14 Ver, por exemplo, T. Betsch, H. Plessner, C. Schwieren e R. Gütig (2001). "I Like it but I Don't Know Why: A Value-Account Approach to Implicit Attitude Formation." *Personality and Social Psychology Bulletin*, 27, páginas 242-53, e A. Dijksterhuis, M. W. Bos, L. F. Nordgren e R. B. van Baaren (2006). "On Making the Right Choice: The Deliberation-Without-Attention Effect." *Science*, 311, páginas 1005-7.

15 Ver, por exemplo, T. Gilovich e V. H. Medvec (1995). "The Experience of Regret: What, When, and Why." *Psychological Review*, 102, páginas 379-95, e T. Gilovich e V. H. Medvec (1994). "The Temporal Pattern to the Experience of Regret," *Journal of Personality and Social Psychology*, 67, páginas 3.57-65.

16 Baseado em trabalho descrito em B. Schwartz, A. Ward, J. Monterosso, S. Lyubomirsky, K. White e D. R. Lehman (2002). "Maximizing Versus Satisfying: Happiness is a Matter of Choice." *Personality and Social Psychology*, 83 (5), páginas 1178-97.

17 S. S. Iyengar, R. E. Wells e B. Schwartz (2006). "Doing Better but Feeling Worse. Looking for the Best Job Undermines Satisfaction." *Psychological Sciences*, 17, páginas 143-9.

18 C. Peterson (2006). *A Primer In Positive Psychology*. Oxford: Oxford University Press, página 191.

19 Fontes: R. Highfield (25 de março de 1994). "How Age Affects the Way We Lie." *Daily Telegraph*, 26; A. Vrij (2000). *Detecting Lies and Deceit*. Chichester: John Wiley and Sons; pesquisa conduzida pela Royal and Sun Alliance Insurance Company (2007).

20 R. H. Gramzow, G. Willard e W. B. Mendes (2008). "Big Tales and Cool Heads: Academic Exaggeration Is Related to Cardiac Vagal Reactivity." *Emotion*, 8, páginas 138-44.

21 L. A. Stromwall, P. A. Granhag e S. Landstrom (2007). "Children's Prepared and Unprepared Lies: Can Adults See Through Their Strategies?." *Applied Cognitive Psychology*, 21, páginas 457-71.

22 Citado em B. M. DePaulo e W. L. Morris (2004). "Discerning Lies from Truths: Behavioural Cues to Deception and the Indirect Pathway of Intuition", em P. A. Granhag e L. A. Stromwall (orgs.). *The Detection of Deception in Forensic Contexts*. Cambridge: Cambridge University Press, páginas 15-40.

23 P. Ekman e M. O'Sullivan (1991). "Who Can Catch a Liar?." *American Psychologist*, 46 (9), páginas 913-20.

24 A. Vrij (2004). "Why Professionals Fail to Catch Liars and How They Can Improve." *Legal and Criminological Psychology*, 9, páginas 159-83.

25 J. T. Hancock, J. Thom-Santelli e T. Ritchie (2004). "Deception and Design: The Impact of Communication Technologies on Lying Behavior." *Proceedings, Conference on Computer Human Interaction*, 6, páginas 130-6.

26 R. Buehler, D. Griffin e M. Ross (2002). "Inside the Planning Fallacy: The Causes and Consequences of Optimistic Time Predictions", em T. Gilovich, D. Griffin e D. Kahneman (orgs.). *Heuristics and Biases: The Psychology of Intuitive Judgment*. Cambridge: Cambridge University Press, páginas 250-70.

27 R. Buehler, D. Messervey e D. Griffin (2005). "Collaborative Planning and Prediction: Does Group Discussion Affect Optimistic Biases in Time Estimation." *Organizational Behaviour and Human Decision Processes*, 97, páginas 47-63.

28 J. Kruger e M. Evans (2004). "If You Don't Want to Be Late, Enumerate: Unpacking Reduces the Planning Fallacy." *Journal of Experimental Social Psychology*, 40, páginas 586-98.

COMO CRIAR SEUS FILHOS

1 F. H. Rauscher, G. L. Shaw e K. N. Ky (1993). "Music and Spatial Task Performance," *Nature*, 365, page 611.

2 F. H. Rauscher, G. L. Shaw e K. N. Ky (1995). "Listening to Mozart Enhances Spatial-Temporal Reasoning: Towards a Neurophysiological Basis." *Neuroscience Letters*, 185, páginas 44-7.

3 A. Bangerter e C. Heath (2004). "The Mozart Effect: Tracking the Evolution of a Scientific Legend." *British Journal of Social Psychology*, 43, páginas 605-23.

4 C. F. Chabris (1999). "Prelude or Requiem for the 'Mozart Effect'?" *Nature*, 400, page 827.

5 W. F. Thompson, E. G. Schellenberg e G. Husain (2001). "Arousal, Mood, and the Mozart Effect." *Psychological Science*, 12, páginas 248-51.

6 K. M. Nantais e E. G. Schellenberg (1999). "The Mozart Effect: An Artifact of Preference?" *Psychological Science*, 10, páginas 370-3.

7 E. G. Schellenberg (2004). "Music Lessons Enhance IQ." *Psychological Science*, 15, páginas 511-14.

8 B. W. Pelham, M. C. Mirenberg e J. K. Jones (2002). "Why Susie Sells Seashells by the Seashore: Implicit Egotism and Major Life Decisions." *Journal of Personality and Social Psychology*, 82, páginas 469-87.

9 L. Einav e L. Yariv (2006). "What's in a Surname? The Effects of Surname Initials on Academic Success." *Journal of Economic Perspectives*, 20 (1), páginas 175-88.

10 H. Harari e J. W. McDavid (1973). "Name Stereotypes and Teachers' Expectations." *Journal of Educational Psychology*, 65, páginas 222-5.

11 W. F. Murphy (1957). "A Note on the Significance of Names." *Psychoanalytical Quarterly*, 26, páginas 91-106.

12 N. Christenfeld, D. P. Phillips e L. M. Glynn (1999). "What's in a Name: Mortality and the Power of Symbols." *Journal of Psychosomatic Research*, 47 (3), páginas 241-54.

13 L. D. Nelson e J. P. Simmons (2007). "Moniker Maladies. When Names Sabotage Success." *Psychological Science*, 18, páginas 1106-11.

14 C. M. Mueller e C. S. Dweck (1998). "Praise for Intelligence Can Undermine Children's Motivation and Performance." *Journal of Personality and Social Psychology*, 75, páginas 33-52.

15 Para um breve sumário deste trabalho ver C. S. Dweck (1999). "Caution-praise Can Be Dangerous." *American Educator*, 23, páginas 4-9.

16 A. Cimpian, H.-M. C. Arce, E. M. Markman e C. S. Dweck (2007). "Subtle Linguistic Cues Affect Children's Motivation." *Psychological Science*, 18, páginas 314-16.

17 Y. Shoda, W. Mischel e P. K. Peake (1990). "Predicting Adolescent Cognitive and Self-Regulatory Competencies from Preschool Delay of Gratification." *Developmental Psychology*, 26 (6), páginas 978-86.

18 A. L. Duckworth e M. E. P. Seligman (2005). "Self-Discipline Outdoes IQ in Predicting Academic Performance of Adolescents." *Psychological Science*, 16, páginas 939-44.

19 J. L. Freedman (1965). "Long-Term Behavioral Effects of Cognitive Dissonance." *Journal of Experimental Social Psychology*, 1, páginas 145-55.

20 D. Filley (1999). "Forbidden Fruit: When Prohibition Increases the Harm It Is Supposed to Reduce." *Independent Review*, 3, páginas 441-51.

21 Ver, por exemplo, C. E. Cameron Ponitz, M. M. McClelland, C. M. Connor, A. M. Jewkes, C. L. Farris e F. J. Morrison (2008). "Touch Your Toes! Developing a Direct Measure of Behavioral Regulation in Early Childhood." *Early Childhood Research Quarterly*, 23, páginas 141-58. M. M. McClelland, C. E. Cameron, C. M. Connor, C. L Farris, A. M. Jewkes e F. J. Morrison (2007). "Links Between Behavioral Regulation and Preschoolers' Literacy, Vocabulary, e Math Skills." *Developmental Psychology*, 43, páginas 947-59.

22 S. Tominey e M. M. McClelland (abril de 2008). "'And When They Woke Up, They Were Monkeys!' Using Classroom Games to Promote Preschoolers' Self-Regulation and School Readiness." Pôster apresentado na bienal Conference on Human Development, Indianápolis, IN.

PERSONALIDADE

1 B. L. Beyerstein (2007). "Graphology - A Total Write-Off" em S. D. Sala (org.). *Tall Tales About the Mind and Brain: Separating Fact From Fiction*, Oxford: Oxford University Press, páginas 233-270.

2 Para uma revisão dessa abordagem da personalidade ver G. Matthews, I. J. Deary e M. C. Whiteman (2003). *Personality Traits*, 2ª ed. Cambridge: Cambridge University Press.

3 L. R. Goldberg (1993). "The Structure of Phenotypic Personality Traits." *American Psychologist*, 48, páginas 26-34.

4 Para mais informações sobre este trabalho ver http://ipip.ori.org/.

5 F. J. Sulloway (1996). *Born to Rebel: Birth Order Family Dynamics, and Creative Lives.* New York: Pantheon. Porém, parte deste trabalho foi contestada. Ver, por exemplo, T. Jefferson, J. H. Herbst e R. R. McCrae (1998). "Associations Between Birth Order and Personality Traits: Evidence from self-reports and Observer Ratings." *Journal of Research in Personality*, 32, páginas 498-509.

6 G. Casanova (1997). *History of My Life: Giacomo Casanova, Chevalier de Seingalt*, vol. 11, trad. Willard R. Trask. Baltimore, Maryland: The John Hopkins University Press.

7 Para um fascinante resumo deste trabalho ver J. Manning (2008). *The Finger Book: Sex, Behaviour and Disease Revealed in the Fingers*. Londres: Faber and Faber.

8 Ver, por exemplo, D. A. Putz, S. J. C. Gaulin, R. J. Sporter e D. H. McBurnley (2004). "Sex Hormones and Finger Length: What Does 2D:4D Indicate?" *Evolution and Human Behavior*, 25, páginas 182-99.

9 J. T. Manning e D. Sturt (2004). "2nd to 4th Digit Ratio and Strength in Men." Estudo não publicado, citado em *The Finger Book*, de Manning, op. cit.

10 J. T. Manning, P. Bundred e R. Taylor (2003). "The Ratio of the 2nd to 4th Digit Length: A Prenatal Correlate of Ability at Sport." *Kinanthropometry*, 8, páginas 165-74.

11 J. T. Manning e R. P. Taylor (2001). "2nd to 4th Digit Ratio and Male Ability in Sport: Implications for Sexual Selection in Humans." *Evolution and Human Behavior*, 22, páginas 61-9.

12 Ibid.

13 B. Fink, J. T. Manning e N. Neave (2004). "Second to Fourth Digit Ratio and the 'Big Five' Personality Factors." *Personality and Individual Differences*, 37, páginas 495-503. E. J. Austin, J. T. Manning, K. McInroy e E. Mathews (2002). "A Preliminary Investigation of the Association Between Personality, Cognitive Ability and Digit Ratio." *Personality and Individual Differences*, 33, páginas 1115-24. G. D. Wilson (1983). "Finger-Length as an Index of Assertiveness in Women." *Personality and Individual Differences*, 4, páginas 111-12.

14 V. Sluming e J. Manning (2000). "Second to Fourth Digit Ratio in Elite Musicians: Evidence for Musical Ability as an Honest Signal of Male Fitness." *Evolution and Human Behaviour*, 21, páginas 1-9.

15 W. J. Szlemko, J. A. Benfield, P. A. Bell, J. L. Deffenbacher e L. Troup (2008). "Territorial Markings as a Predictor of Driver Aggression and Road Rage." *Journal of Applied Social Psychology*, 38 (6), páginas 1664-88.

16 Y. Ida (1987). "The Manner of Hand Clasping and the Individual Differences in Hemispheric Asymmetries." *Japanese Journal of Psychology*, 58, páginas 318-21. Y. Ida (1988). "The Manner of Clasping the Hands and Individual Differences in Perceptual Asymmetries and Cognitive Modes." *Psychologia*, 31, páginas 128-35. C. Mohr, G. Thut, T. Landis e P. Brugger (2003). "Hands, Arms and Minds: Interactions between Posture and Thought." *Journal of Clinical and Experimental Neuropsychology*, 25, páginas 1000-1010.

17 J. F. Diaz-Morales (2007). "Morning and Evening Types: Exploring Their Personality Styles." *Personality and Individual Differences* 43, páginas 769-78.

Este livro foi composto na tipologia Sabon LT Std,
em corpo 11/14,8, e impresso em papel off-white 80g/m^2
no Sistema Cameron da Divisão Gráfica
da Distribuidora Record.